直播电商运营

● 管宏强 刘 鑫 / 主编

大连理工大学出版社

图书在版编目(CIP)数据

直播电商运营 / 管宏强,刘鑫主编. -- 大连:大连理工大学出版社,2025.8.(2025.8重印) -- ISBN 978-7-5685-5389-6

Ⅰ.F713.365.2

中国国家版本馆CIP数据核字第2024LV1330号

大连理工大学出版社出版

地址:大连市软件园路80号　邮政编码:116023
营销中心:0411-84707410　84708842　邮购及零售:0411-84706041
E-mail:dutp@dutp.cn　URL:https://www.dutp.cn

辽宁星海彩色印刷有限公司印刷　　大连理工大学出版社发行

幅面尺寸:185mm×260mm　印张:15　字数:384千字
2025年8月第1版　　2025年8月第2次印刷

责任编辑:邵　婉　王　洋　　　　　　责任校对:张　娜
封面设计:张　莹

ISBN 978-7-5685-5389-6　　　　　　　　　　定　价:56.00元

本书如有印装质量问题,请与我社营销中心联系更换。

前 言

随着数字技术的飞速发展和互联网的深度普及,直播电商作为一种融合实时互动、场景展示与即时交易的新型商业模式,已从最初的流量热点成长为推动数字经济发展的核心力量。从早期的秀场直播到如今覆盖全品类的电商直播,这一领域经历了从娱乐属性向商业属性的深度转型,不仅重塑了消费者的购物习惯,更催生了大量新的职业岗位与发展机遇。我国直播电商市场规模持续扩大,对具备系统知识和实战能力的专业人才需求日益迫切。对于大学生而言,掌握直播电商运营的核心逻辑与实操技能,已成为适应数字经济时代就业市场需求、把握行业发展机遇的重要基础。

本书适用于电子商务、市场营销、数字媒体艺术、网络与新媒体、国际贸易等相关专业的教学。无论是相关专业的学生系统学习直播电商知识,还是其他专业学生拓展数字经济领域的技能,都能通过本书获得扎实的理论基础和实用的操作指南。本书具备以下特点:

1. 体系化的知识架构,兼顾理论深度与行业逻辑

本书以"理论篇＋实践篇＋效果分析篇"为框架,构建了从基础概念到实操落地再到效果优化的完整知识体系。理论部分系统梳理网络直播的定义、特点、发展历程及类型,深入剖析直播在电商、教育、娱乐等多行业的应用逻辑,揭示"人、货、场"协同的底层运营规律等。实践篇聚焦开播准备、效果提升等具体环节,将抽象理论转化为可操作的具体步骤(如直播脚本设计、选品标准制定)。效果分析篇研究直播订单处理及效果优化的策略,分析直播数据的指标并根据数据进行运营。这种架构既满足了高校教学对理论系统性的要求,又贴合行业对实战能力的需求,帮助学生建立"认知—应用—创新"的思维链条。

2. 聚焦行业核心痛点,强化问题解决能力培养

针对直播电商运营中的关键挑战,如平台规则适配、主播培养、流量转化等,本书通过案例分析与策略拆解提供解决方案。例如,在"直播选品"章节,不仅明确"渠道合法、应时应景、卖点清晰"等标准,还结合直播带货案例,分析如何通过选品匹配粉丝需求与平台特性;在"危机处理"部分,详细列举卡顿、恶意评论等突发情况的应对预案。这种以问题为导向的内容设计,引导学生从行业实际出发,培养分析与解决复杂问题的能力。

3. 注重合规与伦理教育,凸显职业素养培育

本书将"电商直播从业人员职业道德"作为重要内容,强调诚实守信、遵纪守法、服务社会等准则,同时详解平台规则(如淘宝直播权限要求、抖音内容规范)及禁忌行为(如禁止地域歧视、随意下播)。这一设置既响应了行业规范化发展的趋势,也契合高校育人"职业素养优先"的理念,帮助学生树立合规意识,避免职业发展中的潜在风险。

4. 动态追踪行业趋势,体现前沿性与适应性

本书密切关注直播电商的技术演进与模式创新,如5G与VR/AR融合带来的沉浸式体验、AI在个性化推荐中的应用、元宇宙直播营销等新领域,同时分析社交化、国际化等发展趋势。这种对前沿动态的捕捉,不仅拓宽了学生的行业视野,也培养了其对趋势的敏锐洞察力,使其能够适应快速变化的数字经济环境。

本书由管宏强、刘鑫担任主编,黄杰鹏、荣欣担任副主编。具体编写分工如下:第一章至第四章由刘鑫编写,第五章、第十三章、第十四章由荣欣编写,第六章、第九章、第十章、第十二章由黄杰鹏编写,第七章、第八章、第十一章由管宏强编写。全书由刘鑫统稿。

本书在编写过程中,参考了大量文献,在此对这些文献的作者表示由衷的感谢。

由于编者水平有限,书中定有疏漏与不当之处,敬请广大读者批评指正,以使本书日臻完善。

编　者

2025 年 8 月

所有意见和建议请发往:dutpbk@163.com
欢迎访问教材服务网站:https://www.dutp.cn/hep/
联系电话:0411-84707019

目 录

第一部分 理论篇

第一章 直播概述 ... 3
- 第一节 网络直播概述 ... 4
- 第二节 直播平台及特点 ... 10
- 第三节 直播发展趋势 ... 13
- 【本章小结】 ... 17
- 【知识巩固】 ... 17

第二章 直播在各行业中的应用 ... 18
- 第一节 直播在电商行业中的应用 ... 19
- 第二节 直播在教育行业中的应用 ... 21
- 第三节 直播在娱乐行业中的应用 ... 23
- 第四节 直播在旅游行业中的应用 ... 26
- 第五节 直播在医疗健康行业中的应用 ... 28
- 第六节 直播在金融行业中的应用 ... 31
- 【本章小结】 ... 34
- 【知识巩固】 ... 34

第三章 直播运营的商业模式 ... 35
- 第一节 直播运营概述 ... 36
- 第二节 典型商业模式 ... 38
- 【本章小结】 ... 46
- 【知识巩固】 ... 46

第四章 直播营销 ... 47
- 第一节 直播营销概述 ... 48
- 第二节 直播营销的三要素 ... 50
- 第三节 直播营销的基本方式 ... 55
- 第四节 直播营销的新领域探索 ... 65

【本章小结】 ... 69
【知识巩固】 ... 70

第五章　直播服务机构 ... 71
第一节　MCN机构 ... 72
第二节　代运营模式 ... 78
第三节　巨量星图 ... 80
【本章小结】 ... 82
【知识巩固】 ... 82

第六章　主播招募与培养 ... 83
第一节　主播招募与选拔标准 ... 84
第二节　主播销售技巧 ... 87
第三节　主播团队管理与激励机制 ... 90
第四节　主播IP打造与粉丝运营策略 ... 95
【本章小结】 ... 98
【知识巩固】 ... 98

第二部分　实践篇

第七章　开播准备 ... 101
第一节　电商直播从业人员要求 ... 102
第二节　账号搭建 ... 105
第三节　直播选品 ... 117
第四节　搭建直播场景 ... 119
第五节　直播脚本设计 ... 127
第六节　直播妆容设计 ... 130
【本章小结】 ... 134
【知识巩固】 ... 135

第八章　提升直播效果 ... 136
第一节　拍摄直播短视频 ... 137
第二节　账号引流 ... 142
第三节　直播表现技巧 ... 148
第四节　直播中的主要禁忌 ... 155
【本章小结】 ... 156
【知识巩固】 ... 156

目 录

第九章　直播推广与引流策略 ···················· 157
- 第一节　社交媒体与线上渠道整合营销 ············ 158
- 第二节　KOL 合作与跨平台联动 ·················· 161
- 第三节　粉丝社区运营与用户黏性增强 ············ 162
- 第四节　数据化推广与精准投放 ·················· 165
- 【本章小结】 ································· 167
- 【知识巩固】 ································· 167

第十章　直播活动组织与执行 ······················ 168
- 第一节　大型直播活动策划流程 ·················· 169
- 第二节　直播事件营销与热点追踪 ················ 174
- 第三节　直播带货运作机制与电商转化路径 ········ 176
- 第四节　线上线下融合直播的组织与实施 ·········· 178
- 【本章小结】 ································· 180
- 【知识巩固】 ································· 181

第三部分　效果分析篇

第十一章　直播订单处理及效果优化 ················ 185
- 第一节　直播订单处理 ························· 186
- 第二节　直播效果优化 ························· 189
- 【本章小结】 ································· 196
- 【知识巩固】 ································· 196

第十二章　直播数据分析 ·························· 197
- 第一节　直播核心数据指标 ····················· 198
- 第二节　用户行为数据分析与解读 ················ 200
- 第三节　数据驱动的内容优化与主播管理 ·········· 202
- 【本章小结】 ································· 204
- 【知识巩固】 ································· 205

第十三章　直播数据运营 ·························· 206
- 第一节　解读直播数据 ························· 207
- 第二节　优化直播效果 ························· 214
- 【本章小结】 ································· 219
- 【知识巩固】 ································· 220

第十四章　电商直播监管 ······ 221

第一节　电商直播禁忌与规范 ······ 222
第二节　电商直播监管类型 ······ 224
第三节　电商直播监管流程与手段 ······ 228

【本章小结】······ 231

【知识巩固】······ 231

参考文献 ······ 232

第一部分 理论篇

第一章

直播概述

知识框架图

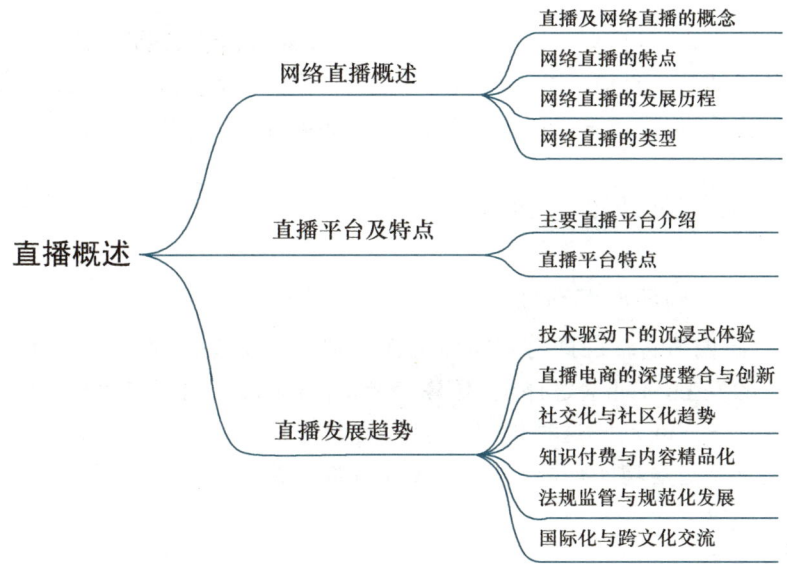

学习目标

1. 掌握网络直播的概念及类型；
2. 掌握国内主要直播平台及各平台特点；
3. 了解直播的发展趋势。

第一节　网络直播概述

一、直播及网络直播的概念

(一)直播

直播是指将现场发生的事件、表演、教学等内容通过电视、广播等传统媒体或互联网实时传播给观众的一种传播方式。这种形式能够让观众在事件发生的同时，无论身处何地，都能即时收看或收听，实现信息的即时共享与互动，增强了传播的时效性和参与感。直播可以涵盖多种内容和类型，包括体育赛事、音乐会、新闻报道、教育课程等。

(二)网络直播

网络直播，又称互联网直播，是一种基于数字信息技术和互联网基础设施，实现音频、视频内容即时传输与共享的新型媒介传播形式。它通过将现场发生的事件、表演、教学或其他形式的活动，经由专业的采集设备录制，利用编码技术压缩处理后，借助流媒体服务器实时分发至全球范围内的互联网用户。用户无须下载完整文件，即可在连接互联网的终端设备上，如个人电脑、智能手机或智能电视上，实现近乎零时延的连续播放与观看，显著增强了信息传播的即时性与互动性。

网络直播内容丰富，包括但不限于娱乐表演、体育赛事、教育课程、新闻报道、个人生活分享及电子商务活动等。直播的核心价值在于其即时性、互动性和真实感，为用户提供了一种沉浸式的观看体验，促进了信息的快速传播和受众间的实时交流。

拓展阅读1

二、网络直播的特点

(一)即时互动性

网络直播的即时互动性是其区别于传统媒体的关键特性。观众不仅能够实时观看事件的发生，还能通过评论、弹幕、表情符号等形式立即表达自己的观点和情感，与主播和其他观众形成互动。这种即时反馈机制促进了社区的形成，增强了用户的黏性。一些直播平台还支持连麦功能，观众可以直接与主播对话，进一步拉近了双方的距离，营造出强烈的现场参与感。

(二)内容多元化

网络直播的内容几乎无所不有，从游戏直播、才艺展示、生活分享到专业讲座、新闻报道、体育赛事等，覆盖了各个年龄段和兴趣偏好的观众。这种多样性意味着每个人都能找到符合自己喜好的内容，同时也为内容创作者提供了广阔的舞台，鼓励创新和个性化的表达。此外，内容的丰富性也推动了细分市场的形成，有助于满足特定群体的需求。

(三)普及性和便利性

随着移动互联网的普及和技术的进步，观看网络直播变得极其便捷。用户不再受限于地点或时间,只需一个智能手机或能与互联网连接的设备即可随时随地接入直播。直播平台通常提供跨平台的支持,无论是 iOS 系统、Android 系统,还是网页端,都能无缝观看,极大地扩展了受众范围。此外,许多平台还提供直播预约、回放等功能,进一步提升了观看的灵活性。

(四)经济变现能力强

网络直播为内容创作者提供了多种盈利渠道。观众可以通过购买虚拟礼物、订阅会员、参与众筹等方式支持喜爱的主播,这些直接的经济激励机制大大激发了内容创作的热情。对于企业而言,直播营销成为一种高效的宣传手段,能够直观展示产品、即时解答消费者疑问,促进销售转化。此外,广告植入、品牌合作也是常见的盈利方式,直播的高关注度为品牌带来了大量曝光机会。

(五)技术创新融合

技术进步持续推动着网络直播体验的升级。高清和超高清视频流技术确保了画面质量,使观众即使在远距离也能感受到如同身临其境的观看体验。虚拟现实(Virtual Reality,VR)技术和增强现实(Augmented Reality,AR)的应用,如 VR 直播演唱会、AR 购物体验,为观众带来了全新的沉浸式互动方式。人工智能(Artificial Intelligence,AI)技术则被用于内容分析、个性化推荐、智能审核等方面,帮助平台更好地理解用户偏好,提高内容分发的精准度,同时也保障了直播内容的安全合规。这些技术的融合应用,不断推动着网络直播行业的边界拓展和质量提升。

三、网络直播的发展历程

(一)直播 1.0 时代(互联网早期)

互联网直播,真正的起点可以追溯到 2000 年初,此时网民主要通过电脑访问互联网。9158、YY 语音、六间房等平台兴起,标志着网络直播的 1.0 时代正式开启。这些平台以秀场直播为主,即个人才艺展示,内容较为娱乐化,面向大众,降低了直播的门槛,让普通网民也能参与内容创作和分享。

(二)直播 2.0 时代(2010 年代初)

随着网络游戏的流行,游戏直播成为新的增长点,标志着网络直播进入 2.0 时代。斗鱼、虎牙等专业游戏直播平台相继成立,直播内容垂直细分,吸引了大量游戏爱好者,也推动了电子竞技产业的发展。这一时期,直播内容的专业性增强,直播技术进一步提升,互动性成为直播平台的核心竞争力之一。

(三)直播 3.0 时代(2010 年代中后期)

随着 4G 网络的普及和智能手机的广泛应用,移动互联网的崛起带动了网络直播的又一次飞跃。映客、花椒等移动直播平台迅速崛起,移动直播成为主流,标志着网络直播进入 3.0 时代。这一时期,直播内容更加多样化,从娱乐、教育到电商、旅游等,几乎涵盖了生活的方方面面。网络红人经济兴起,直播电商成为新风口,直播不再局限于娱乐,而是渗透到各个行业,形成了泛娱乐化的直播生态。

(四)直播4.0时代(2020年代初)

近年来,随着5G技术的应用、VR技术和AR技术的进步,网络直播正向更高清、更沉浸式的体验方向发展。VR直播开始兴起,为用户提供了前所未有的观感体验。同时,直播平台的竞争更加激烈,内容质量、技术创新和商业模式成为竞争焦点。直播与社交、电商、教育等领域的融合更加深入,直播作为一种交互式传播方式,其社会影响力和商业价值持续提升。

每个阶段的发展都是对前一阶段的继承与超越,网络直播技术与应用的迭代更新,反映了互联网技术进步与用户需求变化的相互作用,也预示着未来网络直播将继续向着更高质量、更多元化、更深度互动的方向演进。

四、网络直播的类型

网络直播作为数字时代的重要传播方式,依据不同的维度可以划分成多种类型。

(一)按直播内容主题分类

1. 教育学习类直播

此类直播将传统教育与现代技术相结合,提供了灵活便捷的学习方式。它不仅包括学校课程的在线直播,也涉及成人教育、兴趣爱好培养等非正式学习内容。教育直播往往强调互动性,如问答环节、在线测验,以提升学习效率和参与度。

小鹅通(图1-1)是一款集品牌营销、知识产品交付、用户管理和商业变现为一体的数字化工具,为教育者提供了多种直播模式,包括视频直播、音频直播和互动直播,教师能依据教学需求灵活选择。其丰富的辅助工具,如PPT上传、屏幕共享、白板功能等,便于教师展示教学内容。同时,通过弹幕、举手发言、在线答题等互动功能,增强了学生的参与度和活跃度,符合教育学习类直播强调互动性以提升学习效率的特点。

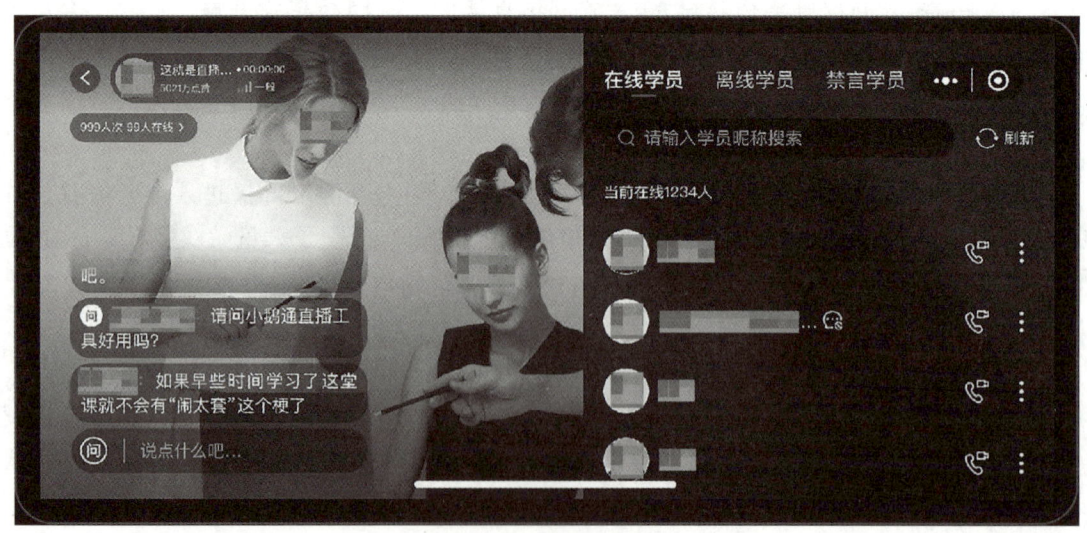

图1-1 小鹅通课堂直播

2.娱乐休闲类直播

这类直播以娱乐为主要目的,通过直播形式展现多样化的娱乐内容,包括但不限于音乐会、喜剧表演、魔术表演等,为观众提供了在家即可享受的娱乐体验,同时也为艺人和内容创作者开辟了新的表演和互动渠道。

抖音作为短视频平台,其直播功能也非常受欢迎,尤其是在休闲游戏直播领域。许多主播会在平台上直播轻量级、易上手的休闲游戏,如"弹幕游戏""滚动的天空"等,吸引了大量喜欢轻松娱乐内容的观众。这类直播通常伴随着主播的幽默解说和观众的热烈讨论,形成了一种轻松愉快的观看体验。

3.生活方式类直播

生活方式类直播聚焦于提升日常生活质量,涵盖了美食制作、时尚搭配、家居装饰、健康管理等领域。这些直播通常由生活达人或专业人士主持,分享实用技巧、评测产品或提供个性化建议。

在抖音平台上,美食制作领域的直播账号非常受欢迎,它们不仅为观众提供了丰富的烹饪知识和技巧,还创造了一种互动式的学习和娱乐体验。像"某某教做菜"(图1-2)"某某美食"(图1-3)各有特色,吸引了喜欢美食的观众群体。在直播中,主播们不仅展示了精湛的厨艺,还传授了食材选择、刀工处理等进阶技巧。

图1-2 "某某教做菜"直播间　　图1-3 "某某美食"直播间

4.新闻资讯类直播

新闻资讯类直播为观众提供即时、全面的新闻报道,包括国内外重大事件、时政新闻、天气预报、财经分析等。这类直播强调实时性、权威性和深度分析,帮助观众迅速了解并深入理解世界动态。

5.商业营销类直播

商业营销类直播利用直播平台的即时互动特性,直接向潜在客户展示产品特点、使用效果,甚至进行限时优惠促销。这种形式大大缩短了消费者的决策路径,成为电商和品牌营销的新宠。

"某某咩咩"直播间(图1-4)售卖洗护用品、化妆品等产品,主播通过介绍产品的功能、成分及使用效果来吸引观众的兴趣,并且通常会推出一些活动优惠,如限时折扣、买一赠一或者限量抢购等,以刺激消费者的购买欲望。在这样的直播间里,主播往往会与观众互动,解答他们关于产品的疑问,有时还会展示产品试用的过程,让观众能够直观地看到产品的使用效果。

6. 社交互动类直播

社交互动类直播强调主播与观众之间的实时交流,形式多样,如问答、聊天互动等。它不仅是一种娱乐方式,也是建立个人品牌、扩大社交圈的有效途径。

例如,抖音某账号以幽默风趣的方式讲解科学知识和学习方法而闻名。该直播常常围绕"如何高效学习""生活中的科学原理"等主题展开,不仅分享实用的学习技巧,还会进行有趣的科学实验演示。该账号善于利用直播的即时性,邀请观众提出他们在学习中遇到的问题,通过弹幕互动即时解答,甚至根据观众的兴趣点临时调整直播内容,使直播成为一个互动式的学习交流平台。此外,该账号也经常举办"知识竞赛""创意解题挑战"等活动,鼓励观众积极参与,既传播了知识,又增强了观众的参与感和学习动力。

图1-4 "某某咩咩"直播间

7. 文化旅游类直播

文化旅游类直播通过网络直播的形式,带领观众"云游"世界各地,体验不同的文化和自然风光,既包括博物馆、历史遗址的虚拟游览,也有自然风光的实况转播,让观众足不出户就能拓宽视野,增长见识。

(二)按直播形式分类

1. 单人直播

单人直播是指一名主播独立进行直播,展现个人魅力和特长。

单人直播以个性化和灵活性著称,主播可以根据个人兴趣和专长自由定制内容,并在时间安排上拥有高度的自主性,同时这种形式成本效益高,无须付额外的人力成本,也无须复杂的设备支持。观众的注意力集中在单一主播身上,有利于建立更紧密的关系,通过直接交流获得即时反馈,且决策过程简单直接,能够迅速调整内容以适应观众需求。与多人直播相比,单人直播的表现形式较为单一,不足以满足寻求多样化体验的观众群体的需求。因此,单人直播虽有诸多优势,但也考验着主播如何有效平衡这些优缺点,不断优化直播体验。

某飞是一位以提供法律咨询而知名的网络红人律师,她的直播间"某飞本人"采用以她个人为主导的单人直播形式(图1-5)。在直播中,她会与观众连麦互动,帮助他们解决财产分割、感情纠葛等法律问题,并且有时也会进行商品带货活动,这种方式不仅帮助了很多人解决实际问题,也使得法律知识更加贴近普通大众。

2. 多人互动直播

多人互动直播是指两个或多个主播共同直播,通过对话、游戏等形式增强节目的趣味性。

这种形式内容丰富度高,不同的主播可以带来各自专业知识和独特视角,使得节目更加多彩,多主播间的自然交流往往能营造出更活跃的氛围,吸引更多观众参与讨论,而且每位主播都有自己的粉丝群体,合作直播有助于扩大观众基础。然而,多人直播协调难度大,需要所有参与者在时间安排、内容规划等方面达成一致,增加了沟通成本。多人直播虽然能够提供更丰富的观看体验,但也需要良好的团队协作来克服潜在的问题。

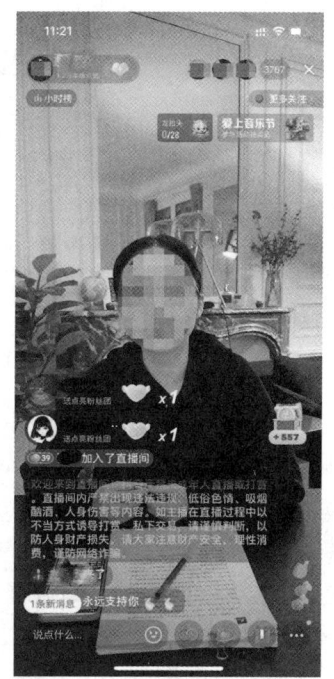

图1-5 "某飞本人"直播间

"某说"是一个广受欢迎的华语辩论类娱乐节目,其团队成员在节目之外也会进行多人互动直播。在这些直播活动中,几位辩手或主持人会围绕时下热点话题、社会现象或日常生活中的有趣议题展开即兴辩论或讨论。他们之间的幽默互动、机智问答以及不同观点的碰撞,为直播增添了娱乐性和思考性。通过多人互动的形式,不仅展现了每位参与者的个性和思维敏捷度,也提升了直播的观赏性和参与感,吸引了大量喜欢思维激荡和娱乐相结合的观众。

(三)按直播技术分类

1. 高清直播

高清直播是指利用先进的视频编码技术和高速网络传输,向观众提供至少720 p(1 280×720像素)分辨率以上的高质量视频内容的直播形式。这种类型的直播能够展现更细腻的画面细节和色彩层次,给观众接近于现实场景的视觉体验。例如,在体育赛事转播中采用高清直播技术,可以让观众即使是在家中也能够享受到如同现场般的观赛体验,清晰地看到运动员的表情以及比赛中的每一个精彩瞬间。

2. VR直播

VR直播是利用虚拟现实技术,通过360°全景摄像机捕捉现场画面,并将视频内容实时传输给用户,让用户佩戴VR头显后能够获得身临其境的沉浸式观看体验。2018年平昌冬季奥运会中,英特尔与奥林匹克广播服务公司合作,提供了超过30场赛事的VR直播体验。观众可以通过兼容的VR头显设备(如三星Gear VR、谷歌Daydream等)观看这些比赛。这种VR直播不仅让观众能够从运动员的角度体验滑雪、滑冰等项目,还允许他们自由选择视角,甚至可以"置身"于比赛场地之中,提供了一种全新的沉浸式观赛方式。这是大型国际体育赛事中对VR技术应用的一个重要里程碑。

第二节 直播平台及特点

一、主要直播平台介绍

(一)游戏电商平台

1. 斗鱼直播

斗鱼直播,自2014年成立以来,迅速成长为国内首屈一指的游戏直播平台,其核心竞争力在于对电子竞技领域的深度耕耘。平台聚集了众多职业电竞选手和知名游戏主播,不仅直播各大热门游戏赛事,如《英雄联盟》《王者荣耀》《绝地求生》等,还自行主办多项专业电竞赛事,如斗鱼黄金大奖赛,极大地丰富了电竞爱好者的内容选择。斗鱼平台的弹幕文化尤为突出,观众可以通过实时弹幕与主播及其他观众互动,形成了一种独特的社区氛围。此外,斗鱼还设有"鱼吧"社区,让主播和粉丝有更多非直播时段的交流空间,进一步增强了用户黏性。平台不断探索多元化内容,包括娱乐、户外、教育等板块,但游戏直播依然是其最鲜明的标签。

2. 虎牙直播

虎牙直播成立于2014年,起初以游戏直播为主,但在内容多元化上走出了自己的道路。虎牙不仅直播各类游戏赛事和游戏内容,还积极拓展娱乐、户外、音乐、教育等多领域直播内容,形成了较为全面的内容矩阵。虎牙直播的技术实力不容小觑,其高清流畅的直播体验赢得了大量用户的青睐。平台上的"星秀场"板块,更是将娱乐直播推向了一个新的高度,通过才艺展示、互动游戏等形式,吸引了大量年轻用户。此外,虎牙还重视主播培养计划,通过各种扶持政策鼓励原创内容产出,保持了平台内容的新鲜度和活力。

(二)兴趣电商平台

1. 抖音直播

抖音直播依托于抖音短视频平台的巨大流量,自2016年推出以来,迅速成为直播行业的新势力。其最大特点是利用算法推荐机制,将短视频与直播内容完美融合,能够根据用户的观看习惯和兴趣爱好,推送个性化的直播内容。抖音直播内容丰富多样,从生活分享、才艺展示到电商直播,几乎覆盖了所有能想到的直播领域。特别是电商直播方面,抖音通过"直播带货"模式,成功推动了直播电商的发展,成为许多品牌和商家重要的销售渠道。抖音直播的社交互动性极强,用户可以通过点赞、评论、分享等方式参与互动,极大地提升了用户的体验感和参与感。

2. 快手直播

快手直播起源于2011年的GIF快手,后转型或为短视频平台,并于2016年正式推出直播功能。快手直播的特点在于其深厚的草根文化基础,平台上的主播多为普通民众,内容更加贴近生活,真实且富有生活气息。快手直播在下沉市场拥有庞大的用户群体,其直播内容涵盖了生活记录、电商直播、娱乐表演等多个方面,尤其是电商直播,快手通过"快手小店"等工具,帮助用户实现边看边买的便捷购物体验。快手直播强调的是"每个人都可以是生活的导演",这种理念吸引了大量普通人成为内容创作者,形成了一个去中心化、包容性强的内容生态。

(三)货架电商平台

1. 淘宝直播

淘宝直播作为阿里巴巴集团的一员,自2016年上线以来,开创了"电商+直播"的新模式,将直播技术与电商购物完美结合。淘宝直播以其强大的商品供应链为基础,主播可以直接展示商品细节,解答用户疑问,实现了即看即买的购物体验。平台不仅有品牌商家直播,还有大量个人主播通过直播销售商品,特别是在大型促销活动如"双十一"期间,淘宝直播成了重要的销售战场。此外,淘宝直播还注重内容的专业性和教育性,推出了"淘宝大学"等栏目,为用户普及消费知识,进一步提升购物体验。

2. 拼多多直播

拼多多直播是电商平台拼多多为了丰富用户体验而推出的特色服务之一。它将传统的网购模式与即时性极强的视频直播相结合,使得消费者可以直接在直播间内完成从观看产品展示到下单购买的全过程。这种"边看边买"的消费模式深受广大用户喜爱。同时,拼多多还利用其强大的供应链优势,在直播中经常举办各种促销活动,如限时秒杀、团购等,进一步增强了用户的参与度和黏性。此外,平台非常注重培养优质主播团队,确保每一位进入直播间的人都能享受到专业且有趣的购物体验。

3. 京东直播

作为中国领先的综合性B2C在线零售商之一,京东很早就意识到了直播对于电商行业的重要性,并据此推出了自己的直播频道。京东直播依托于平台丰富的商品种类及强大的物流配送体系,为用户提供了一个全方位了解商品信息并轻松完成购买决策的新渠道。除了常规的商品介绍外,京东还会邀请品牌方代表或者业内专家来到直播间进行深度解析,帮助消费者更好地理解产品特性。另外,通过定期举办各类主题活动(如年货节、"双十一"大促),京东直播也成了连接商家与消费者的重要桥梁。

(四)社交电商平台

1. 微信视频号直播

微信视频号直播是在微信生态体系下发展起来的一个新兴直播平台,它充分利用了微信庞大的用户基础及朋友圈、公众号等已有资源,形成了一个闭环式的传播链条。微信视频号直播支持个人或企业账号发起直播,内容范围广泛,包括但不限于教育培训、文化娱乐、新闻资讯等领域。与其他独立App相比,微信视频号直播的最大优势在于其能够无缝对接微信内部其他功能模块,如可以通过聊天群组快速分享直播链接,或是借助小程序实现更加便捷的商品交易流程,这使得无论是普通用户还是商业机构都能够在此平台上找到适合自己的应用场景。

2. 小红书直播

小红书直播自推出以来,以其独特的社区氛围和内容定位迅速吸引了大量用户的关注。该平台以分享生活方式为核心,涵盖美妆、时尚、旅行等多个领域,直播功能的加入让内容创作者能够更直接地与粉丝互动。小红书上的直播不仅包括商品推广,还包括生活技巧分享、旅游见闻介绍等多种形式,满足了用户多样化的需求。通过高质量的内容产出加上真实感人的故事讲述方式,小红书成功打造了一个集购物体验与社交于一体的新型直播生态。

3. Bilibili(哔哩哔哩)直播

Bilibili直播,作为B站直播分区,虽然起步晚于其他平台,但凭借B站庞大的二次元用户基础和独特的弹幕文化,迅速在直播领域占据一席之地。B站直播内容以二次元文化为核心,包括游戏直播、动画新番直播、同人创作展示、学习直播等,满足了二次元爱好者的需求。平台上的UP主(内容创作者)既是视频制作者,也是直播主播,他们与粉丝之间建立了深厚的情感联系,形成了独特的社区文化。Bilibili直播强调内容的创意和深度,鼓励知识性、趣味性的直播内容,如"学习区"直播,让用户在娱乐的同时获取知识,展现了直播平台的正面价值。

二、直播平台特点

在中国的直播市场中,游戏电商平台如斗鱼和虎牙凭借自身对电子竞技领域的深耕以及丰富的内容矩阵吸引了大量用户。斗鱼以电竞赛事直播为核心,辅以弹幕文化和"鱼吧"社区以增强用户互动;而虎牙则在保持游戏直播优势的同时,积极拓展至娱乐、户外等多领域,并通过高清流畅的技术体验和才艺展示等形式吸引年轻观众。

兴趣电商平台如抖音和快手依托短视频平台的巨大流量和个人化推荐机制,为用户提供从生活分享到电商直播的多样化内容,其中抖音强调个性化推荐与社交互动性,快手则以贴近生活的草根文化为基础,鼓励普通人成为内容创作者,形成独特的去中心化内容生态。

货架电商平台如淘宝、拼多多和京东将直播技术与在线购物紧密结合,开创了"边看边买"的消费模式。淘宝直播凭借阿里巴巴的强大供应链支持,提供丰富的商品选择和专业的购物知识教育;拼多多直播通过限时秒杀等促销活动提升用户参与度,同时注重主播团队建设;京东直播则利用其综合B2C背景及物流配送体系,确保用户能够全方位了解商品信息并轻松做出购买决策。这些平台不仅在大型促销活动中扮演着重要角色,还通过邀请品牌代表或专家深入解析产品特性,进一步增强了用户的信任感和满意度。

社交电商平台如微信视频号、小红书和Bilibili借助各自独特的优势,在直播领域占据了一席之地。微信视频号直播充分利用微信庞大的用户基础及内部资源,形成了闭环式的传播链条,适合多种应用场景;小红书直播则以其高质量的生活方式分享内容,以真实感人的故事讲述赢得了用户的青睐,成功将购物体验与社交互动融为一体;Bilibili直播基于二次元文化,不仅涵盖了游戏、动漫等内容,还鼓励知识性和趣味性的直播形式,如学习直播,为用户提供了兼具娱乐与教育价值的观看体验。这三个平台都致力于构建富有特色的社区文化,加强了用户间的连接与互动。

各主要直播平台对比见表1-1。

表1-1 各主要直播平台对比

平台类型	平台名称	主要特点	目标受众	主要内容类型	特色功能
游戏电商平台	斗鱼	深耕电子竞技,丰富的电竞赛事直播	电竞爱好者	游戏直播、电竞赛事	弹幕文化、"鱼吧"社区
	虎牙	内容多元化,高清流畅的直播体验	年轻用户	游戏直播、娱乐、户外	"星秀场"才艺展示,主播培养计划
兴趣电商平台	抖音	短视频与直播结合,个性化推荐机制	多样化兴趣用户	生活分享、才艺展示、电商直播	社交互动性高,点赞、评论、分享
	快手	草根文化,贴近生活的内容	下沉市场及普通民众	生活记录、电商直播、娱乐表演	"快手小店",去中心化内容生态
货架电商平台	淘宝	电商+直播模式,即看即买购物体验	在线购物者	商品展示、促销活动	"淘宝大学"教育栏目
	拼多多	边看边买的消费模式,频繁促销活动	追求性价比的消费者	产品展示、限时秒杀	供应链优势下的促销活动
	京东	综合B2C背景,专业深度解析	在线购物者	商品介绍、品牌专家讲解	定期主题活动,如年货节、双十一大促
社交电商平台	微信视频号	微信生态体系内,闭环传播链条	微信用户群体	教育培训、文化娱乐、新闻资讯	无缝对接微信其他功能模块
	小红书	生活方式分享,高质量内容产出	时尚美妆及生活方式追求者	美妆、时尚、旅行	高质量故事讲述,社交与购物融合
	Bilibili	以二次元文化为核心,鼓励知识性和趣味性内容	二次元爱好者	游戏直播、动画新番、学习直播	UP主社区,独特的弹幕文化

第三节 直播发展趋势

随着互联网技术的飞速发展,直播作为一种新兴的传播形式,正以前所未有的速度改变着人们的信息接收习惯、消费模式乃至生活方式。从最初的娱乐直播到现在的全民直播时代,直播行业经历了从野蛮生长到规范发展,再到深度整合的蜕变。未来,直播的发展将更加多元化、专业化、智能化,以下是对直播未来发展趋势的深入探索。

一、技术驱动下的沉浸式体验

(一) 5G 与 VR/AR 技术的深度融合

随着 5G 网络在全球范围内的快速部署,其超高速率和超低时延的特性为 VR/AR 直播应用提供了坚实的基础。这不仅意味着观众可以流畅观看高分辨率的 VR 直播内容,而且几乎感受不到任何延迟,真正实现"所见即所得"的体验。在大型活动如国际音乐节、全球体育赛事中,VR 直播可以让远程观众通过佩戴 VR 头显设备,360°全景参与,仿佛置身于前排座位。AR 技术能在直播中叠加虚拟信息,如在体育赛事直播中即时显示球员数据、战术分析,为观众提供增强的信息量和互动性。

(二) AI 技术的广泛应用

AI 技术在直播领域的渗透不断深化,从内容生产、分发到消费全链条优化用户体验。AI 内容审核系统能高效识别并过滤不当内容,保障直播环境的健康安全。智能剪辑功能可以根据直播内容自动生成精彩片段和预告,提高制作效率。AI 技术还能分析用户行为和兴趣点,动态调整直播间布局、推送个性化内容,甚至是智能调节直播画面质量以适应不同设备和网络条件,确保每位观众都能获得最佳观看体验。

案例 1-1

凌晨 3 点的商业革命:一部手机正在吞噬整条街的流量

杭州某服装市场的地下仓库里,"95 后"店主小陈的手机支架正对着成堆的货品。人工智能系统检测到镜头里闪过一件卫衣,小陈立刻用东北方言喊话:"老铁瞅瞅这重磅棉料,指甲划不留痕!"弹幕弹出"175 斤能穿不?",人工智能系统秒回:"你好,目前 XXL 码库存 23 件,现在下单送潮袜三双。"

这场没有主播、没有脚本、没有打光的直播,让小陈的单日商品交易总额从 3 000 元飙至 78 000 元,而成本仅是手机支架+5 元/天的智享 AI 直播三代自动直播系统服务费。

二、直播电商的深度整合与创新

(一) 供应链优化与个性化推荐的精细化

直播电商通过集成先进的数据分析技术,能够对供应链进行深度优化,如预测热销产品、动态调整库存、实施智能化物流调度,从而减少成本,提升响应速度。个性化推荐系统基于用户的历史购买行为、观看偏好、社交媒体活动等多维度数据,为每位用户提供定制化的商品展示,提高购物的满意度和转化率。这种精细化运营策略能够大幅提升销售效率,同时增强顾客黏性。

(二) 直播+新零售模式的无缝衔接

直播与新零售的结合正引领着消费模式的变革。在线下实体店,商家可以设置直播互动区域,邀请网红或专业人员进行商品演示,同时通过直播平台吸引线上观众,形成购买冲动。反过来,线上直播也可以作为导流入口,鼓励用户预约线下体验,完成"种草"到"拔草"的闭环。这种线上线下相互引流的方式,不仅拓宽了销售渠道,还加深了消费者的品牌认知,构建起更为丰富的购物生态。例如,服装品牌可以通过直播展示最新款式,同时邀请观众预约到店试穿,结合线下体验提升购买意愿。

三、社交化与社区化趋势

(一)社交电商直播的深化融合

社交电商直播充分利用社交网络的强关系链和传播力,让直播不再局限于单一平台,而是通过微信朋友圈、微信群、微博等社交渠道迅速扩散。主播和品牌通过社交分享机制,激励用户主动推广,形成基于信任的口碑营销。例如,微信视频号直播凭借其便捷的社交分享功能和庞大的用户基础,使得商品直播信息能迅速触达潜在消费者,实现销量爆发式增长。

(二)垂直社区直播的专业化发展

专注于特定领域或兴趣爱好的垂直社区直播,通过精准定位目标受众,提供专业化、有深度的内容,构建起高度活跃且黏性极强的社群。例如,在健身领域,专业教练通过直播传授训练技巧,用户不仅能跟随练习,还能实时互动提问,形成良好的学习氛围。这类社区直播通过持续输出价值,促进用户间的经验交流和情感联结,有效提升用户留存和付费意愿。

四、知识付费与内容精品化

(一)知识付费直播的市场扩张

随着社会不断加深对终身学习理念的认同,知识付费直播市场迎来了快速发展期。专业人士、学者及行业领袖通过直播形式,分享专业知识和实践经验,满足了大众对技能提升和知识获取的渴望。从语言学习到编程技术,从金融理财到心理健康,各种知识付费直播课程以其灵活性、互动性和即时反馈的优势,成为许多人充电提升的选择。

(二)内容精品化的战略重要性

在内容泛滥的时代,直播内容精品化成为其脱颖而出的关键。这意味着在内容创作上追求深度和专业性,在制作上强调高清画质、音效优化,引入更先进的互动技术,如实时投票、弹幕问答等,提升用户体验。同时,围绕特定主题或IP打造系列化、品牌化的直播内容,建立独特的风格和辨识度,有助于形成忠实的粉丝群体和长期的商业价值。

五、法规监管与规范化发展

(一)行业规范的强化与完善

为了保障直播行业的健康发展,政府和监管机构将不断完善相关法律法规,加大对违法违规内容的打击力度,包括色情、赌博、诈骗等不良信息。同时,推动实名制、内容审核机制的落实,确保直播内容合法合规。此外,制定行业标准和操作规范,指导平台和主播遵守商业道德和社会责任,维护良好的网络生态环境。

(二)版权保护机制的健全

版权问题一直是直播行业发展的痛点,随着行业规范化进程加快,版权保护的重要性日益凸显。平台需要建立健全版权审核机制,采用区块链、数字水印等技术手段追踪和保护内容版权。同时,加大对侵权行为的处罚力度,提供便捷的版权投诉与处理通道,保护原创者的合法权益,鼓励内容创新和多样性发展。

六、国际化与跨文化交流

(一)跨境直播的全球布局

跨境直播不仅意味着中国直播平台向海外市场拓展,也涵盖了国际直播平台之间的内容共享与合作。

1. 多语言支持

为适应不同国家和地区用户的语言习惯,直播平台会提供多语种界面和实时翻译功能,减少语言障碍,促进国际用户间的交流互动。

2. 本地化运营

进入新市场时,深入了解当地文化和消费习惯,推出符合当地用户偏好的内容和活动,如与当地网红、品牌合作,举办具有地方特色的直播活动。

(二)文化输出与国际形象塑造

1. 传统文化的生动展现

直播非物质文化遗产的制作工艺,如刺绣、陶瓷等,让全球观众在屏幕前即可体验到中国传统艺术的魅力,感受其背后的历史故事和文化内涵。此外,直播传统节日庆典、民俗活动,如春节、中秋节的庆祝仪式、端午节的龙舟赛等,让海外观众能够实时参与,增进对中国传统文化的理解和兴趣。

2. 现代生活的直观展示

通过日常生活直播,如城市风光、日常饮食、时尚潮流、教育体系等,可以打破外国对中国的刻板印象,展现一个既保留传统韵味又充满现代活力的中国。直播高楼林立的城市天际线、高效的公共交通系统、领先的电子商务和移动支付应用,以及绿色能源、高速铁路等科技创新成果,向世界传递中国现代化发展的正面形象。

3. 科技创新的即时传播

无论是火箭发射、深海探测、太空站建设等重大科学事件,还是人工智能、5G通信、无人驾驶等前沿科技的应用演示,直播都能在第一时间将这些激动人心的瞬间传遍全球,增强国际社会对中国科技实力的认识。此外,科技论坛、创新大赛的直播,也能促进国际科技交流与合作,提升中国在全球科技领域的影响力和话语权。

4. 促进文化交流与理解

直播能够搭建起一座沟通中外的桥梁,促进不同文化之间的交流与互鉴。邀请国际友人参与直播,体验中国的生活方式,如学习中文、品尝中国美食、参与传统节日庆祝等,从他们的视角向全世界介绍中国,能够以更加生活化、亲切的方式拉近彼此的距离,增进文化理解和尊重。

直播的未来发展将是一个技术不断革新、内容日益丰富、形式更加多元、市场更加规范和国际化的进程。在这一过程中,直播不仅将继续改变人们的消费习惯,也将成为推动社会经济发展、促进文化交流的重要力量。面对未来,直播行业需要持续创新,紧抓技术发展机遇,同时注重内容质量与社会责任,才能在激烈的竞争中立于不败之地。

本章小结

本章围绕网络直播,首先从概念出发,介绍了特点、发展历程及类型;其次介绍了国内主要的直播平台,包括斗鱼、虎牙、抖音、快手等,并分析了各平台的特点;最后从技术驱动下的沉浸式体验、直播电商的深度整合与创新、社交化与社区化趋势、知识付费与内容精品化、法规监管与规范化发展、国际化与跨文化交流六个方面分析了直播的发展趋势。网络直播,作为数字时代下连接与表达的新界面,不仅重塑了信息传播与消费场景,更是在技术迭代与文化交融的浪潮中,持续推动着内容创新、商业模式与社会互动的深刻变革。从本土特色鲜明的多样化平台,到技术赋能下日益沉浸、精细、规范的全球直播生态,这一领域正不断跨越边界,深化价值,不仅引领着数字经济的蓬勃发展,更促进了世界文化的广泛交流与理解,携手共创一个更加开放、包容、智慧的未来视界。

知识巩固

1. 网络直播,又称互联网直播,是一种基于数字信息技术和互联网基础设施,实现_____、_____即时传输与共享的新型媒介传播形式。

2. 网络直播的特点包括_____、_____、_____、_____、_____。

3. 按内容主题,直播可以分为_____、_____、_____、_____、_____、_____、_____。

4. 抖音直播的社交互动性极强,用户可以通过_____、_____、_____等方式参与互动,极大地提升了用户体验和参与感。

第二章
直播在各行业中的应用

知识框架图

- 直播在各行业中的应用
  - 直播在电商行业中的应用
    - 直播在电商行业应用的优势
    - 直播在电商行业的多样化应用
  - 直播在教育行业中的应用
    - 直播在教育行业应用的优势
    - 直播在教育行业的多样化应用
  - 直播在娱乐行业中的应用
    - 娱乐行业直播主要类型
    - 娱乐行业直播注意事项
  - 直播在旅游行业中的应用
    - 直播在旅游行业的应用场景
    - 旅游行业直播带来的改变
  - 直播在医疗健康行业中的应用
    - 直播在医疗健康行业的应用场景
    - 医疗健康行业直播的意义
  - 直播在金融行业中的应用
    - 直播在金融行业的应用场景
    - 金融行业直播注意事项

学习目标

1. 掌握直播在各个领域的应用；
2. 理解直播教学的优点；

3. 掌握娱乐直播的类型;
4. 了解直播在旅游行业中的应用能够带来的改变;
5. 理解直播在医疗健康领域应用的意义。

第一节 直播在电商行业中的应用

直播在电商行业中的应用,通常被称为"直播带货"或"电商直播",已经成为一种非常流行且有效的销售和营销手段。通过直播,商家可以实时向观众展示产品的详细信息、使用方法以及实际效果,这种直观的方式有助于增强消费者的信任感,并能够及时解答潜在买家的各种疑问。

一、直播在电商行业应用的优势

(一)即时互动

直播中主播可与观众进行即时互动,回答问题、提供信息,提升了用户的参与感和满意度。通过直播建立一个活跃的购物社区,促进用户之间的交流和分享,形成良好的口碑效应。

(二)提高转化率

直播中的限时优惠和秒杀活动可以激发消费者冲动消费,提高订单转化率。通过实时展示和详细讲解,消费者对产品有了更深入的了解,增强了购买的信心。

(三)降低营销成本

直播是一种高效的传播方式,可以覆盖大量受众,同时成本相对较低。通过数据分析,可以更精准地定位目标客户群体,提高营销效率。

(四)提升品牌形象

高质量的直播内容可以展示企业的专业性和服务水平,提升品牌形象。通过直播,企业可以展示其运营过程和服务细节,提高透明度,赢得客户信任。

二、直播在电商行业的多样化应用

(一)产品展示与推广

商家可以通过直播实时展示产品的外观、功能和使用方法,让消费者对商品有更直观的了解。利用多摄像头切换,从不同角度展示产品细节,帮助消费者全面了解商品特性。主播可以现场试用产品,如化妆品、服装等,展示实际效果,增强消费者的购买信心。

(二)促销活动与限时优惠

通过直播发布限时折扣和促销活动,刺激观众立即下单购买。设置特定时间段内的秒杀活动,增加购物的紧迫感和趣味性。在直播过程中进行抽奖活动,赠送优惠券或礼品,提升观众的参与度和忠诚度。

(三)客户服务与支持

主播可以在直播中回答观众关于产品的疑问,提供专业的建议和解答。通过直播提供售后服务,解决消费者的售后问题,提升客户的满意度和信任度。根据观众的需求和偏好,提供个性化的商品推荐,提升购物体验。

(四)品牌建设与形象塑造

通过直播讲述品牌背后的故事,传递品牌理念和价值观,树立品牌形象;展示企业的生产过程、工作环境和团队风采,让观众对企业有更深入的了解。邀请知名网红或意见领袖参与直播,利用其影响力吸引更多粉丝关注,并转化为购买力。

案例 2-1

某宁易购:全场景直播矩阵

某宁易购(图2-1)作为线上线下融合的零售巨头,利用直播电商构建了全场景的购物体验。在"818发烧购物节"期间,某宁易购不仅邀请了明星、网红主播进入门店直播,还开启了"云逛街"模式,通过VR直播技术,让观众仿佛身于商场之中,可以自由切换楼层、店铺,查看商品详情,实现了线上购物与线下体验的无缝对接。此外,某宁易购还创新性地举办了家电、3C产品的现场拆解直播,专业技术人员在直播间拆解电器,讲解内部构造和使用保养知识,这种专业且透明的直播方式,大大增强了消费者对产品的信任,提升了购买意愿。

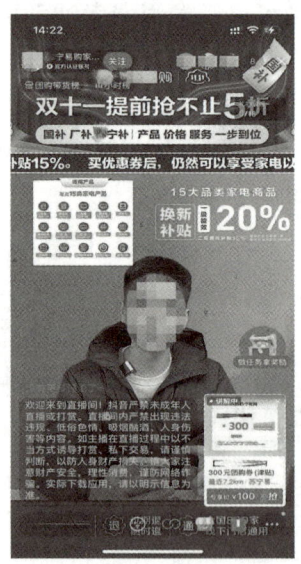

图2-1 某宁易购直播间

时尚直播社区

某宝作为中国领先的综合性电商平台,其直播板块同样打造了一个独特的时尚直播社区文化,专注于满足广大消费者,尤其是年轻女性对于时尚、美妆和生活方式的需求。某宝直播(图2-2、图2-3)不仅汇聚了众多时尚博主、模特展示最新的潮流穿搭,还邀请设计师亲自讲述他们的设计理念与背后的故事,为用户提供更加深入的时尚体验。此外,平台还开设了包括DIY手工、美妆教程等在内的多元化内容,旨在构建一个集购物、学习与社交于一体的直播生态系统。

图2-2 某宝美妆类直播间

图2-3 某宝服饰类直播间

第二节 直播在教育行业中的应用

在线教育结合直播,让远程教学变得更加生动和高效。教师不仅能通过直播授课,还可以利用互动白板、分组讨论等功能,模拟线下课堂的互动氛围。在线教育与直播技术的结合,不仅重塑了传统教育的形态,还极大地丰富了学习体验,增强了教育的包容性和可达性。

一、直播在教育行业应用的优势

(一)即时反馈与个性化指导

直播教学中,教师能够实时观察学生的学习反应,通过弹幕、投票、即时测验等功能快速收集反馈信息,针对性地调整教学策略,提供个性化的学习建议。这种即时互动缩短了教师与学生之间的距离,使得个性化教学不再受限于空间。

(二)情境模拟与实践操作

对于需要动手操作的课程,如实验科学、艺术创作等,直播平台支持的高清视频流和多角度摄像头能够清晰展示操作细节,结合VR技术和AR技术,为学生创建接近真实的实践环境。学生可以在教师的指导下进行模拟实验,提升操作技能和理解深度。

(三)跨地域资源共享

直播教学打破了地理位置的限制,使得优质教育资源能够跨越国界、城乡,被广泛共享。偏远地区的学生也能接触到一流学校的师资和课程,促进了教育资源的均衡分配,有助于缩小教育资源差异。

(四)社群学习与协作

直播平台通常集成论坛、社群等社交功能,鼓励学生在直播前后进行讨论、分享学习心得,组建学习小组。这种社群学习模式增强了学生的归属感和学习动力,通过同伴互助提高解决问题的能力。

(五)灵活的学习时间和地点

直播课程通常支持回放和点播,学生可以根据自己的时间安排选择最适合的学习时段,无论是在家中、图书馆还是在通勤路上,都能便捷接入学习资源,大大提高了学习的灵活性和便利性。

(六)终身学习的推动者

教育直播平台不仅服务于在校学生,也为职场人士、兴趣爱好者等不同年龄层的学习者提供了丰富多样的学习机会。无论是专业技能培训、语言学习,还是兴趣爱好培养,直播教育都能提供灵活、高效的学习途径。

直播技术在教育领域的应用,不仅增强了教学的互动性和趣味性,还为实现教育的公平性、灵活性和个性化提供了强有力的支持,推动了教育模式的全面革新。

二、直播在教育行业的多样化应用

(一)在线课程与讲座

教师可以通过直播平台进行实时授课,学生可以在家中或任何有网络的地方参与学习。在直播过程中,学生可以即时提问,教师可以现场解答,增强教学的互动性和参与感。从语言学习到科学实验,从艺术创作到编程技能,直播可以覆盖各种学科和领域。

案例 2-2

某 Live:全球顶尖大学课程直播

某 Live 作为一个提供大规模开放在线课程的平台,不仅有录播课程,还推出了 Live Sessions(直播会议),邀请世界顶级大学的教授进行直播授课或学术讲座,为学习者提供与顶尖学者直接交流的机会。例如,斯坦福大学的计算机科学课程就曾通过直播形式进行,学生可以实时提问,与教授和其他学习者共同讨论复杂问题,这种模式极大地提高了远程学习的互动性和深度,让学习者感受到身临其境的校园课堂体验。

(二)实验演示与操作指导

理科教师可以通过直播演示实验过程,让学生直观地了解科学原理和实验技巧。对于需要动手操作的课程(如烹饪、手工艺等),教师可以通过直播详细展示每一步操作方法。

(三)个性化辅导与答疑

教师可以通过直播进行一对一的个性化辅导,针对学生的具体问题进行解答和指导。组织小班制的直播课程,鼓励学生之间的互动和合作,提高学习效果。直播结束后,教师可以继续留在直播间,为学生解答课后疑问,提供持续支持。

案例 2-3

某 Kid:一对一英语直播教学

某 Kid 是专注于4~15岁儿童的在线英语学习平台(图 2-4),它通过直播技术,将北美优质外教与全球小朋友连接起来,提供一对一沉浸式英语学习体验。每堂直播课,外教会依据孩子的英语水平定制个性化课程,使用互动性强的多媒体教材,让孩子在互动中学习纯正的英语发音和地道表达。此外,平台还设置了家长旁听功能,家长可以随时了解孩子的学习情况,提升了教学的透明度和家庭的参与度。

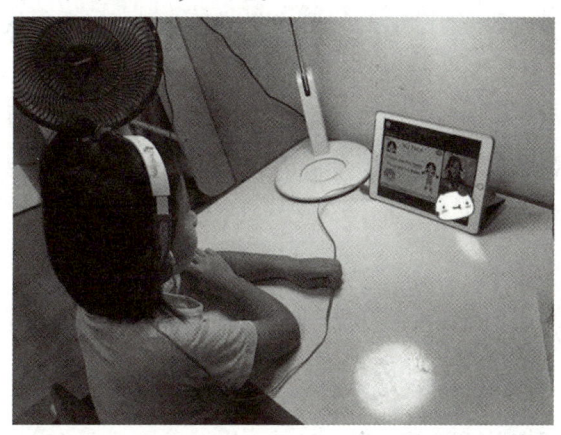

图 2-4　某 Kid 直播学习

(四)家长会与家校沟通

学校可以通过直播召开线上家长会,向家长通报学生的学习情况和学校的最新动态。定期举办直播活动,让家长了解学校的教育教学理念和方法,增强家校之间的沟通与合作。

(五)跨文化交流与国际教育

通过直播连接全球各地的学生,开展跨文化的交流与合作,拓宽学生的国际视野。利用直播平台进行语言学习,学生可以直接与母语使用者进行交流,提高语言能力。

第三节　直播在娱乐行业中的应用

娱乐直播是一种通过互联网平台,以视频或音频形式实时播出,主要以娱乐内容为主的在线直播形式,它涵盖了广泛的娱乐活动。

一、娱乐行业直播主要类型

(一)才艺展示

主播通过唱歌、跳舞、乐器演奏、魔术表演等才艺展示吸引观众。这些直播通常强调个人魅力和表演才能,观众可以通过赠送虚拟礼物、打赏等方式与主播进行互动。

(二)聊天互动

主播与观众进行实时聊天,分享日常生活、情感故事、生活小贴士等,形成一种朋友般的互动氛围,建立亲密的粉丝关系。

(三)游戏直播

虽然游戏直播更多被视为单独的类别,但其中融入娱乐元素的游戏解说、搞笑剪辑等也属于娱乐直播的一部分,主播在玩游戏的同时与观众互动,增添乐趣。

(四)脱口秀与喜剧

主播通过幽默的语言、段子、模仿秀等形式提供娱乐内容,类似线上的"单口相声"或"脱口秀"。

(五)时尚美妆直播

主播分享化妆技巧、时尚穿搭、美容护肤心得,有时会进行产品试用和评测,与观众讨论美容时尚趋势。

(六)虚拟直播

近年来,虚拟主播兴起,通过动画角色或3D模型进行直播,同样进行才艺展示、聊天互动等,为娱乐直播增添了新的维度。

二、娱乐行业直播注意事项

(一)内容合规与版权保护

确保所有直播内容符合国家和地区的相关法律法规。避免发布任何违法、低俗或不健康的内容。使用音乐、视频片段或其他受版权保护的内容时,必须获得相应的授权。未经授权使用他人的作品会导致法律纠纷。

(二)互动管理与社区氛围

鼓励主播与观众之间的积极互动,但同时要确保互动内容的正面性和建设性。避免任何形式的骚扰、歧视或攻击性言论。设立专门团队监控直播间的评论区,及时删除不当言论,并对违规用户采取相应措施(如警告、禁言或封号)。

(三)技术保障与用户体验

选择高质量的直播平台和技术支持,确保直播过程中的音频、视频质量稳定流畅。提前进行多次测试,确保网络连接和设备运行正常。制订详细的应急预案,以应对可能出现的技术故障或其他突发事件。预案中应包括备用方案、快速响应机制以及如何向观众通报情况的策略。确保直播内容可以在多种设备上观看,包括手机、平板电脑和PC等,以满足不同用户的需求。

(四)营销与品牌建设

在进行产品推广或广告植入时,确保信息的真实性和透明度。明确区分广告内容与普通内容,避免误导观众。通过高质量的内容和专业的表现树立良好的品牌形象。避免过度商业化,保持内容的娱乐性和观赏性。重视与粉丝的关系维护,定期举办活动回馈粉丝,增强粉丝黏性。可以通过问答环节、抽奖等形式增强互动性和参与感。

案例 2-4

某酱——知识性娱乐直播的代表

某酱以短视频起家,凭借幽默风趣的吐槽视频走红网络。转入直播领域后,她继续发挥其内容创作的优势,通过直播分享生活感悟、社会现象点评及专业知识讲解,将娱乐与知识传播相结合,形成独特的直播风格。某酱的直播经常围绕社会热点展开讨论,鼓励观众参与互动,提出观点,构建了一个基于共同兴趣和价值观的社群,展现了直播作为新媒介在促进公共讨论方面的潜力。

某宁——从街头歌手到直播明星的转变

某宁最初因在短视频平台上传街头演唱的视频而受到关注,随后通过直播进一步扩大了知名度。他的直播内容多样,从现场演唱到日常生活分享,再到与粉丝的亲密互动,都展现了他的多才多艺和亲和力。某宁的成功故事激励了许多有着音乐梦想的普通人,证明了直播平台能够为草根艺术家提供一个展示才华、实现梦想的舞台。

某天线上演唱会——音乐与科技的无缝对接

台湾乐团某天在全球拥有庞大粉丝基础,他们利用直播技术举办线上演唱会,打破了地理界限,让全球粉丝能够同享音乐盛宴。某天的线上演唱会不是简单的演出直播,而是结合了高清多机位拍摄、AR特效、实时互动等先进技术,为观众提供了媲美现场的视听体验。在直播中,乐队成员还会与观众进行互动、读取弹幕、回答问题,甚至根据观众的提议即兴演出,让粉丝感受到前所未有的参与感和亲近感。这种创新的直播形式,不仅为音乐产业探索了新的商业模式,也为全球音乐爱好者搭建了一个共享音乐激情与感动的虚拟舞台。

娱乐直播不仅改变了传统娱乐产业的生态,为艺人和内容创作者提供了全新的发展路径,同时也拉近了艺人与粉丝之间的距离,促进了更加直接和深层次的互动交流。直播平台成了孵化新星、推动公益、带动经济以及传递正能量的重要渠道。

第四节　直播在旅游行业中的应用

直播技术的飞速发展,为"云旅游"概念的实现提供了强大支撑,旅行社、景区通过直播带领观众"身临其境"游览各地风光,让远在屏幕另一端的观众能够突破时空限制,体验全球各地的自然美景和人文风情,开启了旅游宣传和体验的新篇章。

一、直播在旅游行业的应用场景

(一)旅游目的地推广

通过直播,旅游目的地可以实时向全球观众展示其自然风光、文化遗产和当地特色活动。例如,景区可以通过直播春季赏花节或秋季红叶节,吸引游客前来体验。直播不仅可以展示景点,还可以深入介绍当地的文化习俗、传统节日和美食,帮助潜在游客更全面地了解目的地。

(二)酒店与住宿体验

酒店可以通过直播详细展示不同类型的客房和服务设施,让预订者对房间的实际情况有直观的了解。通过直播酒店可以介绍自己的特色服务,如 SPA、健身房、餐饮服务等,提高客户的预订意愿。酒店员工可以通过直播回答观众的问题,提供个性化的建议,并处理预订事宜,提升客户服务体验。

(三)旅游产品销售

旅行社可以利用直播平台推荐定制化的旅行套餐,根据客户需求进行详细介绍,并解答疑问。通过直播发布限时折扣和促销活动,刺激观众立即下单预订。邀请曾经参与过特定行程的客户进行直播分享,提供真实的旅行体验反馈,提升新客户的信任度。

(四)旅游活动与赛事

对于大型旅游活动,如文化节、马拉松比赛等,可以通过直播让更多无法到场的人也能感受到活动的氛围,并可以展示活动筹备过程中的幕后故事,增强观众的兴趣和期待感。活动期间,观众可以通过弹幕或在评论区与主办方和其他观众互动的方式,提出问题或发表意见。

(五)旅游教育与培训

旅游公司可以通过直播对导游进行在线培训,提高服务质量,还可以针对游客的安全教育,如紧急救援知识、户外生存技巧等,通过直播形式进行传播。

二、旅游行业直播带来的改变

(一)深度体验与互动性增强

云旅游直播不仅展示了风景名胜的静态美,更重要的是通过主播的实时解说和体验分享,为观众提供更加深入、全面的旅游信息。主播可以即时回答观众提问,根据观众兴趣调整游览路线,甚至邀请当地居民或专家加入直播,讲述鲜为人知的故事和文化背景,这种互动性极大地增强了观众的参与感和体验深度。

(二)个性化与定制化服务

相比传统旅游宣传,云旅游直播可以根据观众偏好进行内容定制,如特定主题游(如历史遗迹探索、美食之旅、自然探险等),或者根据节日、季节推出特别直播,如春节灯会、樱花盛开季等。这种个性化的内容设计,满足了不同观众的多样化需求,增强了旅游目的地的吸引力。

(三)促进旅游决策与预售

通过直播,观众可以在决定实地旅行前,对目的地有更直观、全面的了解,减少了信息不对称,帮助他们做出更加明智的旅游决策。同时,许多直播还会结合旅游产品预售、特价机票、酒店预订等服务,观众在享受视觉盛宴的同时,可以直接下单购买,简化了旅游规划流程,也为旅游企业带来了直接的经济效益。

(四)文化和旅游的融合传播

云旅游直播不仅展示景色,更是文化传播的窗口。许多直播会侧重于展示目的地的文化特色,如传统节日庆典、民俗活动、非物质文化遗产等,促进了文化的交流与传承。这种方式不仅丰富了旅游内容,也提升了目的地的文化软实力,促进了文化旅游业的融合发展。

(五)可持续旅游的推动

云旅游直播有助于推动可持续旅游观念的普及。通过展示自然保护区、生态旅游项目等,引导观众关注环境保护和地方可持续发展,鼓励在实地旅行时采取低碳、环保的旅游方式。同时,对于一些生态脆弱或容量有限的景点,直播旅游也是一种减轻实地游客压力、保护自然和文化遗产的有效方式。

云旅游直播以其独特的优势,正在逐步改变人们的旅游消费习惯和旅游目的地的宣传方式,成为连接世界各地美景与人们心灵的桥梁,开启了旅游体验的新纪元。

案例 2-5

"某网"南极探险直播

某网组织了一场别开生面的南极探险直播,邀请了专业探险家和摄影师,通过直播技术,带领全球观众一同踏上这片地球上最为神秘的大陆。

直播镜头的另一端是万里之外的极地世界,由正在南极科考的国际环保机构——"绿色和平",从17 052千米外的南极传回第一手画面。当晚的直播累计超过32万人观看,评论区有1.2万人留下关于南极环境的讨论。

在直播中,"绿色和平"与公众互动时,向广大网友普及了南极环保知识,介绍了南极动物猎杀和气候变化等对环境所造成的影响,以及各国政府、国际组织和环保人士通过多年努力使得南极海洋生物资源养护委员会各成员国一致通过了罗斯海海洋保护区的提案,使约155万平方千米、相当于两个东三省面积的辽阔海域得到了保护。

直播电商运营

对于大部分人而言，南极遥远又神秘，绝大多数人一生也很难真正踏上南极，南极对人类的重要性更多以抽象形式存在。而直播打通了看似相距甚远的两个次元，让更多人了解南极的真实状况，增强环保意识。

某窝海岛度假村直播

某窝海岛度假村直播是一项创新的旅游推广项目，它利用现代科技手段，打破地域限制，让广大旅游爱好者即便身处家中，也能身临其境地感受到海岛度假的魅力。这一系列直播活动，是某窝旅游平台与全球多个顶级海岛度假胜地深度合作的成果，旨在通过实时互动的形式，为观众开启一扇通往海岛的梦幻之窗。

在每一场直播中，主播不仅会带领观众漫步于细腻柔软的白沙滩，享受海风轻拂，还会深入探索那些鲜为人知的海岛秘境，如隐匿的珊瑚礁、清澈见底的潟湖，以及丰富的海底生态，通过高清直播技术，将这些自然奇观以最真实、最生动的方式呈现给屏幕前的每一个人。此外，观众还能跟随主播的镜头，参与到刺激的水上运动如浮潜、海钓中，近距离观赏五彩斑斓的热带鱼群，或是体验亲手制作当地特色美食的乐趣，如椰香四溢的海岛烧烤、清新爽口的水果拼盘，让味蕾也在"云端"度假。

值得一提的是，直播过程中设置的互动环节，让观众能够即时向主播提问，无论是关于度假村的住宿条件、餐饮服务、娱乐设施，还是旅行小贴士、当地风俗文化，都能得到详细解答。这种即时交流的方式极大地提升了观众的参与感和体验度，同时也为度假村提供了一个直接面向潜在客户展示自身优势和服务质量的平台。

某窝海岛度假村还巧妙地在直播中融入了电商元素，适时推出限时特惠房券、特色体验套餐的抢购活动，观众在享受视觉盛宴的同时，可以把握机会抢订，为自己的未来旅行锁定优惠，既满足了人们对于旅行规划的需求，也为海岛度假村带来了实质性的预订增长，实现了双赢。

以上案例展现了云旅游直播如何打破地理限制，通过直播技术让人们足不出户就能探索世界，体验异国文化和自然风光，同时也为旅游业的宣传和教育开辟了新的路径。

第五节 直播在医疗健康行业中的应用

在医疗健康领域，直播的应用为医疗服务的普及和优化提供了新途径。医生通过直播进行远程问诊、健康讲座、手术示教，患者能够跨越地域限制，获取专业的医疗咨询和知识。

一、直播在医疗健康行业的应用场景

（一）医学教育与培训

通过直播技术，医疗机构可以组织在线讲座、手术演示等，让医学生或医生能够远程观看并学习最新的医疗技术和治疗方法。这种方式打破了地理位置的限制，让更多人能够接触到高质量的教育资源。

(二)远程会诊

直播可以帮助实现多学科专家之间的远程会诊,尤其是在处理复杂病例时。医生们可以通过视频会议讨论病情,并共同制订治疗方案,这对于偏远地区的患者尤其有益。

(三)患者教育和支持

医院和健康机构可以通过直播举办健康讲座、疾病预防课程等,向大众普及健康知识。此外,对于患有慢性病或其他长期需要护理条件的人群来说,定期举办的直播活动也可以提供必要的心理支持和生活指导。

(四)公众健康宣传活动

政府部门或非营利组织利用直播平台进行大规模公共卫生宣传,如疫苗接种的重要性、如何应对突发公共卫生事件等,能够快速有效地将重要信息传达给广大民众。

(五)手术直播

虽然这方面的应用相对较少且更加专业,但在一些情况下,特定类型的手术会进行直播以供同行学习参考。这种做法有助于促进医学交流和技术进步。

二、医疗健康行业直播的意义

(一)打破地域限制,促进医疗资源公平分配

直播技术在医疗领域的应用,如同架设了一座虚拟桥梁,使得顶尖医疗机构和专家资源得以跨越千山万水,直达偏远地区和医疗水平较低的区域。这不仅意味着偏远地区的患者可以在家门口就享受到大城市医院同等水平的诊疗服务,包括专家会诊、疑难杂症讨论等,还促进了医疗技术、治疗方案的同步更新,缩小了不同地区之间的医疗服务差距。政府和非政府组织可以通过建立专门的医疗直播平台,整合优质医疗资源,定期开展远程诊疗、培训和病例分享会议,从根本上推动医疗资源的均衡分布。

(二)提升医疗服务效率和可及性

利用直播技术,医生可以实现一对多的咨询模式,大大提高了诊疗效率,尤其是在处理常见病症咨询、慢性病管理及健康生活指导等方面,能够有效缓解实体医院的就诊压力,减少患者的等待时间。此外,患者还可以根据自己的时间安排选择观看直播回放或预约在线咨询服务,使得医疗服务更加灵活便捷。这种模式特别适合忙碌的上班族和行动不便的人群,提高了医疗服务的整体覆盖范围和满意度。

(三)强化健康教育与公众意识

健康知识的直播普及,利用其直观、互动性强的特点,将晦涩难懂的医学知识转化为通俗易懂的内容,更容易被大众接受和记忆。例如,通过邀请知名专家进行专题讲座,直播演示正确的急救技巧、营养膳食搭配、心理健康维护等,不仅增强了公众的健康意识,还提高了个人应对突发健康问题的能力。

(四)推动医学教育与专业培训的创新

医学教育领域通过手术直播、临床案例分析等直播形式,打破了传统教学的时空限制,

学习过程更加直观、生动。医学生和年轻医生能够实时观察到资深专家的手术操作细节、诊断思路和治疗策略,这对于临床技能的快速提升至关重要。此外,通过网络直播平台,医疗机构之间可以便捷地开展跨国界、跨时区的学术交流和继续教育项目,促进了医学知识的全球化共享和最新研究成果的快速传播,加速了医学人才的培养进程,提升了整个医疗行业的专业水平。

案例 2-6

某雨医生"健康直播课"

某雨医生"健康直播课"作为一项创新的健康教育服务,自推出以来广受好评,它深刻体现了"预防为主,防治结合"的现代健康理念。该系列直播课不是一场场简单的线上讲座,而是一个集知识传播、互动问答、个性化建议于一体的全方位健康管理平台。

1. 多样化的专家阵容

某雨医生平台深知健康涵盖多个维度,因此在"健康直播课"中精心策划了多元化的内容体系,涵盖了营养学、心理学、运动科学等多个领域。营养师们从日常饮食出发,教给观众如何科学配餐、合理膳食,帮助观众建立健康的饮食习惯;心理咨询师聚焦情绪管理、压力调节,通过专业的心理调适技巧,引导观众学会自我情绪疏导,保持心理健康;运动教练带来的是适合不同人群的运动方案,从办公室简易操到家庭健身计划,鼓励大家动起来,增强体质。

2. 实时互动,个性化解答

区别于传统的单向授课模式,某雨医生的"健康直播课"强调互动性。观众可以实时提出自己在健康管理中的疑惑,如特定疾病的饮食禁忌、如何克服运动障碍、如何识别并应对早期心理问题等,并能得到专家的即时反馈和个性化的建议。这种即时互动不仅提高了学习的针对性和实用性,也让观众感受到了被关注和理解,从而更有动力去实践所学知识,改善自身健康状况。

3. 构建健康社区,促进知识共享

随着"健康直播课"的持续开展,某雨医生平台上逐渐形成了一个积极向上、乐于分享的健康社区。参与者在这里不仅学习到了专业知识,还能够相互激励,分享自己的健康改变故事,形成了良好的社群支持系统。这种正向循环进一步促进了健康生活方式的普及和疾病预防意识的提升。

某香医生健康直播间

某香园作为国内领先的医疗健康信息和服务平台,其直播间邀请了众多经验丰富的医生、药师、营养师及心理咨询师等专业人士,通过直播形式向公众普及疾病预防、健康生活方式、合理用药、心理健康等多方面的知识。

某香医生健康直播间设有"慢性病管理系列直播",如糖尿病患者的饮食控制、高血压患者的日常监测与用药指导等,由内分泌科、心内科专家主讲,通过直播互动,患者可以得到个性化建议,学习到科学管理自身疾病的方法,有效提高了生活质量。

针对现代人普遍面临的心理健康问题,某香园还推出了"心理健康月"直播活动,邀请精神科医生和心理咨询师,就职场压力应对、亲子关系处理、睡眠障碍改善等内容进行直播分享,通过专业的心理健康教育,帮助观众建立积极的心理调适机制,提升心理健康水平。

通过这些丰富多样的直播内容,某香医生健康直播间不仅成了一个高效的知识传播平台,也构建了一个医患互动、公众健康教育的新模式,有力推动了医疗健康知识的普及和全民健康素养的提升。

第六节　直播在金融行业中的应用

金融直播通过提供实时的市场分析、投资策略解读、金融产品介绍等,增强了金融服务的透明度和互动性。金融机构和财经媒体利用直播形式为投资者提供即时的市场动态和专业意见,帮助用户做出更为理性的投资决策。

一、直播在金融行业的应用场景

(一)投资者教育

金融机构可以通过直播举办在线研讨会、投资讲座和财经分析会议,向投资者传授金融市场知识、投资策略以及风险管理技巧。这种形式不仅有助于提高客户的金融素养,还能增强他们对机构的信任。例如,银行或投资公司可以定期组织专题研讨会,邀请行业专家深入讲解特定领域的投资机会与挑战,如房地产市场、科技股或是可持续投资等。此外,通过系列课程逐步引导新手投资者了解基础概念,如股票、债券、基金及如何构建一个多元化的投资组合,也是常见的做法。

(二)市场分析和报告

分析师和专家可以利用直播平台即时分享最新的市场动态、经济数据解读以及行业趋势预测,这不仅能够帮助客户做出更加明智的投资决策,还可以提升金融机构的专业形象。在重要的经济数据发布前后,如公布 GDP 报告或就业数据时,金融机构可以迅速组织直播解析这些数据对市场的影响,并讨论可能的投资策略。同时,基于深入研究,在直播中探讨未来几个月甚至几年内不同行业的潜在发展方向,为长期投资者提供有价值的参考。

(三)产品推介

银行、保险公司和其他金融服务提供商可以使用直播来介绍新产品或服务的特点和优势。通过直观的演示和现场问答环节,潜在客户可以获得更全面的信息,从而提高成交的可能性。例如,银行可以在直播中详细介绍新的储蓄账户、定期存款或理财产品,展示其收益模式、风险水平及与其他产品的比较优势;而保险公司则可以通过案例分析的方式,说明不同保险产品的保障范围及其适用人群,帮助客户找到最适合自己的方案。

(四)客户服务和支持

一些公司开始尝试通过直播进行一对一或多对一的客户服务支持,这种方式可以让客户感受到更加个性化的关怀,并且能快速解决他们的问题或疑虑。对于 VIP 客户或有特殊需求的个人,金融机构可以提供私人化的一对一直播咨询服务,确保每位客户都能得到定制化的解决方案。此外,针对某一类问题或服务,组织小组形式的直播支持也能有效覆盖更多用户的需求。

(五)企业公告与沟通

上市公司或其他大型金融机构会选择以直播的形式发布重要信息,如财报公布、战略调整等。这样做既保证了信息传播的速度,又提高了透明度,有利于建立良好的公众关系。例如,企业高管可以通过直播直接向股东汇报季度业绩、回答分析师提问,并公开未来的业务计划和发展方向,让所有利益相关者都能及时获取最新资讯。这种开放透明的做法有助于增强投资者的信心,同时也是展现企业责任感的一种方式。

二、金融行业直播注意事项

(一)遵守法律法规

确保所有直播内容符合国家和地区的金融监管规定。在中国,直播内容需遵守《中华人民共和国证券法》《中华人民共和国广告法》等相关法律法规,不得发布虚假或误导性的信息。只有具备相应资质的金融机构和个人才能提供投资咨询和建议。直播中涉及具体的投资推荐时,必须明确说明该建议是否基于充分的研究,并且要提示相关的风险。

(二)信息安全与隐私保护

采取严格的数据加密和访问控制措施,防止敏感信息(如账户详情、交易记录等)在直播过程中被泄露。尊重并保护用户的个人隐私,不在未经用户同意的情况下收集、使用或分享其个人信息。直播平台应有明确的隐私政策,并告知用户如何管理和保护他们的数据。

(三)内容准确性和专业性

提供准确、专业且有价值的信息。无论是市场分析、财经评论还是产品推介,都应基于可靠的数据来源,并由具有相关资质的专业人士进行讲解。对于任何投资建议或产品介绍,必须清楚地向观众传达潜在的风险。避免过度乐观或承诺不切实际的回报,同时提供充分的风险警示。

(四)互动管理与客户服务

积极回应观众的问题和评论,但要确保回答是负责任的,并且不会造成误解。对于复杂或敏感的问题,可以引导观众通过私信或其他渠道进一步沟通。设置专门的团队监控直播间的聊天室,及时删除不当言论或骚扰行为,保持良好的交流环境。

案例 2-7

某球直播(实时市场分析与解读)

某球直播作为金融投资领域内的一大创新,凭借其强大的专家资源和实时交互特性,已成为众多投资者获取市场信息、学习投资策略和交流投资观点的重要渠道。以下是对其功

能和价值的进一步补充说明:

1. 即时性与深度并重的市场解读

某球直播不仅追求信息的即时发布,更注重分析的深度和质量。在市场波动的关键时刻,如美联储政策会议、全球经济数据发布节点、重大企业并购新闻等,直播间的分析师能迅速反应,从多个角度剖析事件对不同市场的影响,帮助投资者在第一时间捕捉市场脉搏。同时,他们会结合图表、历史数据、专家访谈等多种形式,深入浅出地解释复杂经济现象,使即使投资新手也能轻松理解市场变化逻辑。

2. 个性化投资策略分享

某球直播重视满足不同投资者的需求,提供多样化的投资策略分享。无论是价值投资、技术分析、量化交易,还是新兴的 ESG(环境、社会与治理)投资理念即环境(Environmental)、社会(Social)和治理(Gvernance),都能在直播中找到相应的专家分享实战经验和进行案例分析。投资者可以根据自身的投资偏好和风险承受能力,选择关注并学习适合自己的投资方法,实现投资策略的个性化定制。

3. 互动性强,打造社区氛围

某球直播的一大亮点在于其高度的互动性。投资者在观看直播的同时,可以通过弹幕提问、评论区留言等方式,与主播和其他观众即时交流观点,甚至直接获得专家的个性化建议。这种即时反馈机制极大地增强了用户体验,营造了一个活跃、开放的投资学习和交流社区。此外,某球直播还会根据用户反馈和市场热点,不断调整直播内容,确保信息的时效性和针对性。

4. 教育与实战相结合

除了市场分析,某球直播还承担着投资者教育的重要角色。定期举办的"投资入门""风险管理""财务报表解读"等主题课程,帮助初入市场的投资者建立正确的投资观念,学习基本的投资知识和技能。对于有一定经验的投资者来说,直播更多地聚焦实战技巧、市场趋势预测和资产配置优化,助力投资者不断提升投资决策能力。

5. 促进信息透明与信任建立

在金融市场上,信息的透明度和可信度极为关键。某球直播通过邀请具有公信力的专家和分析师,提供基于事实和数据分析的市场解读,有助于减少市场噪声,增强投资者对市场信息的信任。长期而言,这种透明、专业的信息传播方式,有助于构建一个更为健康、理性的投资环境。

某财富直播(金融产品推介与解析)

金融机构通过直播向潜在客户详细介绍理财产品、保险产品、基金、股票等金融工具的特点、收益、风险等信息,使投资者能够直观了解产品全貌,提高决策的透明度。直播中的互动环节,如 Q&A,允许投资者直接提问,获取即时反馈,增强了信任感。

某财富平台利用直播功能,为用户介绍旗下基金定投、保险等产品,同时邀请产品经理或第三方理财专家,详细解析产品运作机制、风险等级、预期收益等,帮助用户根据自身需求做出合适的选择。

1. 基金定投的策略分享

对于想要通过基金投资实现财富增值但又缺乏专业理财知识的用户,某财富平台通过直播邀请理财专家深入浅出地讲解基金定投的原理和投资策略。专家会根据市场周期、基金类型(如指数基金、混合型基金等)、个人风险承受能力等因素,给出个性化的定投建议,让用户明白如何设置定投计划,如何利用定投平滑市场波动,实现长期稳健的财富增长。

2. 保险产品的透明解读

保险产品因其条款复杂常让普通消费者望而却步。某财富平台通过直播,邀请保险公司代表或第三方保险专家,以案例分析的形式,将保险产品的保障范围、理赔流程、费用结构等关键信息一一拆解,帮助用户根据自身家庭情况和风险偏好,选择最适合自己的保险产品。直播中还会特别强调保险规划的重要性,使用户知晓如何通过合理的保险配置来规避生活中的不确定性风险。

3. 互动答疑,个性化服务

拓展阅读2

直播过程中,用户可以通过弹幕提问,与主播进行即时互动,无论是关于产品的具体疑问,还是个人财务规划的困惑,都能得到专业且个性化的解答。这种即时反馈机制大大提升了用户体验感,让用户在做出投资决策前能获得充分的信息支持。

本章小结

本章深入探讨了直播技术如何跨越传统行业边界,成为电商、教育、娱乐、旅游、医疗健康及金融等多个领域转型升级的驱动力,本章分析了直播在电商、教育、娱乐、旅游、医疗健康及金融行业的应用,并列举具体案例来进行展现。直播作为数字化时代的一股强大力量,它跨越了行业壁垒,深度融合了各类应用场景,不仅重塑了消费场景、教育方式、娱乐体验、旅行探索、健康管理及金融服务的形态,更拓宽了人类生活与工作的边界。从电商的即时交互购物到教育的个性化在线课堂,从娱乐的实时共享体验到旅游的虚拟漫游探索,再到医疗的远程诊疗与金融的知识普惠,直播以其独有的即时性、互动性和沉浸感,为各行各业的转型升级注入了新的活力,开启了数字化转型的新篇章,编织着一个更加紧密、高效、多元的全球互联网络,引领着未来社会发展的新趋势与无限可能。

知识巩固

1. 直播在电商行业应用的优势包括_____、_____、_____、_____。
2. 直播教学的优点包括_____、_____、_____、_____。
3. 娱乐行业直播主要类型包括_____、_____、_____、_____、_____。
4. 娱乐直播包括_____、_____、_____、_____、_____类型。
5. 直播在旅游行业中的应用场景有_____、_____、_____、_____。
6. 直播在医疗健康领域带来的意义有_____、_____、_____、_____。

第三章

直播运营的商业模式

知识框架图

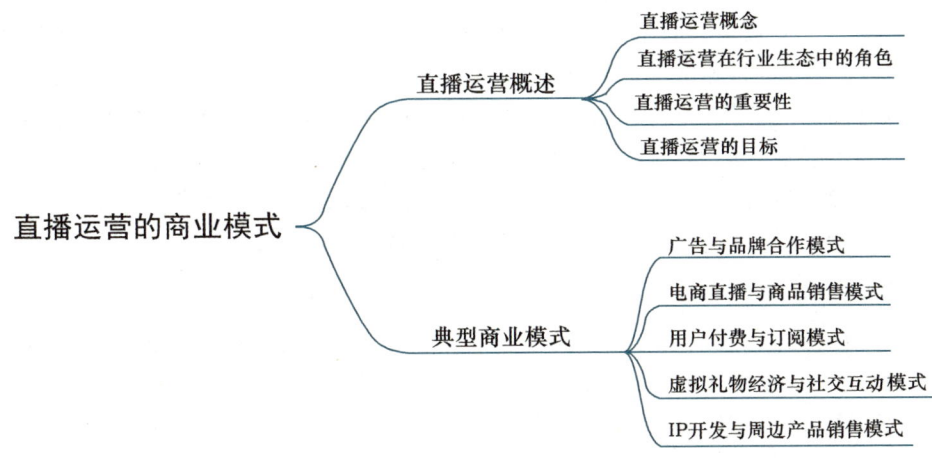

学习目标

1. 理解直播运营的概念；
2. 了解直播运营的典型商业模式。

直播作为互联网经济中的一股强劲力量，近年来展现出极高的活力和创新性，为内容创作者、平台及品牌商家提供了广阔的商业机会。它不仅重塑了传统媒体的传播路径,还开创了全新的用户互动与消费模式。

第一节 直播运营概述

一、直播运营概念

直播运营是指在直播行业内部,负责规划、执行、监控和优化直播活动全过程的一系列管理和协调工作,旨在提升直播内容的质量、增加观众互动、扩大影响力、实现商业目标。这一过程涉及内容策划、主播管理、技术保障、营销推广、数据分析等多个环节,是确保直播顺利进行并取得预期效果的关键。

二、直播运营在行业生态中的角色

直播运营在当前的媒体与商业生态中扮演着多重关键角色。

(一)连接者

作为连接内容创作者、平台、品牌与观众的桥梁,直播运营通过精心策划的内容和活动,促进多方互动与价值交换。直播运营团队不仅帮助内容创作者了解平台规则和最佳实践,还提供技术支持和培训,确保他们能够高效地使用直播工具。同时,直播运营团队在品牌与内容创作者之间架起合作的桥梁,帮助品牌找到合适的代言人或合作伙伴进行产品推广或品牌宣传。为增强观众的参与感和黏性,直播运营设计并实施各种互动活动,如问答、抽奖、投票等,并收集观众反馈以优化直播内容和体验。此外,直播运营还负责整合不同资源,包括广告赞助、技术支持、内容创作等,为直播活动提供全面的支持。

(二)创新推动者

在内容创作与互动方式上不断推陈出新,直播运营团队通过技术与创意的结合,引领行业趋势,满足用户日益增长的娱乐、学习与购物需求。利用最新的直播技术和工具,如虚拟现实(VR)、增强现实(AR)、高清视频流等,不断提升直播质量和用户体验。同时,开发新的直播内容形式,如互动剧情、沉浸式体验、多视角切换等以吸引和留住观众。引入新的互动方式,如实时投票、虚拟礼物、社交游戏等,增强直播的趣味性和互动性。直播运营还与其他行业(如教育、医疗、旅游等)合作,推出跨界直播内容,拓宽直播的应用场景,从而持续创新和丰富直播内容。

(三)数据分析师

通过分析直播过程中的用户行为数据,直播运营帮助决策者理解市场需求,优化内容策略,提高营销效率。直播运营团队收集和分析用户的观看时长、互动频率、购买行为等数据,了解用户偏好和行为模式。基于数据分析结果,调整直播内容和时间安排,以更好地满足用户需求,提高用户满意度。同时,通过跟踪广告投放效果、转化率等指标,评估营销活动的效果,并据此调整策略。利用大数据等技术,直播运营为用户提供个性化的内容推荐,提升用户体验和留存率,从而实现更精准的市场定位和更高的用户参与度。

(四)品牌建设者

通过直播活动塑造和传播品牌形象,直播运营团队增强品牌故事性和情感链接,提升品牌知名度与忠诚度。直播运营通过直播分享品牌背后的故事,传递品牌理念和价值观,建立情感链接。策划并执行一系列品牌直播活动,如新品发布会、品牌周年庆、主题日等,提升品牌的曝光度和影响力。与网红或意见领袖合作,利用他们的粉丝基础和影响力,扩大品牌覆盖面。鼓励用户参与到品牌活动中来,如用户生成内容、互动挑战等,增强用户的归属感和忠诚度。通过定期的直播活动,保持与用户的持续沟通,及时回应用户的需求和反馈,建立长期的品牌关系。直播运营不仅提升了品牌的知名度,还通过持续的品牌互动和高质量的内容输出,建立了强大的品牌忠诚度。

三、直播运营的重要性

直播运营作为直播行业核心竞争力的关键构建部分,它不仅是直播活动的技术支持和内容策划,更是连接主播、平台与观众之间的桥梁,对于提升用户体验、增强用户黏性、优化内容生态、实现商业变现等方面起着至关重要的作用。理解直播运营的重要性及其目标,对于直播行业参与者而言,是把握市场机遇、应对竞争挑战的必修课。

(一)内容质量的把控与提升

在信息爆炸的时代,优质内容是吸引并留住观众的不二法门。直播运营团队通过对市场趋势的敏锐洞察,结合数据分析,能够精准定位目标观众群的偏好,策划符合其口味的内容。这不仅涉及直播主题的选择、内容创意的挖掘,还包括直播脚本的编写、互动环节的设计等,确保每一场直播都能提供有价值、有看点的信息,从而提升观众的观看体验和满意度。

(二)用户参与度的激发与维护

直播的本质在于实时互动,运营团队通过精心设计的互动环节(如弹幕互动、礼物打赏、问答竞猜等),可以有效提高观众的参与感和归属感,形成良好的社区氛围。同时,通过用户反馈的收集与分析,不断调整运营策略,满足用户深层次的需求,建立起长期稳定的观众群体,这对于提升用户黏性和忠诚度至关重要。

(三)商业化路径的探索与优化

直播运营承担着商业变现的责任,通过广告植入、品牌合作、商品销售等方式,将流量转化为实际收益。有效的运营策略能够平衡内容创作与商业推广的关系,既保证直播内容的原生性和观赏性,又最大化商业合作的价值。此外,通过对用户消费行为的深入分析,可以精准匹配商品与用户需求,提高转化率,实现双赢。

(四)品牌形象的塑造与传播

直播作为品牌与消费者直接沟通的窗口,其运营策略直接影响着品牌的形象塑造。优秀的直播运营不仅能够传递品牌价值观,还能通过高质量的内容输出,提升品牌的知名度和美誉度。在危机公关时,直播运营也能迅速响应,通过透明、真诚的沟通方式,有效管理品牌声誉,维护企业形象。

四、直播运营的目标

(一)提升观众数量与活跃度

直播运营的首要目标是不断扩大直播的观众基础,通过精准的市场定位和高效的推广策略吸引新用户,并通过高质量的内容和良好的互动机制提升用户的活跃度和留存率。这要求运营团队不断优化用户获取渠道,提高内容的吸引力,并通过数据分析来指导策略调整。

(二)增强用户参与与互动体验

建立一个高度参与的社区环境,让观众不仅是观看者,更是直播内容的共创者。通过创新互动形式,如定制化礼物、粉丝投票决定直播内容走向等,增强用户的参与感和归属感,形成积极的社区文化,促进口碑的传播。

(三)实现商业价值的最大化

在保证内容质量和用户体验的基础上,探索并实践多样化的盈利模式,如品牌合作、付费会员、直播带货等,实现流量的有效变现。同时,通过数据分析优化营销策略,提升投资回报率,为平台和主播创造持续稳定的收入来源。

(四)促进品牌与文化的传播

借助直播的即时性和广泛影响力,加强品牌故事的讲述,传递品牌精神和文化内涵,建立独特的品牌标识。通过与意见领袖、明星嘉宾的合作,进一步扩大品牌影响力,深化用户对品牌的认知和情感联结。

第二节 典型商业模式

一、广告与品牌合作模式

在直播行业快速发展的背景下,广告与品牌合作模式成为众多直播平台及内容创作者重要的收入来源之一。这种模式充分利用了直播的即时互动性和高参与度,为品牌提供了与目标消费者直接沟通的新渠道,同时也为主播和平台创造了显著的经济效益。广告与品牌合作模式包括以下几种。

(一)插播广告与品牌植入

1. 传统广告形式在直播中的应用

在直播场景中,传统广告形式得到了新的演绎和升级。虽然其基本模式与电视广告相似,是在节目特定时段播放广告,但直播广告因为其互动性和即时性,展现出了更高的灵活性和创意空间。

(1)开头广告

直播开始时的广告往往用于吸引刚刚进入直播间的观众,此时的广告设计需具备较高的吸引力,快速抓住观众注意力。一些直播平台会采用倒计时广告,即在直播正式开始前几秒播放品牌广告,既提示了直播即将开始,又提高了品牌曝光率。

(2)中场插播

直播中途的广告插播通常选择在节目转换或主播休息的间隙,以减少对观众体验的干扰。为了不让观众感到厌烦,这些广告往往制作精良、内容简短,并且有时会结合直播主题进行定制,如在美食直播中插播厨房用品广告。

(3)结尾回顾

直播结束前的广告往往与主播的总结或感谢语相结合,以较为柔和的方式植入,有时还会配合直播回顾或预告下期内容一同出现,让广告显得更加自然。

2. 品牌产品自然融入直播内容

品牌产品自然融入直播内容是一种高级的营销策略,它要求品牌与内容创作者紧密合作,确保产品或服务的展示既不突兀也不打扰观众体验,反而能增加直播内容的真实性和趣味性。

(1)故事化植入

将品牌产品融入直播的故事线或情节中,让产品成为推动故事发展的自然元素。例如,在旅行直播中,主播讲述自己如何依靠某品牌户外装备成功应对极端天气,既展现了产品的功能性,又增加了故事的紧张感和吸引力。

(2)体验式展示

主播亲自试用或体验品牌产品,并分享真实感受。在美妆直播中,主播边化妆边详细解释使用特定品牌化妆品的感受、效果,这种直观的展示方式能有效提升观众对产品的信任度和购买意愿。

(3)场景化设计

根据直播的背景或主题,巧妙地布置品牌产品,使其成为场景的一部分。例如,在家居装饰直播中,房间内摆放的家具、装饰品都来自特定品牌,观众在欣赏美好居住环境的同时,也能直观感受到品牌产品的风格和品质。

(4)互动式推广

利用直播的互动特性,设计游戏、问答或抽奖等环节,将品牌产品作为奖励或互动元素。例如,直播过程中发起品牌知识问答,答对的观众有机会获得品牌优惠券或产品小样,这种形式既能提升观众参与度,又能加深品牌印象。

(5)合作挑战或主题活动

品牌与主播合作推出专属挑战或主题活动,如"♯品牌 X 美食挑战""品牌 Y 环保日"等,鼓励观众参与并分享自己的相关作品或体验,通过社交媒体的二次传播,扩大品牌影响力。

(6)内容定制与联名合作

品牌与热门主播或内容创作者深度合作,开发联名产品或定制内容,如联名服装、限定版商品等,这些产品本身即成为直播内容的一部分,吸引粉丝群体的关注和购买。

(二)品牌直播合作与定制活动

1.品牌专场直播

品牌专场直播是品牌营销策略的一个创新突破,它充分利用了直播平台的即时互动性和高度参与性,为商家提供了一个全方位展示产品、传递品牌文化和价值观的舞台。在这种模式下,商家会精心挑选与自身形象相符、拥有较大粉丝基数和影响力的主播进行合作,确保直播内容既符合目标受众的兴趣,又能有效传达品牌信息。

案例 3-1

"某鱼"品牌直播专场活动

6月22日,在深圳市龙岗区委统战部、区商务局和龙岗街道办的支持下,深圳某公司携手某平台头部主播举办的"某鱼"品牌直播专场活动圆满落幕,本次直播活动创下了惊人的销售业绩,总成交额高达3 002.2万元,为食品电商行业树立了新的标杆。

直播过程中,主播凭借其在行业内的深厚影响力和庞大的粉丝群体,为"某鱼"系列产品带来了极高的曝光率和关注度。他以其特有的幽默风趣和亲和力,巧妙地将产品特色与优势传递给广大观众,激发了消费者强烈的购买欲望,直播间的销售热潮持续高涨。

2.跨界合作直播模式探索

跨界合作直播是将来自不同行业、领域的元素结合起来,创造出新颖、独特的直播内容,以此吸引更广泛的受众群体,提升话题热度和媒体曝光度。

二、电商直播与商品销售模式

在数字化时代浪潮下,电商直播作为一种新兴的零售形态,以其独特的互动性和即时性,颠覆了传统的商品销售模式,成为推动零售行业转型的关键力量。电商直播不仅是一种销售渠道的拓展,更是内容营销、供应链优化、技术创新与消费者体验重塑的综合体现。

(一)主播选品与供应链管理:构建信任与效率的基石

主播作为电商直播的直接执行者,其选品能力与供应链管理技巧是决定直播效果的两大核心要素。主播不仅需要具备对市场的敏锐洞察力,还需深入了解目标受众的需求与偏好,确保商品与直播间粉丝群体的高度契合。

在供应链管理层面,高效的库存控制与物流响应能力是支撑直播带货顺畅运行的关键。主播团队与品牌方紧密合作,通过数据预测直播流量,提前备货,确保直播期间商品供应稳定,物流快速响应,减少因缺货或配送延迟造成的用户体验损失。这种精细化的供应链管理,是电商直播能够实现"即看即买"、即时满足消费者需求的基础。

(二)"即看即买"模式:缩短决策链路,激发即时消费

"即看即买"模式是电商直播最具吸引力的特点之一,它利用直播的实时互动性,让观众在观看直播的同时即可完成购买流程,极大缩短了从感兴趣到购买的转化路径。蘑菇街是

这一模式的先行者之一,通过与品牌深度绑定,打造直播专属供应链,观众在直播中看中商品即可一键下单,无须跳转页面,这种无缝的购物体验极大地提升了转化率和用户满意度。

(三)电商平台直播策略:多样化布局与差异化竞争

在电商直播领域,不同平台依据自身特色采取了多样化的策略布局。以淘宝直播和京东直播为例,两者虽同属电商直播范畴,但在战略方向上各有侧重。

淘宝直播作为行业领头羊,通过打造"内容+电商"闭环,培育了一批头部主播,并通过大数据算法精准推送个性化内容,提升用户黏性。淘宝直播的成功在于其内容生态的多元化与丰富性,以及对用户偏好的深度挖掘,使得直播内容更加贴近消费者的真实需求。

相比之下,京东直播则更加重视品质和服务体验,依托某东的物流优势,推出"京源助农""京东国际"等特色直播内容,主打正品保障和快速物流服务,满足了消费者对高品质生活的需求。京东直播通过差异化定位,与淘宝直播形成互补,共同推动电商直播行业的繁荣发展。

三、用户付费与订阅模式

(一)付费观看与内容付费

1.专业内容与独家直播的付费策略

随着内容消费升级,越来越多的用户愿意为高质量、稀缺性的专业内容付费。例如,Netflix、爱奇艺等视频平台推出的原创剧集和独播内容,往往采用会员付费观看模式,用户必须订阅相应会员服务才能解锁观看。在直播领域,独家音乐会、明星访谈、专业研讨会等,通过设置付费门槛,不仅能保证内容的稀缺性和高质量,还能有效筛选出愿意为此付费的忠实观众。

案例 3-2

科技主播马库斯的高价值付费直播运营模式

在YouTube平台上,科技网络主播马库斯的日常视频内容大多可以免费观看,但马库斯偶尔会组织针对科技趋势、产品评测深入分析的付费直播活动。这些直播往往包含与行业领袖的独家访谈、新产品的第一时间上手体验以及面向科技爱好者的深度讨论,由于马库斯在科技界的影响力和内容的高价值,许多忠实观众愿意支付费用参与。这种付费直播不仅确保了内容的深度和专业性,维持了高质量的标准,也让真正对该领域有热情的观众聚集起来,形成了一个高度参与和忠诚的社区。通过设定观看门槛,马库斯能够投入更多资源提升内容质量,同时也为其内容创作提供了可持续的盈利模式。

2.体育赛事、音乐会等直播的付费观看模式

体育赛事直播是付费观看的重要领域之一。以英格兰足球超级联赛为例,新英体育通过独家版权分销,提供付费观赛服务,用户可以根据赛季、单场比赛或包月、包年等方式选择不同的付费套餐。音乐会直播同样采用了类似的付费模式。

案例 3-3

腾讯视频音乐付费直播

腾讯视频为独家直播知名歌手的线上音乐会,设置了付费观看的模式。腾讯视频通过此举不仅保证了内容的独特性和高质量——高清画质、流畅播放体验,还通过票价(如一次性观看费用或 VIP 会员专享)有效筛选出了愿意为优质内容付费的忠实观众和高端用户群体。这种模式不仅为平台带来了直接的经济效益,也加深了平台与高质量内容创作者的合作关系,同时为粉丝提供了接近偶像的珍贵机会,实现了多方共赢。

(二)会员制度与增值服务

1. 不同层级会员特权设计

为满足不同用户群体的需求,许多直播平台设计了多层次的会员制度,提供差异化服务和特权。如斗鱼直播的"鱼翅会员"分为多个等级,高等级会员享有专属礼物、优先发言、弹幕特权等,这些特权设计增强了用户的尊贵感,激励用户升级会员等级。此外,平台还会根据会员等级提供不同额度的虚拟货币返利,进一步提升会员的性价比感知。

2. 增值服务对用户留存的影响

增值服务如个性化装扮、专属客服、内容回放等,不仅丰富了用户体验,也是提高用户留存率的有效手段。哔哩哔哩(B站)推出的"大会员"服务,除提供高清画质、优先观看新番外,还包括个性装扮、弹幕特权等,这些增值服务提升了用户的身份认同感,增强了用户黏性,对平台的长期发展至关重要。

(三)知识付费直播的兴起

1. 在线教育、技能培训的直播应用

知识付费直播是近年来兴起的教育新模式,尤其在在线教育和职业技能培训领域发展迅速。如"某 App"推出的"每天听本书"直播栏目,通过直播形式为用户精讲知识要点,用户需付费订阅才能收看。

2. 个人成长与专业发展内容的付费模式

随着终身学习理念的普及,专注于个人成长与专业发展的付费直播内容日益受到欢迎。如"某大学"通过直播形式提供创新创业课程(图 3-1),用户购买年度会员即可观看全年直播课程,课程涵盖企业管理、产品设计、市场营销等多个领域。此外,职场技能提升类直播,如"LinkedIn Learning"提供的编程、设计、领导力等课程,通过付费订阅模式,帮助职场人士在工作之余提升自我,满足了现代社会对个人专业能力提升的迫切需求。

用户付费与订阅模式在直播领域展现出强大的市场潜力,它不仅为内容创作者和平台带来了稳定的收入来源,也促使内容生产向更加专业化、精品化方向发展。随着用户付费意识的不断增强和付费内容质量的持续提升,这一模式将成为推动直播行业健康发展的重要驱动力。

图 3-1　某大学直播预告

四、虚拟礼物经济与社交互动模式

拓展阅读3

（一）虚拟礼物与打赏机制

1. 礼物系统设计与用户体验

虚拟礼物作为直播平台中社交互动的核心元素，其设计不仅要吸引用户，还要优化用户体验，促进情感表达与价值交换。例如，抖音直播平台上的虚拟礼物从基础的"小心心"（图 3-2）到高级的"跑车""城堡"，每种礼物都配有独特的动画效果和音效，不仅视觉上赏心悦目，也使得赠送过程充满仪式感，增强了用户参与感和主播的满足感。同时，平台会定期更新礼物库，引入节日限定款或与热门 IP 联名的礼物，使用户保持新鲜感，刺激用户消费意愿。

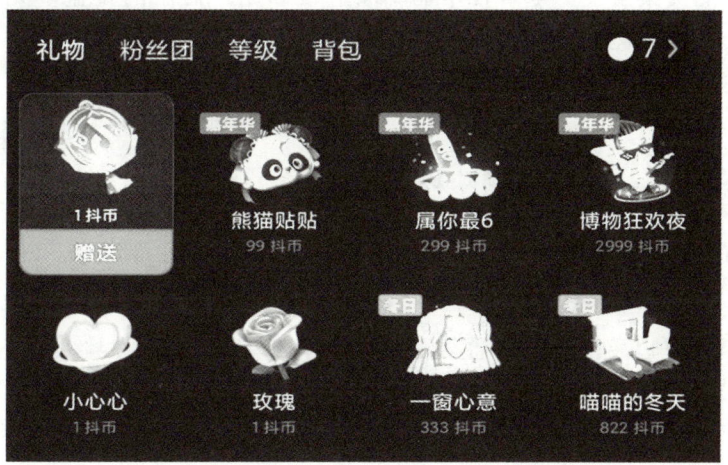

图 3-2　抖音直播礼物

2. 主播激励与粉丝经济的构建

虚拟礼物打赏机制不仅是用户表达喜爱和支持的方式,也是主播收入的重要来源,对主播激励和粉丝经济的构建起到关键作用。例如,虎牙直播平台,主播通过接收礼物获得平台货币,这些货币可兑换成真实收益,极大地激发了主播创作优质内容的积极性。此外,平台还设有排行榜系统,如"礼物周榜""人气主播榜",激励主播与粉丝之间形成良性竞争,促进了粉丝团的凝聚力,构建起围绕主播的粉丝经济圈层。

(二)社区建设与用户忠诚度提升

1. 社交互动功能在直播平台的应用

直播平台不断探索创新的社交互动功能,以增强用户黏性,提升用户忠诚度。如快手直播推出的"连麦 PK"功能,让两位主播可以连线互动,粉丝可以通过送礼物帮助自己喜欢的主播"战胜"对手,这种游戏化的互动模式极大地增强了直播的趣味性和参与度。此外,"弹幕文化"也是直播平台不可或缺的一部分,用户可以通过发送即时消息与其他观众交流,营造出一种"共时观看"的氛围,如 Bilibili 直播中的弹幕文化,不仅能够实时反馈观众情绪,也成为一种独特的社交现象,加深了用户间的连接。

2. 用户社区对直播生态的正面影响

一个健康活跃的用户社区对于直播平台生态的正向发展至关重要。它不仅能够促进内容的多样化和创新,还能增强用户的归属感,延长用户生命周期。以斗鱼直播为例,平台不仅提供直播服务,还构建了完善的论坛、鱼吧等社区板块,用户在观看直播之余,可以在社区内讨论游戏攻略、分享直播趣事、组织线下聚会等,这些活动密切了用户之间的联系,形成了紧密的社区网络。此外,平台还会举办各类社区活动,如"年度盛典"投票,让用户参与决定年度最佳主播等荣誉归属,这种参与感进一步巩固了用户忠诚度,推动了直播生态的良性循环。

社交互动与虚拟礼物经济在直播行业中扮演着至关重要的角色,它们不仅丰富了直播体验,增强了用户与主播、用户与用户之间的连接,还为直播平台创造了可持续的盈利模式,推动了整个行业的繁荣发展。随着技术的不断进步和用户需求的日益多元化,未来的直播平台将会在社交互动和虚拟经济领域探索更多创新可能,持续深化粉丝经济,构建更加活跃和健康的直播生态系统。

五、IP 开发与周边产品销售模式

(一)IP 孵化与品牌建设

1. 从直播内容到独立 IP 的路径

游戏主播"某司马"最初通过直播某游戏积累了一定人气,其以幽默风趣的语言风格和独特的解说方式吸引了大量粉丝。随着人气的增长,某司马不仅限于游戏直播领域,还开始参与综艺节目录制、发布个人单曲,并创建了自己的品牌周边商品,成功地将自己从一个单纯的游戏主播转型为一个具有广泛影响力的独立 IP。

2. IP 形象与故事的塑造

成功的 IP 离不开鲜明的形象和深入人心的故事。例如,虚拟偶像洛天依,起初只是基于 VOCALOID 技术的歌声合成软件,但通过一系列精心策划的音乐作品、动漫形象设计及背后团队为其打造的"来自异世界的歌姬"背景故事,洛天依逐渐拥有了自己的粉丝群体,成为具有广泛影响力的文化符号。其 IP 形象不仅限于音乐,还延伸到了动漫、游戏、演出等多个领域,构建了一个丰富的世界观和故事体系,增强了粉丝的情感共鸣和忠诚度。

(二)周边产品与衍生品开发

1. 粉丝经济下的产品设计策略

在粉丝经济的背景下,周边产品的设计应紧紧围绕粉丝需求,融入 IP 的独特元素,创造情感附加值。以"某小黑战记"为例,该国漫 IP 在动画片大获成功后,围绕主角某小黑的形象,推出了包括手办、服饰、文具等在内的多样化周边产品。这些产品不仅在设计上保留了动画的萌系画风,还巧妙地结合了剧情梗,如"比心""不要吃鱼"等,精准触达粉丝内心,引发了购买热潮,实现了粉丝情感与消费行为的有效转化。

2. 成功的 IP 商业化案例分析

"故宫文创"(图 3-3)是近年来 IP 商业化的一个典范。故宫作为中国传统文化的象征,通过深入挖掘其丰富的历史资源,将传统元素与现代设计融合,开发出一系列创意十足的周边产品,如"朕知道了"胶带、"千里江山图"系列文具、故宫彩妆等。这些产品不仅展现了中华文化的魅力,更符合当代审美和实用需求,成功吸引了大量年轻消费者。故宫文创的成功在于其不仅局限于单一产品线,而是构建了一个涵盖生活用品、文化出版、数字内容等多元化的 IP 商业生态,实现了文化传承与商业价值的双赢。

图 3-3　故宫博物院文创旗舰店

IP 开发与周边产品的销售是直播行业及更广泛的娱乐文化产业中不可忽视的增长点。通过精心的内容孵化、鲜明的 IP 塑造、贴合粉丝需求的产品设计以及全方位的商业化布局,可以有效拓展 IP 的价值边界,实现从内容到品牌的跨越,构建一个既具有文化深度又具备市场活力的 IP 生态系统。随着市场环境的变化和消费者偏好的升级,未来 IP 开发与周边产品销售领域将不断涌现新的机遇与挑战,而创新与用户洞察将是持续成功的关键。

本章小结

本章介绍了直播运营的概念、重要性、目标,从广告与品牌合作模式、电商直播与商品销售、用户付费与订阅模式、虚拟礼物经济与社交互动、IP开发与周边产品销售模式五个方面介绍了直播运营的典型商业模式。直播运营作为数字时代媒介交互的前沿阵地,不仅构筑了内容创造与价值变现的多元化桥梁,更通过精心策划与创新策略,深度激活了用户参与、品牌共建、商业转化的生态闭环。从广告植入的巧妙融合到电商直播的无缝购物体验,从用户付费订阅的优质内容锁定到虚拟礼物社交经济的蓬勃兴起,乃至IP赋能的周边产品链开发,这一系列商业模式的探索与实践,不仅重塑了市场格局,更彰显了直播在连接情感、驱动经济、引领文化风潮方面的无限潜能与深远意义,为数字时代的内容创新与商业繁荣开辟了广阔天地。

知识巩固

1. 直播运营在当前的媒体与商业生态中扮演着关键角色,包括_____、_____、_____、_____。

2. 直播运营的重要性包括_____、_____、_____、_____。

3. 直播运营的目标包括_____、_____、_____、_____。

4. 品牌产品融入直播内容的方式有_____、_____、_____、_____、_____、_____。

第四章

直播营销

知识框架图

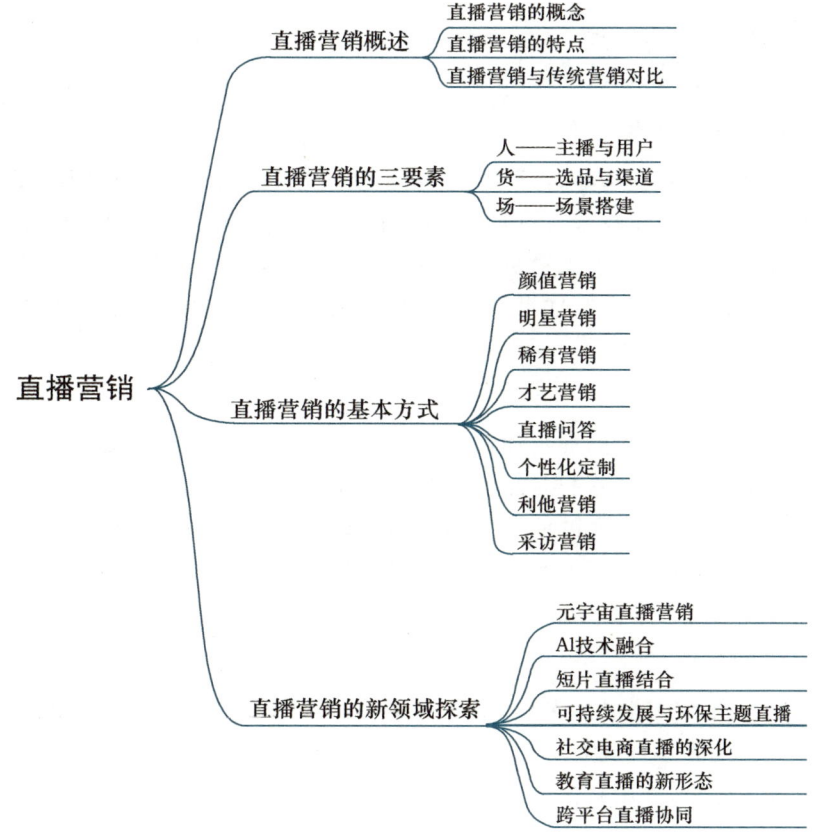

学习目标

1. 理解直播营销的概念、特点;
2. 理解直播营销与传统营销的区别;
3. 掌握直播营销的三要素;
4. 掌握常见的直播营销方式。

第一节 直播营销概述

一、直播营销的概念

"直播营销"是一种以实时视频直播技术为载体,结合市场营销策略,通过互联网平台进行产品或服务宣传、品牌推广、用户互动及销售转化的新型营销方式。它涵盖了从内容策划、直播执行到后期传播的全过程,旨在通过实时互动、场景展示、情感共鸣等手段,增强用户体验,缩短用户决策路径,促进商品销售,提升品牌形象和用户黏性。

二、直播营销的特点

(一)即时性与互动性

观众可以通过弹幕发送即时评论、提问,主播可以现场回答,这种即时反馈机制极大地增强了观众的参与感和体验感。点赞、投票、礼物打赏等功能不仅为观众提供了表达喜好和支持的方式,也为品牌提供了衡量直播效果、了解用户偏好的直观数据。此外,直播中设置的互动环节,如问答抽奖、限时优惠等,能够激发观众的参与热情,促进即时消费决策,增强营销效果。

(二)真实性与透明度

在直播中,产品或服务的展示往往更加直接、未经过滤,这种真实性有助于消除消费者对广告过度美化的疑虑,建立起对品牌的信任。例如,美食博主直播试吃过程,化妆品博主现场上妆展示效果,这些真实的使用体验比精心制作的广告更具说服力。透明度还体现在直播中展示的后台制作、工厂参观等内容,让消费者深入了解产品背后的故事和生产流程,进一步提升品牌的可信度和亲和力。

(三)内容多样化

直播营销的内容策略灵活多样,可以根据品牌特性和目标受众定制个性化内容。例如,新产品评测类直播能够直观展示产品特点和优势;教程分享类直播通过提供有价值的知识和服务吸引潜在客户,利用直播的广泛覆盖和即时共享特性,提升活动影响力。多样化的内容不仅满足不同消费者的需求,也使品牌有机会以多种面貌呈现,提高品牌曝光度和吸引力。

(四)数据驱动

直播营销依托强大的数据分析工具,能够对用户观看行为、互动数据进行深度挖掘和分析,为营销策略提供数据支持。通过对观众画像的精准描绘,品牌可以更有效地定位目标受众,定制个性化直播内容和推广策略。数据驱动还能帮助优化直播时间、时长、话题等,实现更高的用户触达率和转化率。此外,通过对直播数据的跟踪分析,企业能够快速调整营销策略,评估活动效果,实现营销投入的最大化回报。

(五)跨界合作与资源整合

直播营销的跨界合作模式打破了行业界限,通过与不同品牌、意见领袖、热门IP等的合作,实现资源共享、流量互导和品牌价值的相互提升。例如,时尚品牌与知名设计师联袂直播,不仅能吸引双方的粉丝群体,还能创造新鲜的营销话题。与意见领袖合作直播,能利用其在特定领域的影响力,快速扩大品牌知名度和信任度。跨界合作可以整合多方资源,共同策划创意活动或推出限定产品,创造独特的用户体验,达到1+1>2的营销效果。

直播营销作为一种新兴且快速发展的营销模式,通过创造沉浸式、互动式的消费体验,深度挖掘用户需求,有效缩短营销链路,已成为企业触达消费者、提升市场竞争力的重要工具。

三、直播营销与传统营销对比

与传统营销方式相比,直播营销展现出了一系列独特的优势,这些优势让它在近年来迅速崛起,成为众多企业和品牌青睐的营销手段。直播营销与传统营销的对比见表4-1。

表 4-1　　　　　　　　　直播营销与传统营销对比

特性	传统营销	直播营销
传播方式	单向传播,如电视广告、报纸、杂志、户外广告等。信息流向主要是从品牌到消费者	双向互动,观众可以通过弹幕、评论与主播即时交流,形成互动反馈的循环,信息流是双向的,甚至是多向的
内容形式	文字、图片、视频(预录制)、音频等静态或半动态内容	实时视频流,内容鲜活、动态,能展现更真实的场景和即时的情感交流
时效性	从策划到发布周期较长,信息更新不够灵活	即时性极强,可以随时根据观众反馈调整内容,直播结束后也可快速剪辑传播,缩短了营销周期
互动性	互动有限,多为事后反馈,如电话调查、邮件问卷等	高度互动,观众可以实时提问、参与抽奖、发表意见,增强了用户体验感和参与感
目标受众定位	定位相对宽泛,难以精确到个体	可以通过直播平台数据分析,更精确地了解目标受众,实现个性化内容推送和定制化营销

(续表)

特性	传统营销	直播营销
成本与覆盖	生产成本相对固定,但覆盖广泛,尤其是电视、大型户外广告等	初始投入相对较低,但需要持续的内容创新和维护观众黏性,覆盖范围依赖于平台和主播的影响力,更精准但也有限制
信任与真实感	信息经过精心策划和包装,真实感较弱	直播的实时性给人以更真实、未加工的感觉,主播的个人魅力和即时反馈增强了品牌的可信度和亲和力
数据反馈	数据反馈周期长,分析复杂度高	实时数据反馈,如观看人数、互动量、转化率等,便于快速调整直播策略,优化营销效果
内容持久性	内容一旦发布,较难修改,但长期存在,如印刷品、长期投放的广告	直播内容具有瞬时性,但可通过录像保存,便于后期剪辑二次传播,延长内容生命周期
创新与灵活性	创新空间有限,形式相对固定	高度灵活,可以根据市场热点快速调整策略,创新内容形式和互动方式,适应性强

第二节 直播营销的三要素

直播营销的闭环是主播推荐—消费者购买—品牌或厂家供应商品。这三个环节互相影响和促进,本质还是"人、货、场"的问题。

一、人——主播与用户

直播营销中的"人",主要是指主播和用户。直播营销是主播和用户交互的过程,两者靠信任产生基本连接。

(一)主播

主播向用户推荐经过挑选的商品,帮助用户提高购物效率、节省决策成本,用户因为信任下单购买,帮助主播实现收益。在一场直播中,主播担任传统购物中导购的角色,但其作用又远远大于导购,除介绍商品和推荐商品,还要与直播间的用户互动,调动直播间氛围等。

1. 专业能力

在直播营销中,主播的专业知识或技能是其成功的关键因素之一。例如,在美妆领域,优秀的主播不仅需要了解化妆品的基本成分、使用方法及其对不同肤质的影响,还应该掌握最新的化妆技巧和流行趋势。这要求主播持续学习相关领域的最新信息,并且能够将这些复杂的知识点以易于理解的方式呈现给观众。对于教育领域的主播来说,需要具备扎实的专业背景及有效的教学方法,以便能够清晰地解释概念并激发学生的学习兴趣。通过展示深厚的专业素养,主播不仅能赢得观众的信任,还能更有效地推广产品或服务。

2. 沟通技巧

良好的沟通技巧不仅体现在清晰准确的语言表达上,还包括积极正面的态度与适时适当的幽默感。这意味着主播应当能够流畅地说话,避免使用过于专业或难以理解的术语;同时保持乐观向上的态度来感染观众,创造一个友好舒适的直播环境。恰当运用幽默可以缓解紧张气氛,拉近与粉丝之间的距离。此外,优秀的主播还会注意倾听观众的意见反馈,并据此调整自己的交流方式,确保双方的信息传递畅通无阻。这种双向互动有助于建立更紧密的关系,从而提高用户的参与度及忠诚度。

3.个人魅力

每位成功的主播都有自己独特的风格和个人魅力,这是他们区别于其他主播的重要标志之一。这种魅力可能源于外貌上的吸引力,如时尚的着装打扮或令人印象深刻的外形特征;也可能源于个性鲜明的性格特点,如开朗活泼、风趣幽默等。更重要的是,主播要真诚对待每一位观众,展现出真实自我的一面,这样才能让粉丝感到亲近并愿意长期跟随支持。随着时间的推移,这种基于人格特质所形成的独特品牌效应将成为吸引新粉丝、维护老粉丝的重要资本。

4.内容创意

为了保持观众的兴趣并不断吸引新的关注者,主播必须不断创新直播的内容形式。可以通过策划各种主题活动,如节日特辑、限时折扣活动或特别企划节目等,为常规直播增添新鲜元素。另外,邀请行业内的知名人士或拥有广泛影响力的人物作为嘉宾加入直播也是一种有效手段,这样不仅可以带来新的观点和见解,同时也增加了直播的看点。通过这种方式,主播能够让每次直播都变得与众不同,进而维持甚至提升现有粉丝群体的积极性。

5.诚信可靠

无论是在哪个行业,诚实守信都是最基本的职业道德之一。对于直播营销而言,这一点尤为重要。主播应当时刻牢记自己推荐的产品和服务必须经过严格筛选,确保质量过关。任何虚假宣传都将严重损害个人信誉,甚至导致失去整个粉丝基础。因此,在选择合作品牌时,主播需要仔细考察对方的企业形象、市场口碑等方面的信息,并且亲自试用体验产品效果,只有真正认可后才能进行推广。此外,在处理客户咨询投诉的过程中也要表现出足够的耐心与诚意,提供及时有效的解决方案。通过这样日积月累的努力,才能逐步建立起稳定而忠实的支持者团队。

6.技术操作能力

随着数字技术的发展,如今的直播工具越来越多样化且功能强大。因此,除了上述软性条件之外,熟悉掌握相关软件及硬件设备的操作也是必不可少的一项技能。这包括但不限于如何设置合适的摄像头角度、调节光线照明以获得最佳视觉效果;怎样配置麦克风以保证音质清晰无杂音;如何利用视频编辑软件对录制下来的素材进行后期加工处理等。此外,还需要了解各直播平台的具体规则与特色功能,如淘宝直播、抖音等各自有着不同的运营机制,合理利用这些资源可以帮助主播更好地管理和优化自己的直播内容。总之,较强的技术应用能力可以让直播过程更加顺畅高效,同时也提升了整体观感体验。

(二)用户

衡量一场直播的营销效果时,不应该只看最后的成交额,毕竟不同用户基数、不同人流量的直播间之间难以对成交额进行精确对比。比较科学的方法是看转化率,即下单人数与直播间人数的比例,转化率越高说明该场直播的营销效果越好。提高直播营销转化率的关键在于吸引用户,即直播间吸引到的精准用户。直播营销的关键因素是吸引精准用户,可以从以下三个方面进行思考。

直播电商运营

1. 目标受众分析与定位

在直播营销中,深入了解并精确定位目标受众是吸引精准用户的基础。这要求通过市场调研收集潜在客户的基本信息,如年龄、性别、兴趣爱好等,并基于这些数据创建详细的买家画像。一旦明确了目标群体的特征及其需求,主播就能定制化地设计直播内容,确保所分享的信息不仅能够引起他们的兴趣,还能有效解决他们的问题或满足其特定需求,从而建立起更加紧密的连接。

2. 平台选择与优化

选择最适合目标受众的直播平台对于成功吸引精准用户至关重要,因为不同平台拥有不同特性和用户基础,如淘宝直播适合购物爱好者,而抖音则更受年轻娱乐内容消费者的欢迎。除了选对平台外,还应该充分利用该平台提供的各种工具和服务来增强直播的可见度和吸引力,如合理设置标签以利用推荐算法,增加互动环节以提高观众参与感;定期分析直播表现并进行相应调整,以此不断优化用户体验以吸引更多目标用户。

3. 营销推广策略

有效的营销推广是将直播内容展示给更多精准用户的关键,可以通过社交媒体预热宣传、与其他相关领域意见领袖或品牌进行跨界合作等方式扩大影响力。此外,利用搜索引擎优化技术使直播内容更容易被搜索到。通过综合运用多种渠道和方法进行广泛传播,并结合数据分析持续优化推广方案,可以有效地提升直播活动的知名度,吸引更多符合目标定位的观众参与其中,进而实现更高的转化率和销售业绩。

二、货——选品与渠道

在传统营销中,店铺大多只销售固定品类的商品,导购或客服人员对用户的决策不会产生太大影响,用户的购买路径大多是"自发需求—主动寻找—筛选下单"。传统营销多采用货架思维,商品的陈列、色彩、搭配等都是吸引用户的关键,在这种模式下,用户和销售人员缺乏沟通,转化效果有限。

但在直播营销中,"货"的价值被主播最大限度地展现出来,同时一个直播间能上架多个品类的商品,利用直播间的人流量,能够达到商品的"集聚效应"形成抢购的氛围。这时用户的购买路径多是"直播推荐—被'种草'—下单"。

(一)选品

在一场直播中,"货"要想卖得好,前期的选品环节至关重要。与传统营销相比,直播营销的商品选择更加灵活,直播团队在供货渠道、商品品类、成本与定价等方面有更多的自主权。在直播营销中,选品的原则是选择低价、高频使用、刚需、展示性强、品质高的商品。在此基础上,若能做到以下四个方面,就更容易获得良好的销售成绩。

1. 符合定位

(1)直播间定位

每个直播间都有其独特的风格和内容方向,如美妆、美食、科技评测等。选品时必须确保商品与直播间的主题一致,这样才能吸引并留住对这一领域感兴趣的观众。例如,如果直播间以健康生活方式为主题,那么推荐的应是健康食品、运动装备等相关产品。

(2)账号定位

直播账号通常会有一个明确的品牌形象或人设,选品时需要考虑是否与账号的整体调性相匹配。例如,一个以环保可持续发展为理念的账号,在选择商品时应该优先考虑那些具有环保认证或是采用可再生材料的产品。

(3)主播人设

主播的人格魅力和个人特色是影响选品的重要因素之一。如果主播以其专业性和诚信著称,那么所推荐的商品也应该体现出高质量和可靠性;若主播以亲民幽默的形象示人,则可以选择一些性价比高且有趣味性的产品来吸引粉丝。

(4)用户意向及喜好

深入了解目标受众的兴趣偏好至关重要。通过数据分析工具(如社交媒体分析)、问卷调查或直接与粉丝互动等方式收集反馈信息,了解他们最关心哪些类型的商品,并据此调整选品策略。

2."亲测"好用

(1)深度体验

在正式推荐之前,主播及其团队应对商品进行全面测试,包括但不限于使用方法、实际效果、耐用性等方面。只有真正体验过商品后,才能准确地向观众传达其优点和潜在问题。

(2)真实分享

真诚地分享个人使用感受比单纯背诵产品说明书更能让观众信服。可以讲述自己是如何发现这款产品的、使用过程中的惊喜之处及它解决了哪些具体问题。这种基于个人经验的真实分享有助于观众对主播建立信任感。

(3)避免夸大宣传

虽然适当突出商品的优点是可以接受的,但过分夸大或者隐瞒缺点则会导致消费者失望甚至产生负面评价。保持客观公正的态度对于维护长期信誉非常重要。

3.优化品类组合

(1)多样化选择

为满足不同层次的需求,直播团队可以在一场直播中提供多种类型的商品供观众选择。例如,在美妆直播中,除了讲解主打的护肤品外,还可以搭配彩妆工具、护发产品等,这样不仅能增加单次直播的销售额,也能让更多的观众找到感兴趣的商品。

(2)互补性搭配

选择能够相互补充的商品进行组合销售也是一种有效的策略。例如,在推广一款智能手表的同时,可以同时推出配套的手表表带或充电器,既方便了消费者一站式购物,也有助于提高客单价。

(3)季节性调整

根据不同季节或节假日的特点调整选品,如夏季推荐防晒霜、冬季主推保湿护肤品等,这样的适时变化能更好地契合市场需求,提升销量。

4.有售后保障

(1)明确退换货政策

在直播过程中清楚地介绍商品的退换货流程及相关政策,让消费者知道即使购买后不满意也有相应的解决方案。透明化的服务条款有助于打消消费者的顾虑。

(2) 快速响应机制

建立高效的客户服务系统，确保用户在遇到任何问题时都能迅速得到回复和处理。无论是通过在线客服还是电话热线，都应该保证沟通渠道畅通无阻。

(3) 质量保证

选择与信誉良好的供应商合作，确保所提供商品的质量可靠。此外，也可以设置一定的质保期，在此期间内质量问题导致的损坏均可免费维修或更换。

(4) 积极解决问题

当确实发生售后问题时，要表现出积极解决问题的态度。及时跟进每一个投诉案例，并给予满意的解决方案，以此赢得用户的理解和信任。

(二) 渠道

直播间商品的供应渠道有两种，一种是自有商品的供应渠道，即直播间售卖自有品牌商品，这种方式适合线下实体店铺的直播和品牌自营商品、生产基地的直播；另一种是依靠供应商或商品供应链解决商品供应问题，这种方式适合没有自有商品、依靠流量或广告来"带货"的"网络红人"。

自有商品供应渠道的优势在于直播间能够完全掌控产品质量和品牌形象，从而更容易建立消费者信任。直接从生产基地或工厂获取商品减少了中间环节，降低了成本并提高了利润率。此外，这种模式具有高度灵活性，可以根据市场需求快速调整产品线或推出新品，对市场变化迅速做出反应。同时，库存管理和售后服务也更加便捷可控，有助于提供一致且高质量的服务体验。然而，自有商品供应渠道的缺点也很明显，它需要较大的初期投资，包括研发、生产设施和品牌推广等费用。如果产品销售不佳，会面临库存积压的风险。此外，运营复杂度增加，除了直播营销外，还需要负责生产和供应链管理，这增加了运营的难度。在竞争激烈的市场中，新品牌要脱颖而出也比较困难。

依靠供应商或商品供应链的方式具有启动成本低的优势，无须自行生产和仓储，降低了前期的资金需求和运营风险。这种方式允许直播间从多个供应商处选择多种类型的商品，丰富直播内容，满足不同用户的需求。根据市场反馈可以快速更换供应商或调整商品种类，适应市场变化。很多供应商还会提供专业的市场分析和营销支持服务，帮助直播间提升销量。主播可以专注于内容创作和粉丝互动，而不需要担心生产和物流等问题。然而，这种方式的缺点也不容忽视，由于存在中间商，商品成本通常较高，导致利润率相对较低。质量控制难度大，难以保证每批货物的质量一致性，一旦出现质量问题会影响品牌形象。此外，供应商的供货稳定性会影响直播计划，有时会出现断货的情况。售后处理也较为复杂，需要与供应商协调解决，响应速度不如自营模式快。观众更多地关注商品本身而非直播间品牌，这不利于长期的品牌建设。

三、场——场景搭建

在直播营销中，"场"这一概念指代了直播团队为销售商品而搭建的物理和虚拟环境。

(一) 物理环境

物理环境是指直播团队为了展示商品而特意布置的实际空间。这种环境的设计和布置需要充分考虑商品的特点和目标受众的需求。例如，如果直播间主打的是家居用品，那么可以将直播间布置成一个温馨舒适的客厅或厨房，通过真实的家具、装饰品和生活用品营造出一种居家的氛围。主播可以在这样的环境中详细展示产品的使用方法和实际效果，让观众能够直观地看到这些商品如何融入日常生活。此外，物理环境还允许主播进行更多的互动演示，如现场烹饪、试用化妆品等，让观众能够更深入地了解产品。

真实的生活场景不仅增强了用户的代入感，还能提高他们对产品的信任度。细节展示也是物理环境的一大优势，主播可以通过近距离拍摄和讲解，向观众展示产品的工艺细节、材质质感等，帮助观众全面了解产品。同时，物理环境的设计应与品牌的整体形象保持一致，强化品牌形象，营造出特定的氛围，如温馨、豪华或现代，从而增强观众的情感共鸣。

(二) 虚拟环境

虚拟环境是指通过技术手段创建的背景，如使用绿幕技术配合特定软件生成符合主题的虚拟场景。这种方式特别适用于那些难以在现实中完全复现的场景，如旅游产品、高端奢侈品等。

虚拟背景不仅能够提供更丰富的视觉体验，还能有效节省实际布景的成本。虚拟环境的最大优势在于其多样性和灵活性。直播团队可以轻松切换不同的背景，为直播带来多样的视觉效果。例如，在推广旅游产品时，可以快速切换到不同国家和城市的标志性景点，让观众仿佛身临其境。虚拟背景还可以实现各种创意设计，如未来感十足的虚拟实验室或科幻场景，增强直播的趣味性和吸引力。相比于搭建复杂的物理布景，虚拟背景可以大幅降低制作成本，只需要一块绿幕和相关软件工具，就可以创造出多种多样的背景效果。这使得虚拟背景成为预算有限的直播团队的理想选择。此外，虚拟背景可以根据品牌的特定需求进行定制，确保每一场直播都能完美契合品牌调性。随着技术的发展，虚拟背景的质量越来越高，甚至可以达到以假乱真的效果。高清的虚拟背景加上流畅的动画效果，能够给观众带来沉浸式的观看体验，提升直播的专业度和观赏性。虚拟背景的灵活性还体现在可以随时调整和优化，如果发现某个背景效果不佳，可以迅速更换，不需要重新布置整个物理环境。这种灵活性使得直播团队能够快速响应市场变化和观众反馈。

第三节 直播营销的基本方式

一、颜值营销

颜值营销是指利用视觉吸引力，尤其是高颜值的个人（如网红、明星等）或美观的产品设计来吸引消费者的注意力，并促进销售的一种营销策略。这种营销方式主要依赖于外观上的美感和吸引力，旨在通过视觉冲击力快速抓住潜在顾客的眼球，从而激发他们的购买兴趣。颜值营销的特点包括以下四方面。

(一) 视觉吸引力

颜值营销的核心在于其强大的视觉吸引力。一张美丽的面孔或一件设计精美的产品可以在短时间内迅速抓住潜在顾客的眼球，激发他们的兴趣。这种即时的视觉冲击力不仅能够提高品牌的可见度,还能在消费者心中留下深刻的印象。例如,在化妆品行业中,品牌常选择外貌出众的模特或明星作为代言人,通过他们在广告中的形象来展示产品的效果,从而吸引目标受众的关注。

(二)情感连接

高颜值不仅是一种物理上的美感,它还能激发积极的情感反应,使消费者产生好感和信任感。当消费者看到一个美丽的人或物时,往往会感到愉悦和向往,这种情感上的共鸣可以转化为对品牌的正面印象。例如,时尚品牌通过展示穿着精致服装的模特,不仅能向消费者传递产品的美感,还能让消费者联想到一种理想的生活方式,从而激发他们对品牌的认同感。此外,高颜值的个人往往具有较强的吸引力,能够在直播或社交媒体上与观众建立更紧密的情感联系,进一步增强品牌的忠诚度。

(三)品牌形象提升

高颜值的代言人或产品设计可以显著提升品牌的整体形象,使其看起来更加高端和时尚。当一个品牌选择与高颜值的个人合作时,这些代言人的良好形象和公众影响力会自然地转移到品牌上,为品牌增添光环效应。例如,奢侈品牌通常会选择国际明星或超级模特作为代言人,通过他们的优雅气质和高贵形象来强化品牌的高端定位。同样,美观且设计独特的产品也能提升品牌的档次感,使消费者认为该品牌具有更高的品质和价值。这种形象的提升不仅有助于吸引新客户,还能增强现有客户的忠诚度。

(四)社交传播

高颜值的内容更容易在社交媒体上被分享和传播,从而扩大品牌的影响力。在社交媒体时代,用户倾向于分享那些让他们感到愉悦和自豪的内容,而高颜值的图片、视频或直播往往是最佳选择。例如,美妆品牌可以通过发布高颜值模特的化妆教程或产品试用视频,吸引大量粉丝转发和评论。这些内容不仅能够快速传播,还能通过用户的社交网络触达更多的潜在客户。此外,高颜值的个人本身往往拥有庞大的粉丝基础,他们的推荐和分享能够迅速引起广泛的关注和讨论,为品牌带来巨大的曝光量。因此,利用高颜值进行营销不仅能够直接吸引目标受众,还能通过社交传播实现病毒式的扩散效果。

案例 4-1

某品牌的颜值营销

某国货彩妆品牌非常擅长运用颜值营销。在其直播活动中,常邀请拥有高颜值的美妆博主或网络红人,通过精致的妆容示范、产品试色等,直观展示产品使用效果。主播们在直播中分享化妆技巧,同时展示产品在不同肤色、脸型上的应用,既展现了产品的多样适用性,又借助主播的个人魅力和专业形象,有效提升了品牌的吸引力和信任度。

二、明星营销

明星营销是指品牌利用知名人士(如演员、歌手、运动员等)的知名度和影响力来推广产

第四章 直播营销

品或服务,通过这些知名人士的个人魅力、粉丝基础以及公众形象来吸引消费者关注并增强品牌形象。这种策略旨在借助明星效应提升品牌的认知度、好感度及销售额,同时加深与目标受众之间的情感联系。采用明星营销时需要注意以下四方面。

(一)选择合适的明星

确保所选明星的粉丝群体与品牌的潜在客户高度匹配。例如,如果品牌主要面向年轻人,那么选择在年轻群体中受欢迎的明星会更加有效。这不仅能够提高营销活动的针对性,还能增强用户的认同感和参与度。品牌可以通过市场调研、社交媒体分析等手段来确定目标受众的兴趣和偏好,并据此选择合适的明星。

(二)选择正面积极形象的明星

明星的形象和价值观应与品牌形象保持一致。如果明星的行为或言论与品牌的核心价值相悖,会对品牌造成负面影响。品牌需要深入了解明星的个人背景、公众形象以及过往的行为记录,确保其形象能够为品牌带来正面影响。此外,品牌还需要定期评估明星的表现,确保其持续符合品牌的要求。

(三)内容创作

与明星及其团队紧密合作,共同制定创意方向和内容策略,确保内容既符合明星个人风格又能够有效传达品牌信息。品牌需要充分了解明星的特点和优势,结合自身品牌定位,创造出既有吸引力又能传递品牌核心价值的内容。此外,品牌还可以邀请明星参与到内容创作过程中,使其更具真实性和亲和力。

(四)风险管理

制订详细的危机应对计划,以应对可能出现的负面情况,如明星的丑闻或不当行为。危机应对计划应包括预警机制、应急响应流程、信息发布渠道等。品牌需要提前准备好应对各种可能情况的预案,确保在危机发生时能够迅速、有效地做出反应。此外,品牌还应与明星及其团队建立紧密的合作关系,共同防范和处理潜在风险。

案例 4-2

运动品牌与篮球明显深度合作的直播品牌塑造

某运动品牌与篮球明星的合作便是一个经典案例。在某运动品牌推出某篮球明星签名鞋系列的直播活动中,这名篮球明星不仅展示了新鞋的设计理念和科技亮点,还分享了自己与该品牌合作的幕后故事,以及自己对篮球运动的热爱和坚持。这种深度合作不仅让产品获得了篮球爱好者的广泛关注,更通过明星的个人魅力和故事,增强了品牌与消费者之间的情感连接,成功塑造了该品牌的国际化、专业化形象。

三、稀有营销

稀有营销是一种通过限制产品数量或创造稀缺性来提高产品价值并激发消费者购买欲望的营销策略。它利用人们对于独特的和难以获得的物品的渴望,通过限时发售、限量版产品或者独家合作等方式营造紧迫感和专属感,从而吸引目标顾客迅速做出购买行为,并增强品牌的吸引力和产品的市场价值。稀有营销的常见形式有以下六种。

(一)限量版产品

限量版产品是指品牌在特定时间内推出数量有限的产品,这些产品通常具有独特的设计、包装或功能,与常规版本有所不同。通过限制供应量,品牌能够营造出一种稀缺性和独特性,吸引那些追求与众不同的消费者。这种策略不仅能够提升产品的市场价值,还能增强品牌的高端形象和消费者的归属感。

(二)限时发售

限时发售是一种营销策略,品牌会在一个特定的时间窗口内提供产品或服务,过了这个时间就不再销售。这种做法能够创造紧迫感,促使消费者在限定时间内迅速采取购买行动。限时发售不仅能够刺激短期销量,还能提高品牌的曝光度和话题性,吸引更多潜在客户的关注。

(三)独家合作

独家合作是指两个或多个品牌之间进行的合作,推出仅在特定渠道销售的联名款或特别系列。这种形式的稀有营销利用了双方品牌的影响力和粉丝基础,创造出独一无二且难以获得的产品。独家合作不仅能为品牌带来新的客户群体,还能通过跨界合作提升品牌形象,增强市场竞争力。

(四)会员专享

会员专享是一种针对品牌忠诚客户的营销策略,通过提供专属的产品或服务来奖励他们的长期支持。这些产品和服务通常是普通消费者无法获取的,从而增强了会员的优越感和归属感。会员专享不仅能够提高客户的忠诚度,还能通过口碑传播吸引更多新客户加入会员计划。

(五)预售与预订

预售与预订是指在产品正式上市之前,允许消费者提前订购。这种方式不仅可以帮助品牌预测市场需求并调整生产计划,还能够通过设置一定的限额来营造稀缺感。预售和预订活动通常伴随着早期购买者的特别优惠或赠品,以此激励消费者尽早下单,同时也能为新品发布造势。

(六)地域限制

地域限制是指某些产品只在特定地区或店铺销售,而不是在全球范围内广泛分销。这种做法可以利用地理上的稀缺性来吸引当地消费者,尤其是对于地方特色产品或小众品牌来说尤为有效。地域限制不仅能够增强产品的独特性和吸引力,还能促进本地文化和经济的发展。

案例 4-3

某手机品牌的稀有营销

某品牌选择在一场特别的直播活动中全球首发新款概念手机,不仅展示了创新的环绕屏设计,还通过直播平台独家揭秘了研发背后的故事和技术细节,成功吸引了科技爱好者和媒体的高度关注。这种首发形式不仅展现了该品牌的创新能力,还通过"限时限量"预订活动,激发了消费者的购买欲望,提升了品牌价值。

四、才艺营销

才艺营销是一种通过展示个人或团队的特殊才能来吸引目标受众,并借此推广品牌或产品的营销策略。这种形式的营销不仅能够提供娱乐价值,还能建立品牌与消费者之间的情感联系。才艺营销的常见形式有以下七种。

(一)音乐表演

音乐是一种通用语言,能够跨越文化和年龄界限。品牌可以通过邀请知名艺术家或新兴音乐人通过举办现场音乐会、演唱会或在线直播来吸引观众。例如,一家音响设备制造商可以赞助一场线上音乐会,以展示其产品的音质效果。音乐会中,艺术家不仅可以演奏经典曲目,还可以介绍他们使用的音响设备,分享使用体验和专业建议。此外,品牌还可以设置互动环节,如问答、抽奖等,增强观众的参与感。通过这样的活动,品牌不仅能够提升知名度,还能增强消费者对产品质量的信任。

(二)舞蹈展示

舞蹈作为一种视觉艺术,具有很强的表现力和感染力。运动服装品牌或健身器材制造商可以组织舞蹈比赛、工作坊或线上教学视频,邀请专业舞者展示不同风格的舞蹈。比如,一个运动服装品牌可以与一位知名的街舞舞者合作,举办一系列线上舞蹈教学课程。这些课程可以包括基础动作教学、舞蹈编排以及如何选择合适的舞蹈装备等内容。通过这些内容,品牌不仅能展示其产品的功能性和舒适性,还能传达积极健康的生活方式和生活理念。

(三)手工艺制作

传统手工艺品往往蕴含着丰富的文化内涵和技术传承。品牌可以通过直播或视频教程,展示陶瓷、编织、木工等手工艺品的制作过程。例如,一个专门销售手工制品的电商平台可以邀请手工艺大师进行直播,演示从原材料准备到成品完成的全过程。直播过程中,手工艺大师可以分享制作技巧、历史文化背景以及每件作品背后的故事。观众不仅能学到知识,还能感受到每件手工艺品的独特魅力。这种形式的营销有助于提升品牌的艺术价值和文化内涵,吸引更多对手工艺品感兴趣的目标客户。

(四)烹饪演示

美食是人们生活中不可或缺的一部分,而烹饪演示则能将食物的魅力直观地展现给观众。食品品牌或厨房电器制造商可以邀请名厨进行现场烹饪示范,分享食谱和烹饪技巧。例如,一家高端厨具品牌可以与米其林星级厨师合作,举办一系列线上烹饪课程。在这些课程中,厨师可以使用该品牌的厨具,展示如何制作精致的菜肴。同时,厨师还可以介绍每种厨具的特点和使用方法,让观众了解产品的优越性能。通过这种形式,品牌不仅能够展示其产品的高品质,还能传递出一种精致的生活态度。

(五)绘画和艺术创作

艺术创作是一个充满创意和想象力的过程,能够激发人们的审美情趣。艺术用品供应商或美术馆可以邀请艺术家在直播中现场作画,或者通过短视频系列展示艺术作品的创作过程。例如,一家艺术用品品牌可以与当地知名画家合作,举办一次"从零开始"的绘画直播。在直播中,画家可以从构思、草图到最终完成作品,一步步展示整个创作过程。其间,画家可以详细介绍所使用的颜料、画笔等用具,并分享自己的创作心得。观众不仅能欣赏到艺术品的诞生,还能学习到专业的绘画技巧,从而对品牌产生更深的认识和好感。

(六)魔术表演

魔术以其神秘和不可思议的魅力吸引了无数观众。娱乐业或旅游景点可以邀请魔术师在直播中表演魔术,结合品牌元素创造独特的视觉体验。例如,一个主题公园可以与著名魔术师合作,推出一系列以公园特色为主题的魔术表演。在直播中,魔术师可以利用公园内的设施作为道具,进行令人惊叹的魔术表演。同时,魔术师还可以讲述每个魔术背后的故事,增加表演的文化深度。这种形式的营销不仅能够为观众带来欢乐,还能有效宣传景区的独特之处,吸引更多游客前来参观。

(七)游戏直播

随着电子竞技的兴起,游戏直播成了一种流行的娱乐形式。游戏开发商或电竞赛事组织可以邀请游戏主播在直播平台上玩游戏,展示游戏技巧,并与观众互动。例如,一家新游戏发布前,开发商可以邀请多位知名游戏主播进行试玩直播。在直播中,主播可以详细介绍游戏玩法、特点及自己的体验感受。通过主播的真实反馈,潜在玩家可以更好地了解游戏,提高购买意愿。同时,开发者也可以根据观众的反馈进行调整,优化游戏体验。

案例 4-4

淘宝工艺品直播

淘宝直播平台上有许多专注于手工艺品的商家,他们会邀请手工艺大师进行直播,展示陶瓷制作、木雕、刺绣等传统技艺。这些直播不仅展示了产品的制作过程,弘扬了中华优秀传统文化,还通过大师的精湛技艺吸引了众多对传统手工艺的感兴趣的观众,提升了产品的艺术价值和市场吸引力。

五、直播问答

直播问答是一种通过实时视频流媒体平台进行互动的在线活动,允许主持人或嘉宾直接回答观众提出的问题。这种形式的交流通常在社交媒体、专业直播平台或企业自有的直播渠道上进行,旨在提供即时的信息分享、教育内容或娱乐体验,同时增强观众的参与感和品牌的互动性。直播问答不仅能够快速解决用户的疑问,还能帮助企业或个人建立更紧密的社区联系,并收集宝贵的用户反馈。直播问答可以用于以下五种场景。

(一)教育培训

教育机构或个人讲师可以通过直播问答为学生提供即时的学术支持。这种形式不仅能够帮助学生解决学习中的具体问题,还能增强他们的参与感和动力。个人讲师可以详细解释复杂的概念,展示解题步骤,并实时回答学生的疑问。此外,直播问答还可以作为课程的一部分,定期举行,以确保学生在整个学习过程中都能得到持续的支持。

(二)产品发布与演示

品牌在新产品发布会上通过直播问答,详细介绍产品的功能、设计和技术特点。这种透明度和互动性有助于建立消费者信任。主持人或产品经理可以在直播中展示产品的实际操作,解释其独特之处,并回答观众关于性能、价格、上市时间等问题。这种方式可以让潜在客户更直观地了解产品,提高购买意愿。

(三)售后服务

品牌可以利用直播问答为已购买产品的客户提供售后服务。售后团队可以在直播中解答用户关于保养、维修等方面的问题,提供详细的维护指南,并分享常见的故障排除方法。这种即时互动可以增强客户的忠诚度,并提高品牌形象。通过直播问答,企业还可以收集用户反馈,不断改进产品和服务。

(四)健康咨询

医生或健康顾问可以通过直播平台为患者提供在线咨询,解答他们的健康疑虑。这种方式能够让更多人获得专业的健康建议。医疗专业人士可以在直播中讨论常见的健康问题,提供预防和治疗的方法,并解答观众的具体疑问。通过这种形式,患者可以获得及时的医疗建议,减轻焦虑和担忧。

(五)行业讨论

行业协会或组织可以举办行业研讨会直播,邀请业内专家讨论热门话题,并回答观众的问题。这种形式有助于促进行业内的交流和合作。专家可以在直播中分享最新的研究成果、市场趋势和发展动态,并通过问答环节解答观众的具体问题。这种方式不仅能够传递有价值的信息,还能激发新的想法和合作机会。

案例 4-5

某车企的直播问答运动

某车企在新款车型发布会后,组织了一场由工程师和产品经理参与的直播问答活动。观众可以实时提出关于车辆性能、续航、新技术应用等问题,官方团队直接回答,这种透明和直接的沟通方式,有效地解决了潜在消费者的疑虑,提升了购车意愿。

六、个性化定制

个性化定制是一种根据目标受众的具体特征(如年龄、性别、兴趣爱好、地理位置、购买历史等)来设计和调整营销内容的策略。在直播内容中应用个性化定制,可以显著提高营销活动的针对性和有效性,更好地满足特定群体的需求,提升用户体验,从而提高转化率。个性化定制的优点包括以下四个方面。

(一)个性化定制能够显著提高内容的相关性

当直播内容与用户的兴趣高度匹配时,用户更有可能被吸引并持续关注。例如,如果目标受众是年轻的科技爱好者,直播内容可以聚焦于最新科技产品的评测和使用技巧。这种精准匹配不仅增强了内容的吸引力,还减少了信息过载,使用户能够接收到真正关心的信息。此外,个性化的互动环节,如问答、投票、小游戏等,可以显著提高观众的参与感。实时评论和提问功能让主持人可以根据观众的反馈即时调整内容或回答问题,增强互动的真实性和即时性。这不仅提升了用户的观看体验,还帮助其建立了紧密的社区感,让用户感受到自己是品牌的一部分,从而增强归属感和忠诚度。

(二)个性化定制有助于提升整体的用户体验

利用算法和技术工具,品牌可以根据用户的浏览历史和行为数据推送符合其兴趣的内容。例如,如果用户经常观看美妆教程,系统可以自动推荐相关的美妆直播。从直播预告到观看过程再到后续跟进,整个流程都可以进行个性化设计,确保用户在每个环节都能获得顺畅和愉悦的体验。此外,提供个性化的客户服务和支持,如一对一咨询、专属优惠等,进一步提升了用户体验。例如,在电商直播中,可以根据用户的购物记录提供个性化的购物建议和服务,使用户感受到品牌对其的关怀和重视。

(三)个性化定制能够显著提高转化率

通过精准的内容和互动,品牌能够更有效地触达潜在客户,提高他们的购买意愿。例如,通过分析用户的购买历史,可以在直播中展示他们可能感兴趣的新产品,并设置限时优惠或专属折扣,刺激用户立即下单。持续提供有价值的内容还有助于建立品牌的可信度和权威性,使用户更愿意采取行动,如购买产品或订阅服务。个性化的内容和互动还可以更好地引导用户沿着销售漏斗前进,从认知到感兴趣再到最终的购买决策。

(四)个性化定制有助于建立长期的品牌忠诚度和口碑传播

高质量的个性化内容能够与用户建立更深层次的情感连接,使他们对品牌产生更强的认同感和忠诚度。满意的用户更有可能成为品牌的倡导者,通过社交媒体和其他渠道分享自己的正面体验,帮助品牌扩大影响力。例如,用户会在朋友圈或微博上分享他们喜欢的直播内容,吸引更多人关注。通过持续提供高质量的个性化内容,品牌可以与用户建立长期的关系,培养忠实的粉丝群体。这些忠实用户不仅会重复购买,还会积极推荐给他人,为品牌带来更多的潜在客户。

案例 4-6

某瑜伽定制化直播课程的用户忠诚度提升实践

某品牌瑜伽作为高端运动品牌,深知其目标受众对健康生活的追求,因此在直播中不仅展示瑜伽服,还推出了针对不同瑜伽水平人群的瑜伽课程,如"晨间唤醒瑜伽""减压瑜伽"等。这些课程根据不同时间段、不同瑜伽爱好者的需求定制,让每个观众都能找到适合自己的内容,有效增强了品牌与消费者之间的互动和连接,提升了品牌形象和用户忠诚度。

七、利他营销

利他营销是一种以消费者和社会利益为中心的营销策略,它通过提供有价值的内容、服务或体验来帮助和改善人们的生活,而不仅是推销产品。利他营销的优点包括以下几种。

(一)增强品牌形象

利他营销强调品牌的社会责任感,展示品牌不仅关注利润,还关心社会福祉。这种积极

第四章　直播营销

的形象能够提升品牌的整体声誉。通过参与和支持各种社会公益项目，如环保、教育和健康倡议，品牌能够展现出其对社会问题的关注和贡献。这种行为不仅赢得了消费者的尊重，还能吸引那些重视企业社会责任的消费者，从而增强品牌的市场竞争力。

(二)提高用户忠诚度

通过提供有意义的帮助和支持，品牌能够在情感层面与消费者建立深厚的联系，消费者成为品牌的忠实拥护者。这种情感连接不仅是基于产品或服务本身，而是建立在品牌对消费者需求和福祉的真诚关怀之上。当品牌不仅关注销售，还致力于解决消费者的实际问题时，消费者会感到品牌是值得信赖的伙伴，而不仅是一个商业实体。

(三)提升销售增长

虽然利他营销需要较长时间才能看到明显的经济效益，但从长期来看，它能够带来稳定的客户基础和更高的客户生命周期价值。利他营销通过提供有价值的内容和服务，逐渐建立起消费者的信任和忠诚，这种信任关系一旦形成，就会转化为持续的购买行为。此外，利他营销还能通过口碑传播吸引新的客户。满意的消费者往往会向他人推荐品牌，这种自发的推广比传统的广告更具说服力，能够显著降低获客成本。随着客户基础的不断扩大和忠诚度的提高，品牌能够实现更稳定的收入流和更高的客户生命周期价值，最终带来长期的销售增长。

(四)增强内部凝聚力

当企业积极参与利他营销活动时，员工会感到自豪，并对企业的使命和价值观有更深的认同感，从而提高员工的工作积极性和团队凝聚力。利他营销不仅对外展示了企业的社会责任感，也对内增强了员工的归属感和使命感。员工在参与这些活动的过程中，能够看到自己的工作对社会产生的积极影响，这种成就感和满足感会激发他们的工作热情和创造力。此外，利他营销还有助于塑造一种积极向上的企业文化，鼓励员工在工作中体现社会责任感和关爱精神。这种文化氛围不仅提升了员工的士气，还吸引了更多志同道合的人才加入企业，进一步推动企业的发展和创新。

案例 4-7

某平台的利他营销

某平台上的"Live"功能是一个典型的利他营销案例。各领域的专业人士或意见领袖通过直播形式分享专业知识，如投资理财、心理咨询、编程技巧等，观众通过付费或免费参与，获得有价值的干货。这种方式不仅帮助该平台建立了知识分享平台的形象，也吸引了大量求知欲强的用户，促进了用户间的深度交流与互动。

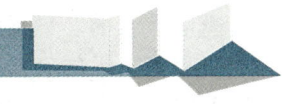

八、采访营销

采访营销是一种通过采访形式来推广品牌、产品或服务的营销策略，通常由企业邀请行业专家、意见领袖、客户或内部员工进行深入对话，以提供有价值的内容和见解。这种营销方式不仅能够传递品牌信息和专业知识，还能增强品牌的可信度和亲和力，通过真实的故事和经验分享与目标受众建立更紧密的联系,从而提升品牌知名度和用户忠诚度。采访营销常见形式包括以下六种。

(一)专家访谈

通过邀请行业内的专家、学者或意见领袖进行深度访谈,提供专业知识和见解,增强品牌的权威性和可信度。这种形式能够借助专家的影响力,吸引目标受众的关注,并为品牌背书,提升品牌形象和市场地位。专家访谈不仅可以传递最新的行业动态和技术趋势,还能解答受众在专业方面的疑问,增加内容的深度和价值。此外,专家的观点和建议往往具有较高的公信力,有助于树立品牌在专业领域的领导地位。通过定期发布高质量的专家访谈内容,品牌可以持续吸引专业受众的关注,形成稳定的忠实粉丝群体。

(二)内部员工访谈

采访企业内部的员工,包括高管、一线员工或特定团队成员,展示企业文化、团队精神和工作氛围,增强员工和外部受众的品牌认同感。这种形式不仅能提升员工士气,还能向外界展示企业的文化和价值观,吸引更多优秀人才。内部员工访谈可以揭示企业的日常工作、项目进展和背后的故事,让受众更全面地了解品牌。通过展示员工的成长经历、职业发展路径和工作心得,品牌能够传达出积极的企业文化和社会责任感,这不仅有助于提升现有员工的归属感,还能吸引更多有志之士加入企业,从而增强企业的整体竞争力。

(三)名人/明星访谈

邀请知名人士(如明星、运动员、公众人物)进行访谈,利用名人的影响力和粉丝基础,扩大品牌的知名度和吸引力。这种形式能够迅速吸引大量关注,提高品牌的曝光度和话题性,快速提升品牌在大众中的认知度。名人访谈通常会引发广泛的媒体关注和社会讨论,有助于品牌迅速进入公众视野。通过与名人互动,品牌可以传递出时尚、高端或亲民的形象,根据合作对象的不同,达到不同的营销效果。同时,名人访谈也是展示品牌理念和价值观的好机会,可以通过名人的真实感受来强化品牌的正面形象。

(四)客户见证与案例分享

邀请满意的客户进行实时访谈,分享他们的使用体验和成功故事。这种形式通过真实的故事和第一手的经验分享,增强潜在客户的信任感。客户可以详细讲述他们如何从产品或服务中受益,展示产品的实际效果。这种直播不仅能够打动潜在客户,还能提高转化率,增强品牌的信誉和吸引力。

(五)合作伙伴访谈直播

采访与品牌有合作关系的企业、供应商或其他合作伙伴,展示合作成果,强调双方的合作价值和共赢关系。这种形式通过合作伙伴的视角,展示品牌在行业中的地位和影响力,增强商业信誉。通过合作伙伴的正面评价和实际合作案例,品牌可以进一步巩固其在行业内的良好声誉,促进更广泛的合作机会。

(六)现场活动直播采访

在展会、发布会、论坛等现场活动中进行实时采访,捕捉现场动态,传递活动亮点和重要信息。这种形式具有即时性强的特点,能够快速传播活动现场的精彩内容,增加参与感和互动性。通过采访活动嘉宾、参与者或组织者,品牌可以传递活动的核心信息和价值,扩大活动的覆盖面和影响力。

案例 4-8

智能冰箱直播访谈的功能展示与场景体验

一家智能家电公司推出了一款新的智能冰箱,其产品经理和技术专家在直播访谈中详细展示了冰箱的各项功能,如智能温控、远程控制和内置摄像头等。直播中,产品经理通过实际操作演示了如何使用这些功能,并解答了观众提出的问题。此外,还展示了用户的真实使用场景,让观众更直观地了解产品的优势。

第四节 直播营销的新领域探索

直播营销作为一个不断发展和创新的领域,正在不断探索新的应用场景和模式以适应市场需求和技术创新。以下是直播营销新领域探索的几个方向。

一、元宇宙直播营销

元宇宙直播营销是近年来随着元宇宙概念的兴起而产生的一种新型营销方式,它将直播与虚拟现实(VR)、增强现实(AR)等技术深度结合,为品牌和消费者构建了一个超越物理限制的互动空间。在这个虚拟但又极其真实的环境中,品牌能够以前所未有的方式进行产品展示、品牌故事讲述、用户体验升级,从而开辟了直播营销的新纪元。

(一)虚拟体验店与沉浸式购物

元宇宙直播营销的一大亮点是创建品牌虚拟体验店。与现实世界中的实体店相比,虚拟店铺不受空间限制,品牌可以尽情发挥创意,设计出极具未来感或梦幻般的购物场景。顾客通过 VR 头戴设备或手机 App 进入虚拟店铺,不仅可以 360°查看商品细节,还能通过虚拟试穿、试用来体验产品,极大地增强了购物的沉浸感和趣味性。例如,服装品牌可以在元宇宙中举办虚拟时装秀,让观众仿佛置身于 T 台旁,近距离感受每一件时装设计的精妙之处,同时直接点击心仪款式完成购买。

(二)社交互动与社区建设

元宇宙直播营销还促进了更加丰富和深入的社交互动。观众不再是单纯的观看者,而是能够以虚拟化身的身份参与其中,与其他观众或品牌代表进行实时交流。这种高度互动性不仅加强了品牌与消费者之间的联系,也促进了用户间的社交网络构建,形成了基于共同兴趣和体验的虚拟社区。品牌可以通过组织虚拟活动,如音乐会、讲座、工作坊等,来增强社区凝聚力,促进品牌忠诚度的提升。

(三)虚拟资产与品牌合作

在元宇宙中,非同质化代币(Non-Fungible Token,NFT)和虚拟商品成为新的营销工具。品牌可以发行限量版的 NFT 作为虚拟收藏品或活动门票,这些独一无二的数字资产不仅具有收藏价值,还能作为身份的象征,进一步激发消费者的购买欲望。通过与元宇宙内的其他品牌或 IP 进行跨界合作,共同举办虚拟活动或推出联名商品,品牌能触达更广泛的受众,实现品牌价值的相互加持。

二、AI 技术融合

AI 技术的融合使得直播营销更加智能、个性化和高效。AI 技术通过分析海量数据,能够洞察消费者行为,优化直播内容,提升用户体验,从而实现更精准的营销策略。

拓展阅读 4

(一)智能推荐与个性化体验

AI 技术能够根据用户的浏览记录、购买行为、兴趣偏好等数据,为每位观众提供个性化直播内容推荐。例如,当观众进入直播平台时,AI 算法会自动匹配其可能感兴趣的产品或话题,确保直播内容的呈现与其需求高度吻合。此外,通过深度学习技术模仿真实主播的声音、表情和语调,AI 主播可以 24 小时不间断提供产品介绍,保证直播的连续性和多样性,同时也降低了人力成本。

(二)实时数据分析与策略优化

AI 技术在直播过程中实时收集并分析数据,如观看时长、互动频率、购买转化率等,帮助品牌快速调整直播策略。例如,如果 AI 发现某一时间段观众互动减少,系统可以自动调整直播内容或引入新的互动环节,以保持观众的兴趣和参与度。同时,通过对用户反馈的情绪分析,AI 技术可以帮助品牌更好地理解消费者的情感反应,优化后续营销策略。

(三)自然语言处理与即时翻译

AI 技术的自然语言处理能力使得直播内容可以实现即时翻译,跨越语言障碍,让全球观众都能无障碍参与。这对于国际品牌尤其重要,能够有效扩大直播的覆盖范围,吸引全球消费者。观众可以选择使用自己熟悉的语言收看直播,极大地提升了国际化的传播效果。

三、短片直播结合

短片直播结合是一种融合短视频的快节奏、高传播力与直播的实时互动性的新型营销策略。这种模式充分利用了两种内容形式的优势,为品牌创造了更广泛、更深入的市场渗透。

(一)预热与回顾

在直播开始前,品牌通过发布预告短片在社交媒体上预热,利用短视频平台的算法推荐机制,快速吸引潜在观众的关注。短片内容通常包含直播亮点、嘉宾揭秘、优惠预告等,激发观众的好奇心和期待感。直播结束后,再将直播中的精彩片段剪辑成短视频,发布至各个平台,不仅方便错过直播的观众回顾,也能进一步扩大内容的传播范围,延长营销周期。

(二)内容多样化与矩阵布局

短片直播结合模式鼓励品牌创作多样化的短片内容,如教程、幕后花絮、产品开箱等,与直播内容相辅相成，形成内容矩阵。这种矩阵布局不仅丰富了品牌内容生态，也满足了不同观众的观看偏好，增强了用户黏性。例如，美妆品牌可以在直播前发布产品试用短片，直播中详细介绍使用技巧，直播后分享观众的真实反馈，形成完整的消费引导链路。

(三) KOL 与 UGC 内容共创

在短片直播结合模式下，品牌与关键意见领袖(Key Opinion Leader, KOL)的合作更为紧密。KOL 通过发布与品牌直播相关的短片，利用自身的影响力吸引粉丝参与直播。同时，鼓励用户原创内容(User Generated Content, UGC)，如直播截屏、使用心得分享等，形成口碑传播效应。品牌可以设置特定的话题挑战或竞赛，激励用户创作并分享，进一步扩大品牌影响力，实现病毒式传播。

四、可持续发展与环保主题直播

在当今社会，可持续发展与环保已成为全球共识，这一理念逐渐渗透到各行各业，直播行业也不例外。可持续发展与环保主题直播以其独特的传播优势，正成为连接消费者、企业与环保活动的重要桥梁。

(一) 环保知识普及与教育

环保主题直播通过直观、生动的方式，向公众普及环保知识，提高大众的环保意识。这类直播内容丰富多样，从垃圾分类的基本操作到全球气候变化的科学解析，再到节能减排的生活小窍门，都以轻松有趣的形式呈现。直播嘉宾常邀请环保专家、绿色生活倡导者，甚至一线的环保工作者，他们分享亲身经历和专业知识，使观众在互动中获得启发，进而采取实际行动支持环保。

(二) 绿色产品推广与循环经济

环保主题直播是推广绿色产品和循环经济模式的有效平台。品牌通过直播展示其用环保材料制成的商品、二手商品交易平台的运作机制，或是可持续时尚品牌的设计理念。观众不仅能了解到产品的环保属性，还能直接参与到循环经济的实践中，如在直播中购买二手商品、支持可降解材料制品等，促进资源的循环利用和减少浪费。

(三) 环保公益活动的直播助力

众多公益机构和环保组织开始利用直播平台发起环保项目和公益活动。直播不仅能够实时展现植树造林、河流清理等现场实况，增强活动的透明度和公信力，还能吸引更多人在线参与捐款、志愿者报名等活动，形成线上线下联动的环保力量。通过直播镜头，环保行动的影响力被无限放大，激发更多人的环保热情和社会责任感。

五、社交电商直播的深化

社交电商直播凭借其强大的社交属性和即时交易能力，已成为电商领域的新蓝海。随着技术的不断进步和消费者习惯的变迁，社交电商直播正向着更深层次发展。

(一) 用户社群的精细化运营

社交电商直播不再单纯追求流量的广度，而是更加注重用户社群的深度维护与价值挖掘。通过大数据分析,直播平台能够精准划分用户群体,根据不同的社群特性定制化直播内容和商品推荐,增强用户的归属感和黏性。同时,鼓励用户在社群内分享直播体验、产品评价,形成口碑传播,进一步扩大社交裂变效应。

(二)直播内容的品质化与专业化

随着竞争的加剧,社交电商直播的内容质量成为核心竞争力。平台和主播开始投入更多资源在内容策划、专业培训上,力求直播内容既有趣味性,又具备专业度。例如,美妆类直播邀请皮肤科医生讲解护肤知识,食品直播则强调原产地探访、生产工艺揭秘,这种专业化的内容生产有助于建立消费者信任,提升转化率。

(三)跨界合作与创新营销

社交电商直播不断探索跨界合作的新模式,如与明星、网红、传统品牌甚至其他行业联手,通过直播创造新颖的购物体验。例如,汽车品牌与旅游博主合作,在直播中展示自驾旅行的乐趣,同时推广车辆性能;与时尚设计师合作,直播限量版服饰的制作过程并同步发售,这些创新的营销手段不仅拓宽了销售边界,也增强了直播的娱乐性和观赏性。

六、教育直播的新形态

随着互联网技术的飞速发展,教育直播作为一种新兴的教学模式,正在经历一场深刻的变革,其新形态不断涌现,为传统教育方式带来了革命性突破。

(一)互动式学习体验

教育直播不再局限于单向的知识灌输,而是转向了更具互动性和参与感的教学模式。通过实时聊天、弹幕提问、线上投票等功能,学生可以即时提出疑问,教师则根据学生的反应调整授课节奏和内容,实现了教与学的即时互动。此外,一些平台还引入了虚拟现实(VR)和增强现实(AR)技术,让学生能在虚拟环境中进行实验操作或历史场景重现,极大地提高了学习的沉浸感和趣味性。

(二)微课与个性化学习路径

教育直播的新形态还体现在对内容的模块化处理上,即微课形式的兴起。微课通常时长较短,聚焦于一个知识点或技能点,方便学生按需学习,自由组合课程内容,构建个性化的学习路径。平台通过算法推荐系统,根据学生的学习进度、兴趣偏好和掌握程度,智能推送相关课程,实现因材施教。

(三)社群化学习与资源共享

教育直播平台往往集成了社区功能,形成了学习社群。学生可以在社群中交流学习心得、组队完成项目作业,甚至与世界各地的同好共同进步。教师也能在社群中分享资料、解答共性问题,促进了知识的共享和创新思维的碰撞。这种社群化学习模式打破了地域限制,促进了教育资源的均衡分配。

(四)终身学习与职业培训

教育直播不再仅限于基础教育和高等教育领域,它同样成为终身学习和职业发展的强大推手。许多平台推出针对成人教育的直播课程,涵盖编程、设计、管理、语言学习等多个领域,满足了职场人士提升自我、转行跳槽的需求。这种灵活的学习方式,使得人们可以在工作之余充电提升,紧跟时代步伐。

七、跨平台直播协同

随着直播技术的不断成熟,跨平台直播协同成了教育直播领域的一大趋势,它极大地提升了教学资源的流通效率和覆盖范围。

(一)多终端无缝切换

跨平台直播协同首先体现在多终端的支持上。无论是PC、平板、手机还是智能电视,用户都能无缝接入直播课堂,享受一致的学习体验。这不仅方便了不同场景下的学习需求,也确保了学习的连续性和灵活性。平台间的兼容性优化,使得用户能够在不同设备间自由切换,不间断地接收学习内容。

(二)内容同步与分享

在跨平台直播协同框架下,教育内容能够快速在多个平台之间同步发布和更新,确保所有用户都能及时获取最新课程资源。同时,通过社交媒体等第三方平台的集成,学习者可以轻松将有价值的内容分享给他人,形成知识的二次传播和讨论,拓宽了教育的影响力边界。

(三)协作教学与资源共建

跨平台直播协同促进了教育机构之间的协作教学和资源共享。不同学校、培训机构甚至跨国教育项目可以联合开展直播课程,共享师资力量和课程资源。教师团队能够跨越空间限制,共同备课、授课,实现优质教育资源的最大化利用。同时,跨学科、跨文化的交流,为学生提供了更广阔的学习视角和国际化的学习环境。

(四)数据互通与效果评估

跨平台直播协同意味着数据的统一管理和分析。各个直播平台间的数据互联互通,使得学生的学习轨迹、成绩记录、参与度等关键指标得以整合分析,为教学效果评估和个性化教学策略制定提供了坚实的数据支撑。教育管理者和教师能够基于这些数据洞察学习需求,及时调整教学计划,不断提升教学质量。

本章小结

本章从直播营销的概念和特点出发,分析了直播营销与传统营销的区别。介绍了颜值营销、明星营销、稀有营销、才艺营销、直播问答、个性化定制、利他营销及采访营销等直播营销的方式,最后探讨了直播营销的发展趋势。直播营销作为数字时代下营销策略的革新力量,凭借其即时互动、场景化呈现与深度参与的独特魅力,不仅重塑了品牌与消费者之间的沟通方式,更开创了无限商业潜能与创意表达的新纪元。从多元化的营销类型到创新的策略实践,直播营销跨越传统界限,融合品牌叙事、价值共创、文化共鸣于一体,不仅推动了产品销售与品牌建设的高效融合,还促进了知识分享、娱乐体验与社会价值的广泛传播。展望

直播电商运营

未来,直播营销将持续深耕技术融合、内容精品化、社区生态构建等方向,引领营销领域向着更高层次的个性化、智能化与全球化迈进,为全球市场注入前所未有的活力与可能性。

知识巩固

1. 直播营销的特点包括_____、_____、_____、_____。
2. 直播营销的三要素包括_____、_____、_____。
3. 颜值营销的特点包括_____、_____、_____、_____。
4. 常见的才艺营销方式包括_____、_____、_____、_____、_____、_____、_____。

第五章 直播服务机构

知识框架图

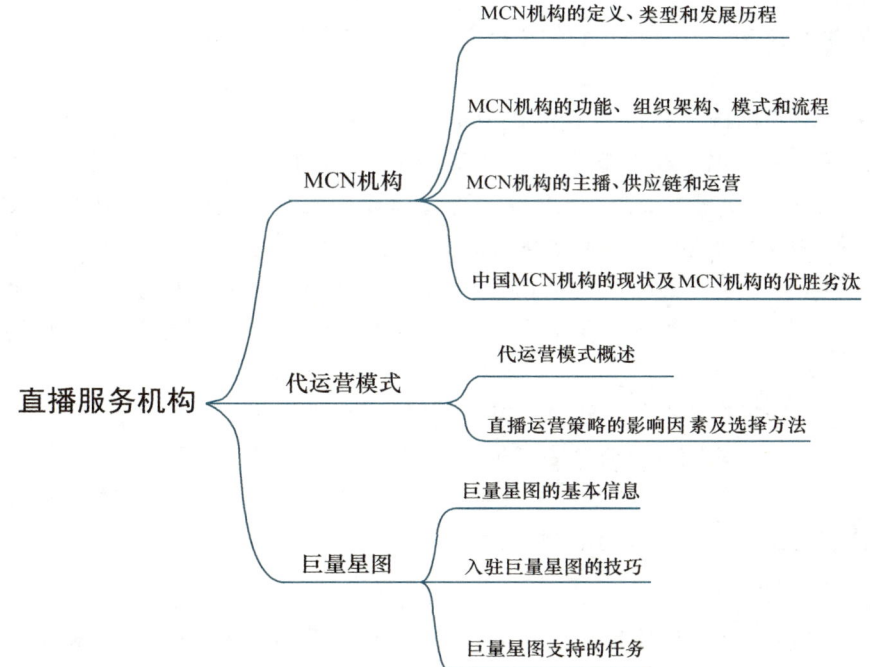

> **学习目标**

1. 了解 MCN 机构的运作模式及岗位需要；
2. 理解选择代运营模式的方法；
3. 掌握巨量星图的变现方式和具体操作流程。

第一节　MCN 机构

作为舶来品的网红孵化中心（Multi-Channel Network，MCN）是从 Youtube 上衍生出来的行业模式，相当于内容创作者和 Youtube 之间的一个中介，近些年得益于内容创业的火热及平台方的大力扶持，其在国内迅速发展壮大。

一、MCN 机构的定义、类型和发展历程

（一）MCN 机构的定义

MCN 机构是融媒体数字时代催生出的新型媒介产物，通过将专业生产内容（Professional Generated Content，PGC）联合起来，在资本的有力支持下保障内容持续输出，从而实现商业稳定变现的机构。简单来说，就是内容创作从个体生产模式向规模化、科学化、系统化的公司制生产模式转型，所有有能力和资源帮助内容生产者的公司都可以被称为 MCN 机构。

国外的 MCN 机构早期以经济模式为主，帮助视频红人变现。我国的 MCN 机构则是在经济模式基础上为视频红人持续生产内容提供更多的帮助与服务，让视频红人专注于内容生产，让内容创作变得更简单，帮助他们进行商业变现。也就是说，我国的 MCN 只需与 PGC 生产者对接，内容生产者专心做内容，MCN 公司负责包装、营销、推广、变现。如今，头部 PGC 生产者自带吸粉属性，已经形成一定的生产模式，有固定的受众群体，自然不需要 MCN 公司的包装。可网络上还有成千上万的"散户"内容生产者，MCN 公司对他们来说，或许就是救命稻草。

MCN 公司提供的价值大致分为两类：信息价值和投资价值。信息价值自不必说，内容生产者、平台、广告主之间永远存在着信息的不对称。大量的 PGC 生产者和广告主，MCN 把这种嗅觉、经验或者公式打包成服务卖给他们，是非常有价值的。这些弥合信息不对称的工作对于快速更迭的内容产业有着重大意义。

（二）MCN 机构的类型

MCN 产业的发展不仅体现在机构数量方面，还体现在机构的专业化和精细化发展方面。目前，MCN 机构可粗略地分为电商型、泛内容型、营销型、知识型，所属账号可以按照依托平台、主营业务、核心竞争优势、内容所在行业、量级规模等进一步分类，如图 5-1 所示。

第五章 直播服务机构

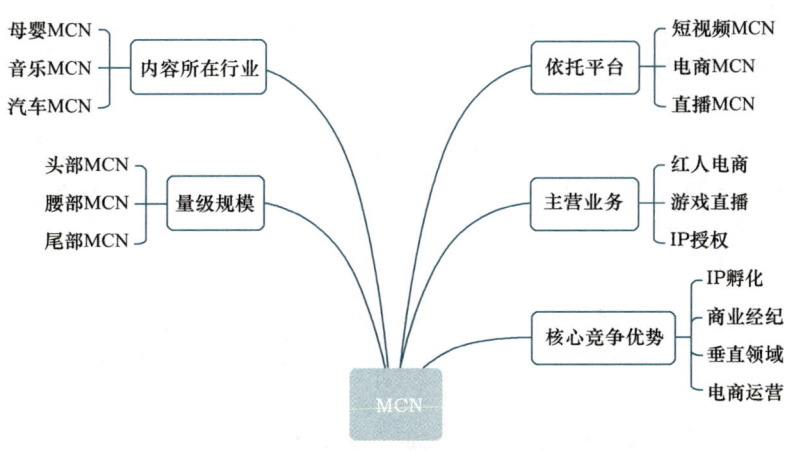

图 5-1　MCN 分类图

1. 依托平台

这类机构是根据账号投放的平台类型进行划分的,包括常见的有短视频 MCN、电商 MCN、直播 MCN 等。业内比较有代表性的企业有杭州美 ONE、热度传媒、薇龙文化。

2. 主营业务

这类机构是根据 MCN 的业务及行业定义划分的,具体包括红人电商、游戏直播、IP 授权等,具有代表性的企业有如涵控股、缇苏。

3. 核心竞争优势

这类机构是根据 MCN 的核心竞争优势划分的,包括 IP 孵化、商业经纪、垂直领域、电商运营等类型,具有代表性的企业有星匠联盟、映天下。

4. 内容所在行业

这类机构是根据内容所属的行业类型进行划分的,包括母婴 MCN、音乐 MCN、汽车 MCN 等类型。此类 MCN 机构比较具有代表性的企业有车影工场、万立科技、军武科技。

5. 量级规模

这类机构是根据 MCN 的商业规模及运营规模综合考量划分的,包括头部 MCN、腰部 MCN 和尾部 MCN,这是业内比较通用的划分标准。比较有代表性的企业包括头部的蜂群文化、大禹网络,腰部的门牙视频、云微星璨、薇龙文化等。

(三)MCN 机构的发展历程

我国 MCN 机构逐渐走上了一条与国外 MCN 机构截然不同的道路。MCN 模式虽进入中国时间不长,但已经经历了五个阶段。

1. 萌芽期

2012—2014 年,短视频行业刚刚起步,MCN 机构致力于各大社交平台(如微信、微博等)生态商业化战略部署。

2. 发展期

2015—2016 年,在资本风口下,短视频 PGC 创业浪潮兴起,出现了从单一账号到多账号矩阵的孵化模式,开始有了电商、付费等多种商业模式尝试。

3. 爆发期

2017—2018 年,各大平台转型并推出"内容补贴"战略,同时吸引了大批包括直播工会在内的红人机构转型 MCN,在短视频行业高速成长、资本、内容创作者及流量平台多方面因素影响下,MCN 行业迎来井喷式增长。

4. 进化期

2019 年,一方面,原有 MCN 机构强化内部效率与核心竞争力,去除流量红利之后的竞争与发展,诞生了大的 MCN 机构;另一方面,依托新平台崛起,新的 MCN 机构不断涌现,为行业增添了活力。

5. 完善期

2020 年至今,MCN 机构飞速发展,产业结构逐渐走向完善。在电商变现中,头部 MCN 机构占比 70.5%,MCN 机构通过整合上下游企业形成商业变现闭环,有效带动了产业发展。

二、MCN 机构的功能、组织架构、模式和流程

(一)MCN 机构的主要功能

专业的 MCN 机构有一整套的运作程序,包括主播的筛选、孵化,内容的开发,自我内容平台技术性支持、持续性的创意,消费者的管理,平台资源对接,活动经营,商业化变现与合作,子 IP 的开发等环节。具体来说,MCN 机构的主要功能有帮助主播持续输出内容、为主播提供平台资源、多平台分发、帮助主播进行变现。

案例 5-1

抖音 MCN 机构任务包扶持

抖音每个月为 MCN 机构提供任务包,主播只需要按任务包的要求完成任务,即可获得相应的扶持资源。而这些扶持资源一般都是针对 MCN 机构的扶持政策。MCN 机构督促签约达人进行内容创作,继而提升整个 MCN 机构在平台的影响力,获得更多的资源。内容平台分类如图 5-2 所示。

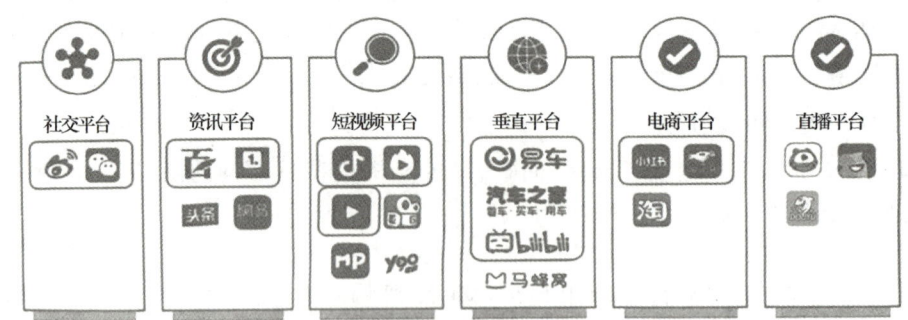

图 5-2 内容平台分类

(二)MCN 机构的组织架构

MCN 机构虽然是一个新概念,但本质上仍是一个互联网媒体公司,因此一家 MCN 机构要想经营得好,就必须具备正规的公司组织架构。一般来说,MCN 机构由股东会、董事会决定公司的运营方向,总经理及统辖的部门负责机构运营。MCN 机构

的具体组织架构如下:

1. 内容部

内容部是 MCN 机构的核心部门,需要经常分析研究各大平台热门的视频作品,紧跟流量热点。其主要负责 MCN 机构短视频、直播内容创意的设计开发,根据项目需求收集、筛选创意方向和题材。部分内容部还负责编剧,人物、情节设计及内容的实际拍摄、制作、后期、包装等。

2. 推广部

推广部主要对宣传策划、信息收集、活动执行进行统一管理,负责机构业务推广计划的制订与实施,与其他平台进行资源互换,完成推广活动策划、执行方案的撰写和顺利达成等。推广部的工作内容还有推广发行、流量分发、内容定制、电商转化等商业变现所需要的各类资源、渠道的发掘、与广告主进行商务洽谈与合作等。

3. 运营部

运营部负责机构整体运营、规划、营销、推广、分析、监控等工作,对各项运营指标进行分析和总结,制订合理的运营目标及计划。运营部需要提出机构运营的共同目标,并制订实现目标的具体方案,包括互动内容运营、跨媒体运营、数据运营等,负责各大平台的内容运用及线上、线下活动,如果有直播活动,还需要对短视频内容运营的效果进行分析及反馈优化。

4. 主播管理部

主播管理部主要负责艺人、主播、网红的发掘、招募及培训、营销包装、市场定位等,打造知名主播;必要时需要协助内容部选配艺人进行演艺、主持等工作。

除以上四个 MCN 机构的专业组织部门以外,MCN 机构还应设置一般公司组织比较常见和通用的部门,如技术部、人力资源部、行政部、财务部等负责公司内部的正常组织运营。

(三) MCN 机构的主要模式

MCN 机构的主要模式有内容生产、运营、营销、电商、经纪、知识付费、IP 授权及周边产品开发等。当然,有的 MCN 机构是多种模式并用的。

1. 内容生产模式

这种模式是以内容生产为主,逐步实现工业化、规模化和 IP 化的。采用内容生产模式的 MCN 机构基本上形成了相对成熟的内容 IP,如杭州二更网络科技有限公司的"二更"系列、云南爆笑江湖文化传播有限公司的"陈翔六点半"等。

2. 运营模式

运营模式包括内容运营、平台运营和账号运营等。内容运营包括内容策划、选题把控、内容传播;平台运营包括规划研究和内容分发;账号运营包括账号定位、粉丝管理、矩阵规划。采用运营模式的 MCN 机构有大禹网络、蜂群文化、洋葱视频、末那传媒等。

3. 营销模式

营销模式的核心是高效转化,即在建立系统全面的 KOL 资料库的基础上,综合多维度分析 KOL 并为广告主推荐最佳的整合营销方案;在与博主充分沟通的基础上确认 KOL 名单,通过大批量的账号形成巨大的流量池,多渠道触达潜在消费群体。采用营销模式的 MCN 机构的有橘子娱乐、蜂群文化、青藤文化等。

4. 电商模式

电商模式高度重视与粉丝的互动,通过"内容生产 + 电商"的方式实现高效率的销售转化。电商模式重点在于在塑造强大的个人 IP 或内容 IP 的基础上,找到与网红 IP 或内容 IP 调性符合的物品与粉丝,进而实现商品和消费者需求的有效匹配。

5. 经纪模式

在经纪模式下,MCN 机构常签约大批独家账户,采取"内容生产＋KOL 传播"的方式实现组合式营销,发挥自身的资源优势帮助独家账号更好地实现商业化,以实现互利共赢。采用这种模式的 MCN 机构有无忧传媒、贝壳视频等。

6. 知识付费模式

知识付费模式是从广泛的消费者中通过各种方式筛选出高价值消费者并将其沉淀为粉丝,通过提供较好的消费者体验、满足消费者需求的内容来实现知识付费,更好地实现价值变现。价值变现方式主要有图书出版、付费课程、内容电商、影视节目开发等。采用知识付费模式的 MCN 机构的代表主要日日煮、米未传媒等。

7. IP 授权及周边产品开发模式

该模式先通过高质量的内容生产打造高质量的 IP,再通过 IP 授权、周边产品开发等实现商业价值的变现。该模式的 MCN 机构的代表主要有十二栋文化、震惊文化等。

(四)MCN 机构的运作流程

MCN 机构的运作流程包括红人签约、孵化,批量账号管理,选题、制作内容,多平台内容分发,经营,平台资源对接,多元商业变现,如图 5-3 所示。

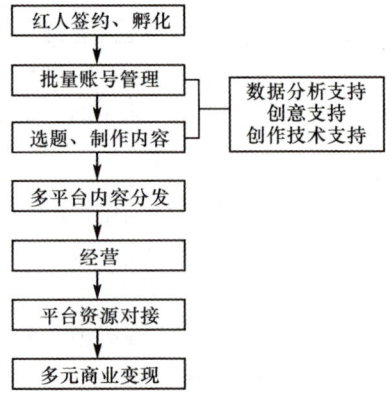

图 5-3 MCN 机构的运作流程图

三、MCN 机构的主播、供应链和运营

(一)MCN 机构主播

从直播带货的人、货、场三个要素来说,人是基础,也是构成直播行为的直接对象。这里我们可以把人看作 MCN 机构培养或签约的主播,也就是所谓 KOL。

从不同的 MCN 机构对比来看,掌握人气头部 KOL 的 MCN 机构具备更强的竞争力。MCN 机构能先发掘和打造网红的个人魅力,塑造对应的垂直圈层,构成带货主播独特的品牌力,再根据网红品牌和商品属性制订营销方案,实现商品与网红的精准匹配,并根据平台属性进行分发,将有价值的内容高效传递至消费者,最终实现流量变现。这个过程非常考验 MCN 机构对网红孵化与运营的能力。

第五章 直播服务机构

(二) MCN 机构供应链

电商直播领域的核心在于供应链,掌握了供应链,就抓住了电商直播的命脉。什么是供应链?简单来说,供应链就是一个包括信息流、资金流、物流的由产到销的一整套供应流程。电商供应链就是在电商直播这种交易形式下产生的一个由产到销的商业生态过程。也就是说,电商直播的三大核心要素是人、货、场,那么这里的供应链对应的环节也就是"货"。

在直播带货的过程中,除了主播自身的特色、流量的玩法之外,商品的质量也是非常重要的一环。特别是对电商型 MCN 机构,竞争的核心就在于商品的货源、价格和物流。头部主播 MCN 机构为打造"全网最低价"的价格优惠,通常直接触及供应链上游,缩减中间各个供应环节的流通成本,以获得最低的价格。这种整合供应链的 MCN 机构的增长空间比纯带货式的更大。

MCN 机构能通过向上整合供应链有效提高业务的毛利润率,依托流量运营能力有效降低营销成本,进一步依靠低单价持续获得消费者。MCN 机构能通过聚合供应链资源做到高频率直播带货背景下的货源稳定和价格优势。

(三) MCN 机构的运营

直播运营对于一个完善成熟的 MCN 机构或一场好的直播来说是不可缺少的。那么直播运营的职责有哪些呢?

1. 规划正常直播的内容

不仅要确定直播的主题(是日常直播还是官方活动直播),根据主题去匹配货品和找到利益点,还要规划好开播的时间段、流量及其来源、直播的玩法等。

2. 做好团队协调工作

团队协调包括外部协调和内部协调。外部协调包括协调封面图的拍摄、设计制图、产品抽样、奖品发放、仓库部门等;内部协调包括协调直播人员的关系、情绪、直播时间及直播期间出现的问题等。

3. 复盘

复盘是在工作执行完成以后,根据部门人员配合的表现再加上消费者数据上的反馈,针对前期制订的方案和目标进行数据分析,给出一个合理的总结和建议。

四、中国 MCN 机构的现状及 MCN 机构的优胜劣汰

(一) 中国 MCN 机构的现状

1. MCN 机构的数量增加,规模快速扩张,融资能力强

(1) MCN 机构的数量呈现爆发式增长。克劳锐公司《2025 中国内容机构(MCN)行业发展研究白皮书》的统计资料显示,2015 年中国的 MCN 机构有 160 家,2018 年机构数量已经超过 5 000 家,2019 年至 2021 年增速缓慢,2022 年中国的 MCN 机构数量超过 24 000 家。截至 2024 年,相关注册公司数量已超过 26 200 家。到 2025 年 5 月,我国 MCN 机构数量达到 29 000 家。

(2) 艾媒咨询的《2022—2023 年中国 MCN 行业发展报告》显示,近年来中国 MCN 市场

规模迅速扩大,2022年市场规模达432亿元,预计2025年达743亿元。艾媒咨询分析师认为,以直播电商、短视频为代表的新兴网红经济的崛起,使MCN机构的服务需求持续增长。

(3)我国MCN机构产业链条相对完善、变现方式丰富。我国的MCN机构整体市场规模已达百亿元级,近年来中国MCN市场呈爆发式增长,随着中国MCN市场的高速发展,吸引了一大批投资者的青睐。

2. 平台大力扶持MCN机构

微博、微信、抖音、快手、百家号、头条号、淘宝、小红书、汽车之家、哔哩哔哩等互联网平台都高度重视MCN机构,从资本、资源、流量、政策等方面进行全方位、多维度的扶持。当然,不同的互联网平台具有各自的优势,不同类型的MCN机构也根据自身的特点选择适合自己的互联网平台进行合作。

(1)微博、微信等社交平台。微博、微信等社交平台发展较早,具有较强的媒体属性,网红和内容创业者数量多、基础好。

(2)抖音、快手、哔哩哔哩等短视频平台。抖音的商业变现能力极强,快手的生态系统较扎实,哔哩哔哩一直保持着稳步扩张的态势。

(二)MCN机构的优胜劣汰

拓展阅读5

中国的MCN机构在整体市场规模、机构数量、运作模式等方面都走在世界前列。MCN机构在发展中也遇到了很多问题和挑战,如内容创意不足、优质内容生产者稀缺、账号管理不规范、新造血能力不足等,而MCN机构的优胜劣汰就是为了解决上述难题。

第二节 代运营模式

许多品牌商发现了直播带货的转化能力,纷纷转战电商直播领域,电商直播平台的开播数量持续攀升,品牌商家的直播活跃度高、直播热情高、直播频次多,甚至很多品牌负责人亲自来到直播间做主播,带领团队尝试新的销售方式。

"网红经济"的变现实力随着电商直播的发展呈爆发式提升。网红直播兼具品牌宣传和带货双重功能,因此有些品牌方会选择代运营的方式来开启直播销售。综合来看,品牌方直播运营一般有自运营和代运营两种模式,品牌方应根据自身情况选择合适的模式开启电商直播运营。

一、代运营模式概述

电商代运营是指第三方服务群体为品牌电商提供线上店铺全部或部分代运营服务,包括咨询服务、店铺运营、商品管理、消费者管理、营销推广、仓储物流、IT(互联网技术)服务等。

(一)全流程代运营模式

全流程代运营模式服务商能帮助品牌方管理线上的店铺及直播的所有环节,并提供电商直播的全流程服务。店铺的营销推广费用由品牌方承担，全流程代运营服务商主要承担线上店铺管理的人力成本，并以"基础服务费 ＋ 销售分成"的形式获得收益。

（二）代播模式

有些品牌方已有成熟的电商运营经验，熟悉电商运营全流程，熟悉电商平台规则，有自己的供应链体系和仓储物流体系。品牌方在选择直播电商作为企业的新发展方向时，对直播这种新模式不太了解，难以快速实现直播变现，因此会选择与MCN机构或有直播业务的代运营机构合作，或者直接与头部主播合作，帮助企业快速进入直播领域。

（三）内容服务模式

在内容服务模式下，代运营服务商为商家直播的某一环节提供服务，收取相应的服务费。这种情况下的合作内容灵活多变。例如，代运营服务商针对商家某项产品或活动提供营销策划方案并帮助实施；帮助品牌方培养商家自己的主播，收取相应的培训费；与商家共同孵化品牌，共同完成后续的直播商业变现，实现深度合作。

二、直播运营策略的影响因素及选择方法

商家做直播电商之前，确定好直播运营策略是非常重要的。商家可以通过品牌及产品属性锁定目标人群，通过目标人群的喜好、年龄特征、实际需求等方面确定直播内容、主播人选、直播平台及平台运营策略，这些都需要体现在商家前期的直播运营方案中。直播运营策略的选择受到多个因素的影响，包括目标受众、直播平台选择、直播内容、推广计划以及不断优化和改进。

（一）目标受众

明确直播营销的目标受众是至关重要的。通过市场调研和数据分析，了解目标受众的兴趣、需求和消费习惯，有助于选择适合的直播营销策略。

（二）直播平台选择

选择合适的直播平台对于提高直播效果至关重要。不同的直播平台拥有各自的受众群体和特点，因此需要根据产品和目标受众选择最适合的直播平台。

（三）直播内容

创意和有趣的内容能够吸引更多观众，并在他们之间产生口碑传播效应。直播内容可以考虑演示产品使用方法、分享行业知识或经验、与消费者进行互动等。

（四）推广计划

直播营销不仅是直播本身，还需要考虑如何在直播前、中、后进行有效的推广。可以通过社交媒体宣传、预告、抽奖、举行优惠活动等方式吸引观众，并在直播后通过回顾视频、剪辑片段等形式扩大影响力。

（五）不断优化和改进

直播营销是一个动态过程，需要不断地监测和分析数据，了解观众的反馈和喜好，从而优化和改进直播策略。

此外,直播平台的运营策略也涉及内容丰富多样、用户互动体验、明确目标用户群体、营销推广渠道多样化以及技术创新与用户体验等方面。例如,提供多样化的内容以满足用户的不同需求,提供多种互动功能以增强用户之间的互动,以及通过多样化的营销推广渠道来吸引更多的用户。综上所述,选择适合的直播运营策略需要综合考虑多个因素,包括目标受众、直播平台、直播内容、推广计划以及持续的数据分析和优化。通过这些策略的合理运用,可以实现直播营销的最佳效果。

第三节 巨量星图

巨量星图是所有抖音达人、MCN 机构,以及品牌方和代理商等进行广告投放或者合作的平台,是目前抖音电商变现的主要途径之一。巨量星图为达人和品牌方提供了一个内容交易的平台,品牌方可以通过发布任务达到营销目的,达人可以通过接受任务成功实现变现。

一、巨量星图的基本信息

(一)巨量星图的定义

巨量星图是巨量引擎推出的基于创作人生态的一个营销平台,通过触达今日头条、抖音、西瓜视频多端海量的创作者,为品牌方提供高价值的内容服务,很多 KOL 都会通过巨量星图进行变现。它为品牌方和达人提供了一个沟通与合作的渠道,品牌方可以在平台上发布任务或寻找指定的达人进行合作,达人可以在平台上参与巨量星图任务或承接品牌方的任务。

(二)巨量星图的主要作用

巨量星图不仅为品牌方提供了精准寻找合作达人的途径,也为达人提供了稳定变现的渠道,还为抖音、今日头条、西瓜视频等传播平台提供了富有新意的广告内容,在品牌方、达人和各个传播平台之间发挥了一定的渠道作用。

1. 品牌方

巨量星图平台中的系列榜单可以帮助品牌方更快地找到符合营销目标的达人。此外,巨量星图提供的组件功能、数据分析、审核制度和交易保障等模块在帮助品牌方降低营销成本的同时,也能获得了更好的营销效果。

2. 达人

达人可以在巨量星图中获得更多的优质商单,从而获得更多变现的收益。此外,达人还可以签约 MCN 机构,获得专业化的管理和规划服务。

3. 传播平台

对于抖音、今日头条、西瓜视频等各大传播平台来说,巨量星图可以提升平台的商业价值,规范和优化广告内容,避免低质量的广告影响消费者的观感和降低消费者的黏性。

二、入驻巨量星图的技巧

(一)个人账号:支持多个平台

巨量星图支持抖音、今日头条、西瓜视频、抖音火山版四个平台的达人入驻。对于不同平台的达人,巨量星图有不同的入驻要求,可以申请开通的任务也不同。

(二)企业达人:通过电脑登录入驻

抖音企业达人同样可以入驻巨量星图平台,不过必须通过电脑登录巨量星图官网进行入驻。企业达人想要入驻巨量星图平台,只需满足以下任意一个要求。

(1)企业抖音账号粉丝数为 1 000 以上且已开通直播购物车权限。

(2)企业抖音账号粉丝数为 10 000 以上。

(三)明星账号:同样获得收益

明星账号可以通过入驻巨量星图平台承接任务来获得收益。明星账号入驻和开通任务的要求与企业达人是一致的,不过入驻流程略有差别。符合要求的明星账号只需在巨量星图官网中单击"达人/创作者"按钮,登录后进入 PGC 入驻页面,填写基本信息和对公收款信息,完成相应认证,即可成功入驻。

三、巨量星图支持的任务

(一)关于抖音平台的任务

1.抖音传播任务

抖音传播任务是达人自行设置报价,品牌方根据需求和预算选择达人进行合作的一对一任务模式。在合作过程中,达人要凭借内容的创意性和自身的影响力帮助品牌方达到宣传产品的效果。

2.抖音短视频投稿任务

抖音短视频投稿任务是一种一对多的任务模式,参与任务的方式不再是由品牌方挑选达人进行合作,而是达人挑选任务进行投稿。达人经过查看任务、接受任务和投稿参与任务,最终获得一定的收益。抖音小程序推广任务其实也是抖音短视频投稿任务的一种,但是它有专属的任务平台,需要在特定界面中发布视频完成相应任务。

3.抖音直播任务

抖音直播任务是由品牌方挑选合适的达人并填写相应的任务要求,达人承接任务后根据要求进行直播并上传直播视频供品牌方查验。

4.抖音直播投稿任务

抖音直播投稿任务是由品牌方发布直播任务,达人根据要求进行直播,在任务结算时根据达人的直播表现选取获奖作品并发放奖励。达人直播的转化率和销售量越高,得到的收益就越多。

(二)关于今日头条平台的任务

今日头条平台一共有四种独家任务供达人挑选,分别是微头条任务、头条问答任务、头条撰稿或直发任务以及头条投稿任务。微头条任务、头条问答任务以及头条撰稿或直发任务是一对一的任务模式,品牌方挑选达人下单,达人根据要求撰写相应图文即可,在结算时会根据达人的报价金额发放收益;头条投稿任务是一对多的任务模式,品牌方发布投稿任务后,只有获奖达人才能得到任务奖励。

(三)关于西瓜视频平台的任务

西瓜视频平台一共有两种独家任务,分别为西瓜视频传播任务和西瓜视频投稿任务。西瓜视频传播任务与抖音传播任务模式相似,西瓜视频投稿任务与抖音短视频投稿任务模式相似,但视频发布平台、视频时长、结算方式等细节都有所不同,达人要注意区分。

本章小结

本章介绍了要了解直播服务机构,就要先了解MCN机构,熟悉代运营模式以及什么是巨量星图。在MCN板块中,要先了解它的定义、类型和发展历程、功能、组织架构、模式和流程,主播、供应链和运营,现状及未来发展趋势;在代运营模式板块中,要了解全流程代运营模式、代播模式、内容服务模式;在巨量星图板块中,要掌握巨量星图的基本信息、入驻的技巧以及巨量星图支持的任务。

知识巩固

1. MCN机构的组织架构主要包括四部分:_____、_____、_____、_____。
2. MCN机构的主要模式有_____、_____、_____、_____、_____、_____。
3. 从合作模式来看,电商代运营模式主要分为三种:_____、_____、_____。
4. 巨量星图平台支持_____、_____、_____身份入驻。
5. 抖音达人入驻巨量星图平台只需要满足以下任意一个要求即可:_____、_____。

第六章

主播招募与培养

知识框架图

```
                                          ┌─ 主播的角色与价值
                        ┌─ 主播招募与选拔标准 ─┼─ 主播招募流程
                        │                  └─ 主播选拔标准
                        │
                        │                  ┌─ 粉丝互动技巧
                        │                  ├─ 语言组织技巧
                        ├─ 主播销售技巧 ────┼─ 商品展示技巧
主播招募与培养 ──────────┤                  ├─ 商品讲解技巧
                        │                  └─ 直播销售技巧
                        │
                        │                        ┌─ 直播团队角色分工及职责
                        ├─ 直播团队管理与激励机制 ─┼─ 主播团队选人标准
                        │                        └─ 明确责任和奖惩机制
                        │
                        └─ 主播IP打造与粉丝运营策略 ┬─ 主播IP打造
                                                  └─ 粉丝运营策略
```

学习目标

1. 了解主播的选拔标准；
2. 了解主播的销售技巧；
3. 了解直播团队分工和职责。

第一节 主播招募与选拔标准

在当今数字化时代，电商直播已成为连接商家与消费者的重要桥梁。主播，作为这一过程中的核心人物，不仅代表了品牌的形象，也直接影响了消费者的购买决策。因此，主播的招募与选拔是电商直播成功的关键环节。本节将详细探讨主播招募的过程以及选拔的标准，为构建高效的直播团队奠定坚实的基础。

一、主播的角色与价值

主播不仅是产品推销员，他们还是品牌故事的讲述者、消费者情感的连接者。主播通过个性化的表现力、专业知识和互动能力，与观众建立起信任关系，从而促进销售转化。优秀的主播能够创造独特的直播风格，吸引并保留忠实的粉丝群体，这将为品牌带来长期的商业价值。

二、主播招募流程

（一）需求分析

首先明确直播的目标市场、产品类型和目标受众，确定所需主播的风格和特点。

（二）发布招募信息

通过官方渠道、社交媒体、直播平台以及专业的主播招募网站发布招募启事，吸引潜在候选人。

（三）简历筛选

初步筛选简历，关注候选人的直播经验、粉丝基础、个人品牌以及与品牌价值观的契合度。

（四）面试与试播

邀请候选人进行面试，评估其沟通能力、镜头感以及专业知识。安排试播，观察其现场应变能力和与观众的互动效果。

（五）综合评估

结合面试和试播的表现，以及候选人的背景调查，做出最终的选拔决定。

(六)合同签订与培训

与选定的主播签订合同,明确双方的权利和义务,并提供必要的培训,确保主播能够迅速适应团队和品牌文化。

三、主播选拔标准

主播的选拔标准应当全面而细致,覆盖个人特质、专业技能和职业态度等多个维度。

(一)个人特质

1. 镜头感

自然、自信地面对镜头,表达具有感染力。

2. 亲和力

能够与观众建立良好的互动,营造轻松愉快的直播氛围。

3. 应变能力

出现突发状况时仍能保持直播流程的顺畅。

4. 创造力

能够设计吸引人的直播内容和活动。

(二)专业技能

1. 产品知识

熟悉产品特性,能够清晰、准确地传达产品信息。

2. 沟通技巧

语言表达流畅,善于倾听并回应观众的需求。

3. 技术熟练度

掌握直播设备的使用方法,了解直播软件的操作。

4. 数据分析

能够解读直播数据,并能将直播数据应用于优化直播策略。

(三)职业态度

1. 敬业精神

对待直播工作认真负责,有持续学习和进步的态度。

2. 团队合作

与团队成员良好协作,尊重他人意见,共同解决问题。

3. 品牌忠诚

维护品牌形象,遵守职业道德,不泄露商业机密。

4. 法律意识

了解并遵守相关法律法规,尤其是关于广告宣传的规定。

案例 6-1

淘宝《中国新主播》

淘宝直播举办了2023年《中国新主播》大赛,为人们提供突破自我、点燃希望的新机遇,打造直播行业新星,开启直播新时代。

1. 活动对象

(1) 年满18周岁,男女不限。

(2) 拥有可正常登录的淘宝直播达人账号且符合《淘宝直播营销准入基础规则》。

(3) 首次开播时间在2022年9月1日后的达人主播,或主播报名当天已连续90天未开播(达人主播:指注册的直播号为达人身份,以阿里创作平台显示身份为准)。

2. 赛制流程

(1) 海选赛入围

5月19日—5月21日,选手需在点淘&逛逛上各发布一条及以上短视频,短视频主题为"独一无二的我"。短视频会作为重要的考核维度决定选手是否可以入围海选,最终将选出1 000位参赛选手进入海选赛段。

(2) 1 000进100海选赛段

5月21日至5月30日,海选整体为期10天,分为线上打榜(40人)+直播选拔(60人),两条赛道同时进行(两次机会),共产生100个晋级名额。

①线上打榜(40人):1 000位选手开通淘宝打榜通道,用户为喜爱的选手加星助力,有四种方式,分别为关注主播、直播观看签到、观看主播直播、为主播直播评论,四大榜单星星叠加成为新星榜。从5月21日8:00开启截止到5月30日20:00,排名前40的主播,进入排位赛。

②直播选拔(60人):10场直播海选赛,每位选手有30秒的自我展示时间,若三位评委全部点亮星星,评委进入和选手的交流时间,评委决定是否使用一票晋级权;若有评委未点亮星星,则视为淘汰。每场100人争夺6个晋级名额,10场海选直播赛后,将有60人进入排位赛。

(3) 100人历练排位赛段

①6月5日—6月21日进行涨粉、签到、观看、带货、互动五大分榜单周期滚动式排位,五个分榜单揭榜后的TOP1主播获得下一阶段绿通卡(5人)。最后五大分榜单中进行个人星星数累加,汇成星星总榜,TOP1主播获得下一阶段绿通卡(1人)。

②94人(6人绿通)直播间按照轮次1v1连线PK,进行即兴种草推荐商品,PK决出47名晋级主播。所有PK结束后,三位评委共同商议,捞回2名选手,本阶段共晋级55名选手。

(4) 55进10晋级赛段

本阶段共分为四场晋级赛,分别为55进30、30进20、20进15、15进10,每场晋级赛由真人秀+公演组成。通过真人秀考核,选手可获得星星加成并累积进入星星总榜单;公演分为两大通道,现场评委通道+线上星星榜单通道,共同产生最终晋级名额。

(5)巅峰之夜总决赛赛段

第一轮排位:两两PK,选出前5名;第二轮排位:5名主播+5位助演表演,根据最终总星星值决出前3强。总星星值＝历史星星数＋评委打星数＋观众打星数＋品牌媒体打星数。

这个案例展示了真实的电商主播选拔流程。通过这样的选拔机制,淘宝直播能够发现并培养出具有潜力的主播人才,同时也能提升平台的整体影响力和销售额。

第二节 主播销售技巧

相较于线下销售,线上直播间的消费者并不能直观地观察和触摸到实体商品,不能准确评估商品的外观、效用、价格和质量等因素,这时主播的讲解就显得尤为重要,这也是为什么有些主播的粉丝量、成交量很大,而有些却门可罗雀、无人问津。在整个直播带货的过程中,主播的个人魅力不可忽视,但更重要的在于主播所掌握的销售技巧,包括粉丝互动技巧、语言组织技巧、商品展示技巧、商品讲解技巧和直播销售技巧。

一、粉丝互动技巧

直播间互动对于调动粉丝的活跃度非常重要。互动不足,一味地推介商品会显得内容乏味,趣味性不足,让粉丝感到烦闷。互动过多,将导致直播节奏拖沓,粉丝会觉得浪费时间,不愿在直播间长时间停留。可以说,准确把握直播间互动时间、互动内容,对于主播而言是项巨大的挑战,直接关乎粉丝在直播间的参与度。

(一)关注优质粉丝的问题

直播间体量小时,主播可以针对每个粉丝提出的问题进行解答,这样有利于新粉转化,但是当直播间在线人数上升到一定程度时,如1 000人甚至是上万人,主播想要做到面面俱到就会力不从心,此时在互动时应有所侧重,关注优质粉丝的问题,如直播间部分活跃度高的粉丝或者钻石粉、挚爱粉,增强彼此之间的互动,增加对话,提高粉丝的存在感。

(二)善于抛话题

随着直播时间的增长,如何避免直播间出现冷场,保持活跃度就显得十分重要。这要求主播要时刻关注社会热点话题以及注重日常积累专业知识,善于抛话题、造热点或挖掘粉丝痛点,与粉丝间产生对话、共鸣,活跃直播间的气氛,营造幽默和谐的氛围,从而增进与粉丝之间的情感交流。

(三)引导分享

对于主播而言,提高直播间粉丝的成交量非常重要。但显而易见的是,粉丝群体足够大才能在一定程度上提升成交量。所以,增加自身粉丝量、提高个人知名度、提升主播品牌价值就显得十分重要。主播除了要引导进入直播间的粉丝转化外,还需充分利用个人魅力或使用抛出福利等方法引导粉丝分享直播间链接给好友,以引导新粉进入直播间,从而积累直播间的人气及热度。例如,"喜欢的朋友,请多多分享直播间""今晚直播间会抽一波大奖,大家多多分享"等。

二、语言组织技巧

(一)语感处理

在与粉丝沟通时,主播要明确自身位置,粉丝与主播之间是平等关系,不要凭借对商品知识的熟知,就把自己放在高高在上的位置,使用命令或者说教的语气跟粉丝进行沟通,此时粉丝往往会反感,因为在付出金钱的同时,保障自身购物愉悦并能从中获得满足感往往也是消费者在乎的东西。因此,主播在跟粉丝互动时,要像和朋友交流一样,语气尽量要柔和,该停顿的地方要停下来,给粉丝留出充分思考的时间。

此外,主播不要一味地使用语言描述,在必要时可以配合使用一些面部表情或肢体语言,特别是提到粉丝关注点时,如价格、优惠、赠品等,自身语调要有起伏变化,注意使用重音强调或者采用话语重复的方法,能让新进入直播间的粉丝随时参与到互动中。

(二)话术组织

话术,简而言之就是说话的艺术,看似简单,却包含着做人做事的技巧。一般可分为两种:感性话术和理性话术。

感性话术侧重于情感交流、生活感知等,如介绍商品时主打感情牌,多讲个人故事或商品故事,能以亲身体验进行讲解为佳。理性话术则侧重于商品功能阐述、数据罗列、数据分析等,如介绍眼霜时,可罗列产品成分,说明可从根源改善细纹、皱纹浮肿、黑眼圈、干燥及肤色不均等问题,全天候呵护与修护,年轻明眸等。直播中主播可以根据不同的商品类别选择合适的话术风格。

三、商品展示技巧

随着直播间商品类型的增多,小到百货、食品、化妆品,大到电器、汽车等,几乎生活中的每一样东西都可以成为直播间上架的商品。因此,针对不同的商品类别,主播在展示技巧上也应有所不同。

(一)彩妆、珠宝及食品、百货类

彩妆、珠宝及食品、百货类商品一般体积小重量轻,宜直观展示。主播展示此类商品时直播一般采用坐式,保证自身和商品均能出现在镜头中。核心要点之一是商品要离镜头近,确保直播间的粉丝能真真正正地看到商品是什么样子的,如商品的大小、形状、颜色和体积等。除此之外,直播讲解也要注重过程的分享,注重试用或试吃环节,必要时可以做些小测试或者小实验辅助验证,然后说出最真实的感受,也可以用夸张的语言或者手法,以达到最大化的呈现效果。

(二)穿搭类

穿搭类商品一般看重整体效果,讲解此类商品的主播宜采取站立式直播,以全身状态出镜,让粉丝看到商品的上身效果,从而评估该商品是否适合自己。在此期间,主播要提前充分考虑自身所站的位置,避免直播时被贴片内容所遮挡,导致粉丝不能全面、直观地看到服装细节。另外,站立式直播一般离收音设备较远,应随身佩戴声麦,提前做好调试,确保主播的声音清晰。

除以上细节外,主播在讲解商品时,应注意360°展示,特别关注服装细节,全方位展示其做工、花纹、内里和面料等,同时保持解说与展示同步。

(三)大件商品

对于空调、冰箱、车辆等大件商品而言,在直播间直观展示显然有一定的难度,此时主播可选择以多机位直播、连麦视频、工厂探访等方式,向直播间粉丝传递有用信息。当然,仅依靠线上展示讲解大件商品并配合优惠促使消费者下单还存在一定的难度,原因在于大件商品的品牌效应很明显。大件商品因为价值高,消费者购买较为谨慎,附加品牌价值更易得到消费者的认可。因此,主播在选品时应首要考虑品牌知名度,再配合直播间的优惠力度,才能打造爆款商品。

四、商品讲解技巧

与线下实体店不同,线上直播所面对的客户不存在地理的限制。因此面对大量需求未知的客户,主播介绍一款商品的时间切记不宜过长,最好保持在 5～10 min,时间过长容易导致无意向的粉丝离开直播间,所以如何在最短的时间内充分地介绍商品,就需要主播对商品有足够清晰的了解。清晰、有条理的讲解不仅可以保障主播在有限的时间内展示多种商品,还可以向粉丝展现出专业度,提升粉丝的信赖感。

(一)经济实惠型商品

对于经济实惠型商品,一般需求量较大,主播讲解时可适当加快语速,罗列亮点,保持情绪激昂,带动抢购的紧张气氛。

(二)单品热销型商品

对于单品热销型商品,消费群体特定,主播讲解时应尽量突出商品亮点,进行清晰、有逻辑的阐述,表达应起承转合,有画面感,凸显专业感。

五、直播销售技巧

(一)放大商品优势

货比三家,主播在对自己的商品有深入了解的前提下,可以通过对比同品类不同品牌的商品,凸显自身商品优势,如独特的外观设计、强大的功能、过硬的质量保证等。通过配合各种直播间限时优惠活动,如优惠券、秒杀和赠品等,减少粉丝犹豫选择的时间,从而刺激粉丝下单购买。

(二)趣味实验演示

除了真人演示外,主播还可以通过趣味实验从侧面展示商品的核心卖点和属性,提升粉丝对商品的信心。例如,主播在展示蜜粉的定妆效果时,用水搅拌过滤后,依然可以保持干燥粉状,说明该蜜粉的隔水性好,解决了粉丝对于蜜粉易被汗水冲掉的担忧。趣味实验不仅可以间接地证明商品效用,还可以让直播变得有趣、活跃。粉丝停留在直播间的时间越长,就越有可能产生消费。

(三)善于沟通交流

善于沟通交流的技能,线上直播带货和线下零售都适用。主播善于表达,精于表达,会讲故事,会做类比,会讲场景,可以让讲解变得更加具有感染力,粉丝才不会有一种被推销感。值得注意的是,主播与粉丝间进行沟通交流时要保持主线,不能偏离商品的核心卖点,这样才能保证交流的互动价值,粉丝相对也愿意接受。

第三节 主播团队管理与激励机制

在电商直播领域,主播团队的管理和激励机制对于确保直播活动的高效运行和主播的持续动力至关重要。一个组织有序、士气高昂的主播团队能够创造出高质量的直播内容,进而吸引和保留更多的观众。本节将深入探讨主播团队的管理策略以及有效的激励机制,以促进团队的凝聚力。

一、主播团队角色分工及职责

进行直播就像拍电影,拍摄前期要有导演和编剧规划出整体的结构和框架,相关工作人员要做好充分的策划和准备。拍摄期间要有执行导演、场务和剧务等进行资源的协调,控制好现场情况,处理突发事件。后期还要有宣传人员进行电影的宣传和推广。最重要的是,一部好电影的完成,离不开整个团队的通力配合。

直播也是如此,需要前期的策划、过程的协调、具体的执行。在具体的人员配置方面,刚起步的直播团队的标配为运营+场控+主播。

(一)运营

运营岗位的职责包括三方面:整体规划、团队协调和复盘提升。

1. 整体规划

运营人员需要根据主播所处的成长阶段,制订主播孵化和成长方案。在日常运营中,运营人员要根据日常安排、节日安排、平台活动等关键要素规划直播主题,同时负责选品和策划直播脚本。例如,直播的主题是日常直播还是活动直播?根据主题需求,需要筛选哪些商品进行合作?奖品和福利如何设置?奖品如何发放?这些都需要运营人员在前期进行主导规划。

2. 协调团队

运营人员通常还要充当组织者的角色,需要协调与直播相关的主播场控、商务等成员,使整个团队通力配合完成一场直播。

3. 复盘提升

运营人员一方面需要实时监控直播中的各项数据,根据不同的情况及时进行商品、时间、策略等方面的调整;另一方面也需要及时总结和复盘每场直播的数据,不断优化直播内容和玩法,才能达到提升直播效果的目的。

除了以上职责,根据团队的需要,运营人员可能还要对接商务资源和主播资源,以及负责挑选、培训新的主播,堪称团队中的"头脑担当"和"多面手"。

(二)场控

场控的工作职责包括四方面:软硬件调试、后台操作、提醒、指令接收及传达。

1. 软硬件调试

场控在开播前要进行相关软硬件的调试,如摄像头的角度、画面分辨率、灯光的强弱、音频输出、背景音乐和直播贴片等。

2. 后台操作

开播之后,场控要负责主播台的后台操作,包括直播推送、发布公告栏信息、宝贝上架及推送优惠券等工作。

3. 提醒

场控其实也类似于主播助理,提醒是一个重要的职责。流量高峰期时要进行商品爆单提醒、活动时间提醒、直播环节提醒、商品信息提醒、商品优惠提醒等。

4. 指令接收及传达

对运营人员发出的指令,如实时的活动通知或新加入的直播福利及玩法,应及时地传达给主播。

(三)主播

主播是直播间的核心角色,需要参与规划主题、直播选品、商品测评、脚本策划、直播复盘等工作。另外,随着团队的成熟,可以考虑配备直播助理或者副播,负责配合主播做好前期的商品确认和开播准备工作,同时还要在直播中配合主播做好商品讲解,带动直播间的节奏。

1. 前期准备

在开播前,主播需要熟悉直播脚本和直播商品,熟记每场直播的商品信息、价格信息、优惠方案、商品卖点、库存信息、活动方案和配合方式等。

2. 中期互动

在直播过程中,主播需要注意活跃直播间的气氛,及时解答粉丝疑问,合理运用信任手法打消粉丝的顾虑,使用成交策略提高订单转化率。同时,主播要时刻注意粉丝的活跃度,引导新粉丝的关注。

3. 下播维护

主播在下播后要注意自己个人 IP 的打造,提高粉丝黏性。

总之,无论是店铺直播还是机构直播,运营、场控、主播可以说是标准的人员配备。但随着业务的扩大,团队需要及时根据需求扩充新的岗位,如商务专员、粉丝运营和货品管理等,如图 6-1 所示。

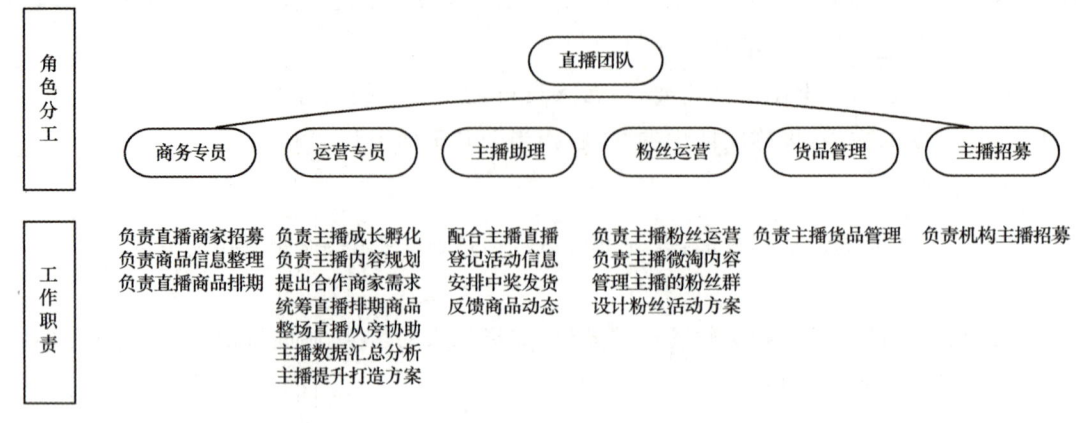

图 6-1 直播团队角色的分工与职责

二、直播团队选人标准

(一)运营

1. 性格

性格和态度是运营人员重要的选人标准。性格方面,一名合格的运营人员通常需要具备耐心、细致、善于与人沟通的特质。态度方面,运营人员属于自我驱动型人员,即运营人员需要具备积极、主动的态度特质。

2. 能力

运营人员的能力偏管理层面——计划、组织、指挥、协调和控制。在具体事务层面还要求运营人员能够具备完整的活动策划能力、缜密的数据分析能力、强大的执行能力以及紧急事件处理的能力。

(二)场控

1. 技能

优秀的场控要熟练掌握直播硬件及软件操作技能,掌握基本的办公软件操作、软件安装、电脑功能调试、插件安装及较快的键盘操作速度。

2. 能力

优秀的场控要有强大的执行力、反应能力及时间观念,能够根据脚本做好前期准备工作和直播间的控制,把握直播间的节奏。基地型直播间的场控,还承担着"老板"的角色,要求具备较强的销售意识与销售技能,配合主播调动直播间的销售氛围。

(三)主播

1. 外貌

主播的外貌最基本的要求是五官端正,或者拥有记忆点的特点,再或者是很适合某些类目的商品,如一个化妆品类目的主播,素颜不怎么好看,但是上妆之后的妆容效果不错,那么她就是适合的。高颜值不是筛选主播的必要条件。

2. 表达

主播的普通话标准、表达能力强、反应快是首要条件。如果主播的语言风格独特,将有利于打造个性化的主播。

3. 性格

作为主播,会面临黑粉攻击、粉丝质疑等容易引起情绪波动的情况,所以乐观、情商高、善于自我调节和控制情绪是主播非常重要的特质。

4. 专业

尽管通过脚本和商品详情页,主播可以提前了解直播所需的各类信息,但是如果主播具备一定的专业素养则能够很好地体现出区别于一般主播的专业度。

5. 兴趣

主播的工作强度高于一般工作,工作时长基本维持在10~12小时,作息时间属于非正常作息时间,这些特点决定了如果主播从事这个行业并非出于兴趣,中途退出将会是常态。

三、明确责任和奖惩机制

规章制度是团队成员工作的标准和规定,是内部经济责任制的具体化,应根据自身特点制定一系列规章制度,明确每个团队成员各自的岗位职责和公司的奖惩机制。

(一)主播的管理和激励

对于主播的管理,除了合理配置资源,制订短期直播计划、培训计划和人设打造方案之外,还要注意对主播的考核。

主播的薪资一般由三部分组成:底薪+绩效+提成,商家可以参考表6-1的考核内容并结合自己店铺或公司的实际情况来定。

表 6-1　　　　　　　　　主播薪资构成

项目	主要考核内容
底薪	主要参考地区和主播的经验、能力
绩效	主要考核主播的直播时长、直播频率、场控等
提成	阶梯制,根据直播间引导成交金额设置比例

表6-1的考核内容适合较为成熟的主播。

对于新主播而言,考核的重点是直播经验积累、直播技能掌握程度、粉丝转化能力等。因此,可以根据自己店铺或公司的实际情况给新主播设计不同的主播等级,类似淘宝直播主播层级一样:初级主播考核学习能力、直播技能掌握能力、粉丝转化能力;中级主播考核直播间互动情况、粉丝在线时长、新增粉丝数、直播支付转化、观看指数、直播成交金额等;高级主播在初级主播、中级主播的基础上,还需考核直播间品质,如优品率、售后服务速度和纠纷退款量等。不管什么级别的主播,一个很重要的考核点就是主播的态度。从系统的角度来看,如果主播因为自身原因而无法达到直播时长、转粉率、成交金额等指标的考核,会对账号的直播权重有很大的影响。从粉丝的角度来看,如果主播经常不开播,或者不能定时开播,粉丝也会快速流失。所以,公司要适当地对主播进行态度方面的考核,并且在主播的心态出现波动时给予正确的引导和鼓励。

主播的激励方向,见表 6-2。

表 6-2　　　　　　　　　　主播的激励方向

主播类型	主播激励方向
萌新主播	分析:没经验、有信心 激励方向:面对不如预期的成绩,主播容易产生挫败感,此时的激励应多描绘直播前景,讲述其他主播坚持的过程,多发现主播的闪光点和数据提升趋势,提升主播信心
成熟主播	分析:有经验、有信心、有瓶颈 激励方向:需要运营团队全面剖析主播本身所处的阶段及所需突破的瓶颈。匹配更优质的资源、策划更吸粉的活动,帮助主播解决流量的承接和转化需求
头部主播	分析:有经验、有信心、定方向 激励方向:成为头部主播,需要围绕主播本身建立一支足够强大的团队,尤其从商业化的角度,更加细致地规划主播的发展方向,并加大外部宣传与投放,帮助主播进一步扩大知名度

(二)团队的管理和激励

对于主播外的其他成员,在管理和设置奖惩机制时要注意以下几点。

1. 收入与主播挂钩,与公司业绩挂钩

一方面,团队成员的收入应当与主播的业绩挂钩,这样更有利于提升团队的凝聚力、战斗力;另一方面,根据公司的盈利情况,可以每月、每季度、每年发放激励奖金,调动成员的积极性,不断提高劳动效率和经济效益。

2. 设立提升机制

目前,比较常见的淘宝直播运营岗位主要有直播运营助理、直播运营专员、直播运营主管和直播运营总监四个级别,级别之间的晋升时间一般在半年至一年的时间,相对于其他行业来说快很多。

大部分直播机构和直播店铺运营人员的工资标准都是底薪＋主播绩效提成的形式,能力强、团队给力的运营人员,收入还是十分可观的。

案例 6-2

斗鱼 TV 主播团队的管理和激励机制

斗鱼 TV 是中国领先的直播平台之一,在主播管理与激励方面有着丰富的经验。下面是斗鱼 TV 主播团队的管理和激励机制。

1. 主播选拔与培养

签约流程:斗鱼 TV 会对具有潜力的新主播进行考察,并通过一定的筛选流程签约成为正式主播。

培训计划:提供专业的培训课程,包括但不限于直播技巧、内容创作、粉丝互动等方面,以帮助主播提升专业水平。

2. 收入分成与奖励

固定工资:对于签约主播,平台会提供一定的固定工资作为基本保障。

礼物分成:观众可以通过赠送虚拟礼物来支持自己喜欢的主播,平台与主播按照事先约定的比例分成。

广告合作：具有一定影响力的主播有机会参与广告合作项目，从而获得额外收入。

平台奖励：表现优秀的主播可以获得平台发放的奖金、实物奖励等。

3. 流量扶持

首页推荐：优秀的主播可以得到更多首页推荐的机会，从而增加曝光率。

活动参与：斗鱼TV会定期举办各类活动，如主播大赛、节日特别节目等，为参与的主播提供更多的展示机会。

4. 社区与粉丝互动

粉丝团建设：鼓励主播建立自己的粉丝团，加强与粉丝之间的互动。

线下活动：组织线下见面会等活动，增强主播与粉丝的情感联系。

5. 内容审核与规范

内容审核：为了保证直播内容的健康和合法，斗鱼TV实施了一系列内容审核机制，包括但不限于着装规范、语言文明等。

违规处理：对于违反规定的行为，斗鱼TV实行扣分制度，严重违规者可能会被封禁账号。

6. 荣誉体系

等级划分：根据主播的表现和贡献，划分不同的等级，每个等级享有不同的特权和服务。

奖项评选：每年会举行年度最佳主播、最受欢迎新人等奖项评选，以此激励主播们持续产出高质量内容。

这个案例展示了如何通过一系列综合措施来管理和激励主播团队，从而实现平台与主播的双赢局面。需要注意的是，具体策略会随市场变化而调整，而且不同的直播平台会有各自独特的管理方式。

第四节 主播IP打造与粉丝运营策略

在电商直播的生态系统中，主播不仅是产品与消费者之间的桥梁，更是拥有独立影响力和价值的品牌载体。主播个人IP的打造和粉丝运营策略是电商直播成功的关键要素。本节将深入探讨如何构建主播的个人品牌，以及如何通过有效的粉丝运营策略来巩固和扩大粉丝基础。

一、主播IP打造

拓展阅读6

去同质化，走特色化道路。随着直播行业的飞速发展，各类主播人数呈现递增趋势，竞争越来越激烈。因此，直播过程中主播要逐步形成自己的专属直播风格，可以是趣味性的，也可以是专业的，把握一条线尽情发挥，吸引粉丝加入。

（一）个人品牌定位

1. 独特卖点

确定主播的特色，如幽默、专业、时尚，使之区别于其他主播。

2. 内容垂直

聚焦某一领域或兴趣点,如美妆、科技、生活方式,深化专业形象。

3. 价值观传递

明确主播的价值观,如环保、创新、健康,与目标观众产生共鸣。

(二)形象塑造

1. 视觉标识

设计统一的主播头像、直播间背景、服装风格,增强辨识度。

2. 语言风格

开发一套独特的口头禅、语调和表达方式,形成个人魅力。

3. 故事叙述

分享个人经历、趣闻轶事,建立与观众的情感链接。

(三)社交媒体利用

1. 多平台布局

在微博、抖音、快手等多平台开设账号,扩大曝光范围。

2. 内容联动

在各平台间共享内容,但注意差异化,满足不同平台用户的偏好。

3. 互动策略

定期发布互动性强的内容,如问答、投票、挑战,增强粉丝参与感。

二、粉丝运营策略

(一)内容吸引

1. 高质量直播

确保直播内容的丰富性、专业性和娱乐性,提升观看体验。

2. 定期更新

保持直播频率,形成固定的直播日程,培养观众的观看习惯。

3. 专题策划

围绕节日、热点事件等策划特别节目,吸引新观众,激活老粉丝。

(二)社区建设

1. 粉丝俱乐部

建立官方粉丝群,提供专属福利,如折扣券、优先购买权等。

2. 粉丝互动

定期举办线上活动,如粉丝见面会、直播问答,加强粉丝归属感。

3. 粉丝反馈

设立反馈渠道,收集粉丝意见,及时调整直播策略,满足粉丝需求。

(三)数据分析

1. 观众画像

通过数据分析了解粉丝的年龄、性别、地域分布,精准定位目标群体。

2. 内容分析

分析哪些类型的直播内容更受欢迎,优化内容策略。

3. 转化率追踪

监测直播带来的销售转化,评估直播效果,调整营销策略。

(四) KOL/网红合作

1. 跨界合作

与其他领域的 KOL 合作,互相引流,扩大观众基础。

2. 品牌联名

与知名品牌合作,推出联名商品,借助品牌影响力吸引粉丝。

3. 联合直播

与其他主播进行联合直播,共享粉丝群体,增加曝光度。

案例 6-3

罗某的 IP 重塑与粉丝运营的成功实践

1. 背景

罗某,某科技公司创始人,因创业经历和个人魅力而广受关注。2020 年,罗某宣布转型成为一名电商直播带货主播,以偿还本人科技公司的债务。

2. IP 打造策略

个人品牌重塑:罗某利用自己在科技领域的知名度,将直播定位为科技与生活用品的推荐,展现其对产品品质的严格要求。

故事营销:罗某在直播中分享自己的创业故事和人生哲学,这种真诚与坦率吸引了大量忠实粉丝。

跨界合作:与知名品牌合作,引入高科技产品,利用自身在科技圈的影响力,为观众带来新鲜感。

3. 粉丝运营策略

互动与反馈:直播中频繁与粉丝互动,及时回应评论,增强粉丝参与感。

粉丝社群建设:通过微信群、微博等社交媒体建立粉丝社群,定期发放福利,如折扣券、签名商品等,加强粉丝黏性。

内容多元化:除了直播带货,罗某还制作了一些科技评测视频和访谈节目,丰富了内容生态,满足不同粉丝的需求。

4. 数据表现

首次直播即创下 1.1 亿元人民币的销售额,观看人数达到 4 800 万。

自开始直播仅一年时间,罗某在抖音的粉丝数量突破了 2 000 万,多次刷新电商直播销售纪录。

罗某的案例展示了即使在面临重大挑战时,也能通过个人品牌重塑和粉丝运营策略实现转型成功。他的故事证明,真诚、专业以及持续的创新是构建强大 IP 的关键因素。此外,

直播电商运营

利用个人故事和跨界合作可以有效吸引并维护粉丝群体,实现商业目标的同时,也为个人品牌带来了更深层次的社会价值。

本章小结

本章深入探讨了主播培养与团队建设的重要性及其实践策略。主播作为直播内容的核心,其个人魅力、专业素养和正面价值观是吸引和维系观众的关键。主播的培养不应仅限于技术训练,更重要的是塑造个性鲜明、积极向上的人设,训练其对市场动态和用户需求的敏锐洞察力。团队建设则强调运营、技术、创意等多方面人员的协作,共同为目标直播项目贡献力量。通过专业的培训、持续的实践和有效的激励机制,直播团队能不断提高直播质量,实现商业目标和品牌价值的双重提升。

知识巩固

1. 主播招募的流程有_____、_____、_____、_____、_____、_____。
2. 主播选拔过程中,主要考虑_____、_____、_____三方面标准。
3. 主播在直播销售中需掌握_____、_____、_____三种技巧。
4. 刚起步的直播团队的标配是_____、_____、_____。
5. 主播需要从_____、_____、_____等方面打造个人IP。

第二部分　实践篇

第七章 开播准备

知识框架图

- 开播准备
  - 电商直播从业人员要求
    - 电商直播从业人员职业道德要求
    - 电商直播从业人员职业素养要求
    - 电商直播从业人员知识技能要求
  - 账号搭建
    - 直播权限
    - 直播平台规则
    - 直播平台操作
  - 直播选品
    - 直播选品标准
    - 直播选品技巧
  - 搭建直播场景
    - 搭建直播场景应考虑的因素
    - 直播场景搭建技巧
  - 直播脚本设计
    - 直播脚本的定义
    - 直播脚本的作用
    - 直播脚本的要素
    - 单场直播脚本的撰写
  - 直播妆容设计
    - 直播妆容的定义
    - 直播妆容的分类
    - 男、女主播的妆容
    - 主播服装的选择

> **学习目标**

1. 了解电商直播对从业人员的要求；
2. 掌握账号搭建、直播选品及搭建场景的技巧；
3. 掌握直播脚本撰写的技能；
4. 了解直播妆容的设计方式。

第一节　电商直播从业人员要求

一、电商直播从业人员职业道德要求

拓展阅读 7

电商直播作为一种新兴的电子商务营销模式，近年来迅速崛起并成为推动数字经济发展的新动力。随着电商直播行业的不断发展，相关的行业规范和制度也在逐步完善。作为电商直播从业人员，不仅要具备专业的业务能力，更要遵循一定的职业道德准则，以促进电商直播行业的稳定、快速发展。

电商直播从业人员的职业道德要求不仅涵盖了基本的职业操守，还涉及行业特性所带来的特殊要求。在实际工作中，主播们需要做到：

热爱岗位：热爱自己的工作，以积极的态度对待每一次直播，不断提高自己的业务水平，为观众提供更优质的服务。

诚实守信：在介绍商品时，应确保信息的真实性和准确性，不得夸大其词或进行虚假宣传。对于消费者的咨询和反馈，要及时、诚恳地回应，树立良好的信誉。

遵纪守法：严格遵守国家法律法规和行业规定，不得从事任何违法活动。在直播过程中，要确保内容合法合规，避免侵犯他人权益。

服务社会：积极参与公益活动，传播正能量，为构建和谐社会贡献力量。利用自身的影响力，引导消费者理性消费，倡导健康的生活方式。

终身学习：随着电商直播行业的快速发展，新技术、新模式层出不穷。主播们需要不断学习新的知识和技能，以适应行业的发展变化。

独立思考：面对海量的信息和快速变化的市场环境，主播们需要具备独立思考的能力，能够从众多信息中筛选出有价值的内容，为消费者提供有针对性的建议和服务。

勇于实践：电商直播是一个实践性很强的领域，主播们需要不断尝试新的直播形式和技术手段，勇于创新，探索更适合消费者的直播方式。

敢于创新：在竞争激烈的电商直播市场中，不断创新是保持竞争力的关键。主播们应积极探索新的直播内容、互动方式和营销策略，以满足消费者的多样化需求。

提高专业素养：主播们应不断提升自身的专业素养，包括对产品的深入了解、对市场趋势的把握以及对消费者心理的洞察等，这样才能更好地服务于消费者。

增强责任意识：主播们不仅要对自己的行为负责，还要对消费者和社会负责。这意味着在直播过程中要严格遵守相关法规,确保提供的信息准确可靠,保护消费者的合法权益。

树立良好形象:主播们应注重个人形象的塑造,包括言行举止、着装打扮等方面,以正面的形象赢得消费者的信任和喜爱。

维护行业秩序:积极参与行业自律组织,共同维护行业秩序。通过参与制定行业标准、规范市场行为等方式,推动电商直播行业的健康发展。

通过遵循上述职业道德要求,电商直播从业人员不仅能够树立良好的个人形象,还能促进整个行业的规范化和可持续发展。在电商直播行业蓬勃发展的今天,每一位从业者都肩负着重要的使命,只有共同努力,才能创造一个更加繁荣健康的电商直播生态。

二、电商直播从业人员职业素养要求

电商直播从业人员的职业素养是指电商直播从业人员在职业活动中所应具备的职业知识技能和行为习惯。目前,电商直播从业人员的职业素养主要由商业素养、新媒体素养和综合素养三部分组成。

(一)商业素养

电商直播作为一种全新的营销模式,本身就是商业活动中的重要一环,从业人员需要具备基本的商业素养,具体包括以下四方面。

市场意识,即在商业活动中根据市场需求提供专业服务,按照市场经济规律谋划发展的意识。

风险意识,即在商业活动中对时间、成本、人员、效益等商业运营环节可能存在的风险进行预判、规划和应对的意识。

规则意识,即在商业活动中自觉遵守商业活动伦理、行业规范和企业制度的意识。

服务意识,即在商业活动中为相关利益方、合作方提供热情、周到、主动服务的意识。

(二)新媒体素养

电商直播作为一种全新的营销模式,其创新之处在于新媒体技术和平台的广泛介入,因此,从业人员需要具备基本的新媒体素养,即适应全新媒介环境和社会关系变化,构建更大、更好的社交网络所必须掌握的知识技能与行为规范,具体包括以下几个方面。

媒介意识,即能够充分认识所使用的新媒体技术和平台的特殊媒介属性,掌握相应的信息渠道和格式,从而适应超文本、网络化的交流模式。

视觉化能力,即在以视频和图像方式为主导的网络平台,具备以图像化处理为主要方式的网络工作能力,能够适应更加视觉化的沟通交流模式。

信息组织能力,即能够在海量的网络信息中识别有效信息,并根据自身需求对有效信息进行组织,以提高有效交流的能力。

创新意识,即在日新月异的网络环境下能够以现有的思维模式提出有别于常规或常人思路的见解,利用现有的知识和物质,在特定的环境中,本着理想化需要或为满足社会需求而改进或创造新事物(包括产品、方法、元素、路径、环境等)的意识。

(三)综合素养

电商直播作为一种全新的营销模式,尚处在发展阶段,因此需要从业人员具备过硬的个人综合素养,为行业的持续发展提供支撑。结合电商直播行业属性,从业人员应具备的综合素养包括：

团队合作意识，即具有良好的团队意识和精神，能够围绕一个统一的目标，在团队内部进行有效的组织协调工作。

沟通交流能力，即能够在事实、情感、价值取向和意见观点等方面采用有效且适当的方法与对方进行沟通和交流的能力。

复盘能力，即具备通过对某个周期、阶段或时间点的思维、行为进行回顾、反思和探究，进一步提升自身思考与行动水平的能力。

抗压能力，即能够承受高压工作环境、职业逆境等带来的心理压力，有效调节负向情绪的能力。

三、电商直播从业人员知识技能要求

（一）开播阶段

1. 技能要求

(1) 能根据平台规则开通直播。
(2) 能根据规范和标准选择商品。
(3) 能根据选品要求搭建直播场景。
(4) 能拍摄并剪辑短视频。

2. 相关知识要求

(1) 了解直播功能开通流程。
(2) 了解选品规范和选品标准。
(3) 掌握直播间场景搭建技巧。
(4) 掌握短视频拍摄与剪辑技巧。

（二）直播阶段

1. 技能要求

(1) 能运用引流工具进行账号引流。
(2) 能根据选品进行分享讲解。
(3) 能流畅、自然地开展直播，体现较好的综合职业素养。

2. 相关知识要求

(1) 掌握账号引流技巧。
(2) 在直播中展示自身掌握的基础知识。
(3) 掌握直播表现技巧。

（三）售后阶段

1. 技能要求

(1) 能处理平台订单。
(2) 能根据具体问题开展售后服务。
(3) 能开展粉丝互动营销。

2. 相关知识要求

(1) 掌握所在直播平台的售后服务规则、退换货流程、纠纷处理机制等。

(2)了解所售商品信息以及常见问题。
(3)掌握一定的沟通解决技巧以及积极的客户服务意识,灵活应变。

第二节 账号搭建

一、直播权限

直播权限是指平台对于各类账号开通直播功能的具体要求和规范,开通直播权限是电商直播准备阶段的首要任务。下面主要介绍淘宝直播和抖音直播两个平台的直播权限要求。

(一)开通淘宝直播权限

淘宝直播是阿里巴巴推出的直播平台,定位于消费类直播。

1.淘宝直播权限开通条件

不同类型的淘宝账号开通淘宝直播权限的条件各有不同,主要分为商家直播权限、个人直播权限、机构直播权限和其他身份直播权限四类。

(1)商家直播权限开通条件

商家直播权限主要面向个人店铺和企业店铺开放。商家(珠宝类目除外)直播权限开通条件如下:

①淘宝店铺信用等级在一钻或以上(企业店铺不受该条件限制)。

②店铺主营类目在线商品数为5个或5个以上且近30天店铺销量为3个以上,近90天店铺成交金额至少10 000元。

③近30天店铺动态评分(即DSR评分,DSR指卖家服务评级系统)均大于等于4.5分。

④近30天店铺纠纷退款率不超过店铺所在主营类目纠纷退款率均值的5倍或纠纷退款笔数不超过5笔。

⑤近30天店铺品质退款率不超过店铺所在主营类目品质退款率均值的3倍或品质退款笔数不超过5笔。

⑥卖家须符合《淘宝网营销活动规则》的要求。

⑦本自然年度内店铺不存在出售假冒商品的违规行为。

⑧本自然年度内店铺未因发布违禁信息或假冒材质成分的严重违规行为被扣分满6分及6分以上。

⑨卖家具有一定的客户运营能力。

⑩店铺微淘账号层级达到L1级别及L1级别以上,微淘粉丝数量为1万~3万(不同类目对微淘粉丝数量要求不同)。

(2)个人直播权限开通条件

个人直播权限主要面向达人且未开店的个体开放。个人直播权限开通条件如下:

①淘宝账号需绑定已经实名认证的支付宝账号,且已经注册成为淘宝达人(申请人必须年满18周岁,且同身份信息下只允许一个淘宝账号入驻)。

②达人账号层级至少达到L2级别。

③需要有较好的控场能力、表达能力(思路清晰、口齿伶俐)及即兴表现能力(粉丝互动性强)。主播需要上传一份本人出镜的高质量视频,时间在1分钟以内。

> **小提示**
>
> 1.为在1分钟以内充分展现自己的直播能力,主播提交的展示视频不要仅限于自我介绍。
> 2.入驻不通过,页面会显示不通过的具体原因。
> 3.如果既开通了店铺,又注册成为淘宝达人,建议以商家身份入驻。但需要注意的是,以商家身份开通直播权限后,如果想再通过达人身份直播,需将店铺关闭。

(3)机构直播权限开通条件

机构直播权限主要面向MCN机构(旗下有大量主播,且与其他直播平台有成功合作经验的经纪公司)、专业节目制作机构、直播服务商开放。

(4)其他身份直播权限开通条件

其他身份直播权限主要面向明星、村播、基地(如服饰基地、农产品基地等)开放。

2.开通淘宝直播权限操作方法

进入"手机淘宝"App,在首页顶部搜索框中搜索关键词"淘宝直播入驻",或点击首页"淘宝直播",在"我的"一栏点击"开直播",即可进入如图7-1所示的"入驻淘宝主播"页面,然后按照系统要求分步操作即可。

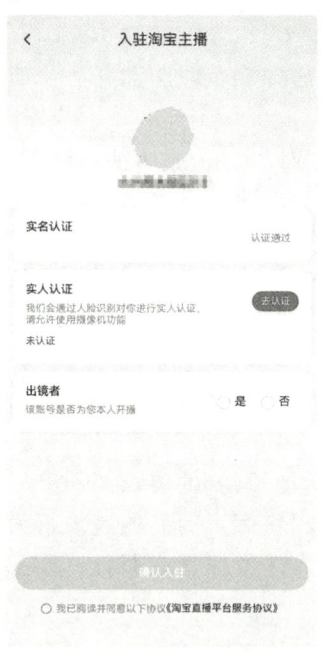

图7-1 "入驻淘宝主播"页面

(二)开通抖音直播权限

抖音直播是北京字节跳动科技有限公司推出的直播平台,定位于社交类短视频直播。

1.抖音直播权限开通条件

个人注册账号后,通过实名认证即可开通直播权限。如需开通购物橱窗,则需要满足粉丝数量超过1 000人、个人发布视频作品超过10个或认证为商家账号(需支付一定数额的押金)的条件。在计算机端用直播伴侣进行直播,需要满足粉丝数量超过1 000人的条件,且该功能仅支持 Windows 系统。

企业账号只要完成平台认证即可开通直播权限。

2.开通抖音直播权限操作方法

(1)个人实名认证步骤(图 7-2)

打开抖音个人主页后,点击右上角按钮,选择其中的"设置",然后选择"账号与安全",在"账号与安全"页面中找到"实名认证",根据系统要求填写相关信息后,点击"开始认证",系统会提示认证后信息将不可更改,此时点击"确认认证",待收到"申请开通成功"提示后,即可开始个人直播。需要注意的是,目前抖音直播平台的个人直播功能不向未成年人开放。

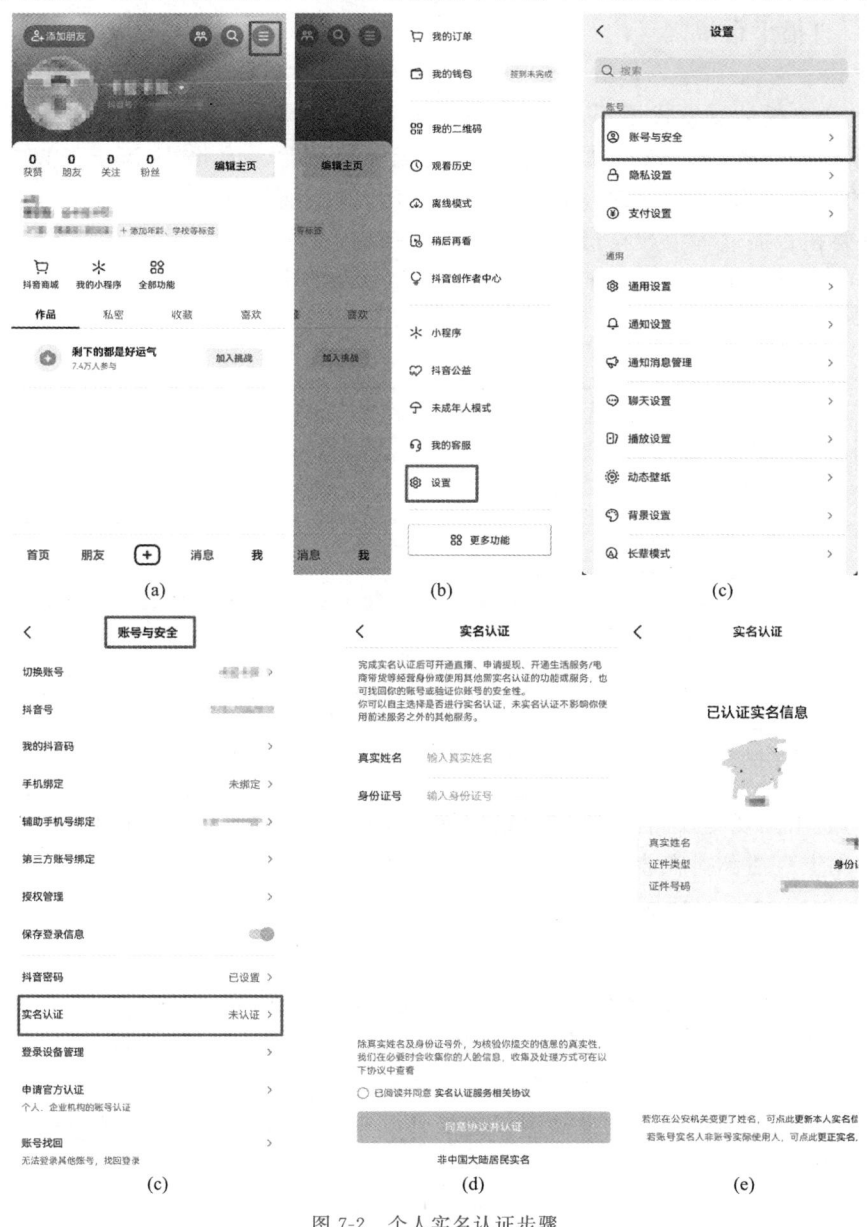

图 7-2 个人实名认证步骤

（2）企业认证步骤

企业用户可以登录抖音官网，在"企业合作"下选择"企业认证"，根据系统要求填写相关信息，完成认证后即可为企业账号开通直播功能。认证要求如下：

①账号需绑定手机号。

②账号信息应符合企业身份，包括头像、用户名、签名等均不能以个人身份申请认证。

③申请企业认证需支付审核服务费，认证一年有效，认证账号须参加抖音直播平台年审。

二、直播平台规则

随着电商直播的爆发式增长，各类电商直播平台蜂拥而至，多平台的出现，在促进直播行业快速发展的同时，也带来了恶性竞争、管理无序等问题。为此，主流电商直播平台都发布了各自的直播规则。对于依托相关平台开展直播的主播们而言，不仅需要学习掌握具体规则，更需要在直播过程中严格遵守相关规则和条例。

目前，电商直播中较为常见的通用性规则主要涉及信息发布、主播和直播间环境三个方面，见表7-1。

表 7-1　　　　　　　　　　电商直播通用性规则

信息发布	（1）不得发布危害信息，包括但不限于敏感信息、淫秽色情信息 （2）不得发布不实信息，包括但不限于捏造细节、夸大事实、不实宣传、虚假中奖信息、所推广商品信息与实际不一致 （3）不得发布垃圾广告
主播	（1）着装得体，不得穿着过于暴露 （2）言论严谨，不能发表违反国家法律法规的言论，不能说脏话 （3）行为端正，严禁直播违法乱纪事件，严禁展示危险事件，严禁穿着过于暴露进行舞蹈，严禁表演高危舞种、低俗诱惑性舞蹈等
直播间环境	（1）严禁在敏感时期、敏感场景中或反党反动的环境中进行直播 （2）严禁在私密环境下进行直播表演 （3）严禁在涉黄、涉赌场所进行直播表演

除上述通用性规则外、各直播平台还依据自身的定位和特点制定了相应的平台操作细则，在此以淘宝直播和抖音直播两大平台为例介绍相关要求。

（一）淘宝直播平台规则

1.淘宝直播内容要求

目前淘宝直播平台的内容创作管理主要针对三类违规内容，即推广假冒商品、严重违规和一般违规。需要注意的是三类违规内容独立扣分、分别累计、分别执行。

推广假冒商品，是指内容涉及推广假冒注册商标商品或盗版商品的行为。

严重违规，是指内容涉及除推广假冒商品外其他严重破坏平台运营秩序或涉嫌违反国家法律法规规定的行为。

一般违规，是指除推广假冒商品和严重违规外的其他违规行为。

具体细则以及惩罚办法可查看淘宝官网《淘宝平台规则总则》中的《内容创作者管理规则》。

2.淘宝直播封面图要求

淘宝直播封面图要求包含频道要求和手机淘宝首页要求两个部分,主播上传的封面图需要同时满足这两个部分的要求。

(1)频道要求

①不得出现任何文字(客户端的贴纸除外)。

②不得出现拼接图、边框图。

③画面完整,主体突出,不可花哨,且不可有细碎物体。

④封面图中如有除主播外的人物,或使用明星、名人图片,需要提前获取肖像权和版权。

⑤图片为750毫米×750毫米的正方形图。

⑥发布预告视频时,最好不要有水印,画面应整洁,突出重点。

(2)手机淘宝首页要求

①不得出现任何文字(拍照背景也不得出现任何文字)。

②不得出现未授权的品牌logo(徽标或商标)。

③不得出现大面积黑色图。

④图片为16∶9的长方形图。

⑤封面图内容尽量与频道封面图内容保持一致。

⑥发布预告视频时,封面图与直播间的主播形象要统一,且画面赏心悦目,视频内容、创意、展现形式要有代表性。

(3)各类目封面图要求

①护肤美妆类封面图示例如图7-3所示,其要求如下:

图7-3 护肤美妆类封面图

• 必须为主播人物高清图片,不宜仅以商品作为封面图。

• 可选择主播护肤或化妆后半身或特写照片。

• 需与直播标题涉及的妆容类型保持一致。例如,标题为"动物仿妆技能get",其封面图应为动物仿妆的照片。

②潮流搭配类封面图示例如图7-4所示,其要求如下:

• 必须为主播人物高清图片,不宜仅以商品作为封面图。

- 选择突出人物穿搭效果的全身照或特写照，体现商品的特色和细节。

图 7-4　潮流搭配类封面图

- 需与直播标题涉及的搭配类型保持一致。例如，标题为"手把手教你梳丸子头"，其封面图应为扎好丸子头后的照片。

③母婴类封面图示例如图 7-5 所示，其要求如下：

图 7-5　母婴类封面图

- 必须为主播人物或者母婴类商品的高清图片（应提醒未满 18 岁的未成年人进入直播间需要经过监护人同意）。
- 母婴类封面图中的人物穿着应避免过分暴露，宜选择充满童趣、风格可爱、暖色调的照片，不要选择黑白照片。

- 需与直播标题涉及的内容场景保持一致。例如,标题为"童车总动员",封面图应为童车图片。

④美食类封面图示例如图 7-6 所示,其要求如下:

图 7-6　美食类封面图

- 必须为主播人物、主播与美食或美食的高清图片。
- 如果采用美食图片,要求图片上的食物完整呈现、色泽新鲜、摆放立体、造型有趣或美观,光线明亮,构图兼具艺术性和生活性。
- 需与直播标题涉及的美食类型保持一致。例如,标题为"沙拉搞定只要 3 步",封面图应为与沙拉相关的照片。

⑤生活类封面图示例如图 7-7 所示,其要求如下:

图 7-7　生活类封面图

- 必须为主播人物、生活场景或相关商品的高清图片。
- 如果采用生活场景的照片,要求整体构图自然(消除摆拍痕迹),凸显生活细节,体现视觉色彩层次,背景简洁干净。

• 需与直播标题涉及的生活场景保持一致。例如,标题为"换季收纳小妙招",封面图应为与家庭收纳场景相关的照片。

3.淘宝直播间场景布置要求

(1)直播间背景宜选择纯色背景墙,浅色为佳。

(2)直播间道具要求摆放整齐。

(3)直播间要求照明充足,但不宜过亮,以免分散观众注意力。

图7-8、图7-9为淘宝直播间场景布置示例。

图7-8　淘宝直播间场景布置示例一

图7-9　淘宝直播间场景布置示例二

第七章 开播准备

> **小提示**
>
> 不同类型的场景直播,其直播要求会有所区别,务必遵守直播平台的相应规则。

(二)抖音直播平台规则

1.抖音直播内容要求

目前,抖音直播平台对直播内容的管理主要有"七条底线"要求,即发布内容和信息不可违反或违背法律法规、社会主义制度、国家利益、公民合法权益、社会公共秩序、道德风尚和信息真实性。具体管理细则可查看抖音官网《"抖音"用户服务协议》中的抖音信息内容展示与规范条目。

需要注意的是,未成年人直播、冒充官方、非本人实名认证开播等均属于严重违规。对于发生严重违规的主播,平台将永久封禁主播账号或永久禁止开启直播,并保存相关违法违规的资料。

2.抖音直播封面图要求

抖音直播封面图要求画质清晰,无杂乱背景。颜值主播的封面图照片需要露脸,才艺主播的封面图应明确表明才艺内容,使用表演才艺的照片为佳。手工、绘画、萌宠等直播封面图不要求主播本人出镜,可使用作品照片,但照片必须清晰。

需要注意的是,使用非本人照片或与直播内容无关的图片,如明星、风景、卡通形象等图片,着装过于暴露、动作低俗不雅的图片,像素过低、有拼图、自拍贴纸、马赛克、文字、广告(如相机 logo)、二维码、有黑边或白边等的图片,将一律被抖音直播平台视为低质量封面图,不仅影响主播登上推荐页,甚至可能使主播的直播间被隐藏。

3.抖音直播间场景布置要求

首先,直播间环境布置要求简洁、大方,背景不花哨、凌乱,以浅色纯色背景为主(如浅灰色墙壁或窗帘等,不建议使用纯白墙)。

其次,直播间布光应以散光源为主,整体光线柔和。

> **小提示**
>
> 各直播平台会根据相关政策及市场竞争形势的变化实时调整平台规则和要求,主播应随时关注平台规则和要求的变化,按要求开展直播活动。

三、直播平台操作

(一)淘宝直播平台操作

目前淘宝直播平台有三个终端,分别为淘宝直播计算机客户端、"淘宝主播"App 和"淘宝直播"App。

1.淘宝直播计算机客户端操作

(1)登录淘宝直播中控台

登录淘宝直播中控台,点击左侧发布直播,选取"普通直播",点击"开始创建"即可。(注:"VR 直播"暂未上线。)

(2)设置直播形式

直播活动有日常直播间、上新直播间和聚划算直播间三种类型,直播画面有竖屏和横屏两种，主播可根据自身需求进行选择。

(3) 准确填写直播信息

直播信息包括直播开始时间、封面图、标题、简介、直播栏目和直播位置六项，主播需依次填写。

直播开始时间分为现在开始和设置时间两种，主播可根据自身需求进行选择。

封面图有 750×750 和 1120×630 两种制式可选，因目前多采用竖屏直播，建议选择 750×750 的正方形图片制式（单位为毫米）。

标题填写要求在 10 个字符以内，且不得出现违规词语。

简介填写要求在 140 个字符以内，可简要概括直播内容和特点。

直播栏目要求主播根据直播内容选择匹配的标签，填写直播位置时，主播在开启手机定位设置后，系统会自动定位。

(4) 开始直播

点击"开始直播"按钮后，即可开始直播，如图 7-10 所示。

图 7-10　点击"开始直播"按扭

2. "淘宝主播"App 操作

打开"淘宝主播"App，首页有手机直播（直播功能键）、拍摄视频（视频功能键）、主播任务（系统提供的直播活动）、直播小店（直播商品和订单管理页面）、主播等级（个人直播等级展示）、在线商学院（官方直播学习教程）等功能模块。点击"手机直播"即可开始直播。

添加封面图后，点击"开始直播"按钮，即可进入直播间。

在直播间中，点击"更多"按钮，选择"工具"选项（通知粉丝、同步微博、信息卡），可以及时提醒点击了关注的粉丝直播已开始；选择"互动"选项（连麦 PK、主播连麦、粉丝连麦），可以提高直播间人气，获得更多直播打赏；选择"商品发布"，可以向关注直播间的粉丝推广商品，提高转化率。

向右滑动直播页面可以查看直播即时数据，如观看次数、直播间浏览次数、实时在线人数、新增粉丝数、平均观看时长等,方便主播及时了解直播间动态。

直播结束时,系统会告知本次直播共收获多少个赞,此时点击左下角的"结束直播"按钮,即可结束本场直播。

3."淘宝直播"App 操作

"淘宝直播"App 是一款专门用于观看直播的 App,仅提供观看服务,不具备直播功能。新手主播注册登录后,可通过观看其他主播的直播节目,学习直播技巧。

(二)抖音直播平台操作

抖音直播主要集中在手机端,分为视频直播、语音直播和游戏直播三类,直播带货以视频直播为主。具体操作方法如下:

打开"抖音短视频"App,页面最下方会出现五个按钮:首页(抖音首页)、朋友(用户位置)、"+"(直播功能键)、消息(来自系统的消息)、我(个人主页面)。

点击中间的"+"键,即可开始直播。

开始直播前主播需设置好封面图、话题、美化、道具等,如图 7-11 所示,其中封面图要选择与直播内容高度匹配的图片;话题选择要紧扣直播主题,可简单概括,字数控制在 14 个字符以内;对于美化功能,主播可根据个人状况和直播需求有选择地开启,如主播个人气色不佳可选择美颜,主播售卖化妆品可选择个人滤镜等;道具可用于活跃直播间的气氛,增添直播趣味性,主播可根据直播内容进行选择,如在特定节日直播时选择增添节日氛围的小道具等。

图 7-11 直播前设置

设置完毕,点击"开启视频直播"按钮,倒数 3 秒,即可开始直播,如图 7-12 所示。

图 7-12 开始直播

小提示

直播开始后,在页面最下面一行还可选择多种娱乐方式,如 PK、连线等。

结束直播时,点击页面右下角结束按钮,点击"确定"即可结束直播。直播结束后主播可以查看本场直播数据,包括收获音浪、观众总数、新增粉丝、付费人数、评论人数等,如图 7-13 所示。

图 7-13 查看直播数据

第三节 直播选品

电商直播带货并不是一锤子买卖,主播应把产品视为一种媒介和渠道,最终目的是实现消费者对主播直播间相关产品的持续性购买。所以,直播带货应做好选品和价格让利谈判,用消费者乐于接受的方式进行直播带货,实现商家、消费者以及平台等多方共赢。

目前,有关部门尚未出台关于直播产品的具体规范,相关平台和商家开展直播活动的主要依据是 2018 年起实施的《电子商务产品质量信息规范》(GB/T 33992—2017)。

一、直播选品标准

对于一场成功的带货直播而言,选品是第一要务。规范化的电商直播需要在选择产品之前就制定明确的标准,实现规范选品。

(一)产品渠道正规合法

2019 年,中国消费者协会通过互联网舆情监测系统发布的一份调查报告显示,对于网络购物,近六成消费者担心产品质量问题,超过四成消费者担心售后问题。因此,电商直播带货作为消费者网络购物的重要方式之一,需要严把产品质量关。

为确保产品以及售后服务质量,主播应选择来自正规合法企业的产品。相关企业必须经国家备案(可以通过工商系统网站查询)并且没有违规记录,没有被列入失信黑名单。

(二)产品应时应景

电商直播带货需要紧跟市场趋势,所以产品是否应季就显得尤为重要。主播们要选择和时令相匹配的产品,尽量避免选择过季产品作为主推产品。

(三)产品卖点明确

产品的卖点是打动消费者的关键。选择卖点明确的产品,也就是要选择在外观、款式、质地、功能等方面拥有较为显著特点的产品。有卖点才会有市场,产品卖点明确,可以帮助主播突破消费者心理防线,促成消费者购买行为。

(四)产品销量高

销量高的产品具有较为成熟的消费市场,容易被消费者所接受。在直播带货的前期,可以选择销量较高的产品,以刺激用户的消费欲,同时积累用户的信任感,如图 7-14 所示。

(五)产品性价比高

电商直播带货的核心不只是主播和产品,产品的性价比更为重要。高性价比、低客单价的产品在直播带货中会更具有优势,可以作为引流产品,用来吸引消费者的目光。例如,某淘宝主播直播带货的产品永远都会给粉丝"全网最低价"且"无条件退换"的福利,最大限度地保证消费者的权益,相对的消费者也会对主播产生极大的信任感,提升复购率。

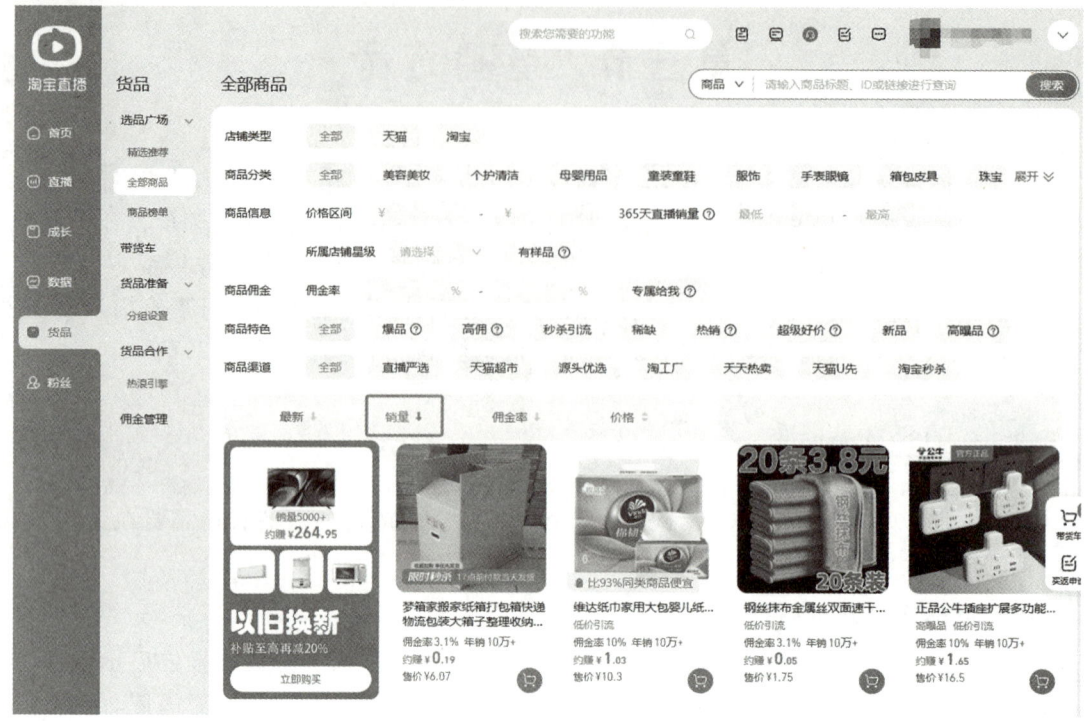

图 7-14 销量高的产品

二、直播选品技巧

(一)选择颜值高的产品

主播在选择产品时应尽量选择一些外观漂亮、设计感强的产品,以抓住消费者的眼球,使消费者产生购买意愿。

(二)选择品质过硬的产品

电商直播带货,主播的信誉至关重要。如果产品存在质量问题,会直接影响主播的形象和人设。主播在选品时要重点关注品质过硬的产品,如得到权威机构认证、业内口碑极佳的产品等。

(三)选择复购率高的产品

电商直播带货,主播的粉丝群体相对稳定。产品的购买频次不但会影响主播的收益,还会影响粉丝的活跃度,因此可以尽量选择一些复购率较高的产品,如零食、日用品、化妆品等快消品。如果粉丝购买后体验良好,就会选择在主播的直播间再次购买。

(四)选择便于运输的产品

物流是影响客户体验的重要因素之一,每一次愉快的购物体验可以为以后的购物奠定基础。主播应尽量避免选择不便运输、易碎、易烂的产品。

(五)选择其他主播直播间销量较好的产品

新手主播在选品时可以优先考虑那些已经在其他主播直播间有较好销售表现的产品。

跟卖此类产品,可以帮助新手主播在前期提高直播间的成交量。

(六)根据粉丝需求选品

主播在选品时要充分考虑到自己的直播账号上粉丝的需求。卖粉丝需要的产品可以获得较高的回报,并稳固自己的粉丝群体。因此,了解粉丝的需求对于选品非常重要。例如,某主播的公众号中就设有专门的"产品许愿"板块,让粉丝表达需求,为其后期的选品提供了重要参考。主播要随时关注粉丝在直播间提出的需求,有的主播甚至会在直播的最后直接在直播间询问粉丝的需求,这样做不仅可以直接获取到粉丝的需求,同时也可以让粉丝产生一种"主播下次会卖我需要的产品,我下次还来他的直播间"的期待感。

案例 7-1

罗某首次直播带货

罗某首次直播带货就取得了累计观看人数超过 4 800 万、支付交易总额达到 1.7 亿元的好成绩。这虽然离不开罗某本人自带的名人光环,但是精准的选品眼光也是一击制胜的关键所在。

首先,作为某科技公司创始人的罗某,第一次直播就选择了某品牌的新款旗舰手机,这款机型本身就已经受到了广泛关注,而罗某为"前"友商直播带货,则进一步提升了话题性和关注度,造成了"未播先热"的盛况。

其次,选择应季的小龙虾,以低廉的价格吸引用户,直播当天就成交了 15.98 万单,成为他直播间销量第一名的产品,再一次佐证了"物美价廉 薄利多销"的直播间生存法则。

最后,选择高端网红商品——某品牌雪糕,则再一次显示了主播的"慧眼",产品本身因为高颜值已获取了一大批粉丝,罗某的"吃货"属性又吸引了原本的粉丝,另外直播间的低价也有效转化了直播间前期积累下来的潜在消费者。该品牌雪糕在直播间被秒杀 2 万多件,为主播的直播间战绩再添一笔。

第四节 搭建直播场景

一、搭建直播场景应考虑的因素

(一)规划直播间面积和成本

对于直播间面积,要做好前期规划,要提前思考场地的具体使用安排,避免后期出现场地过大或过小等问题,导致直播效果不佳。穿搭类的直播间面积建议为 15~20 平方米,美妆类的直播间面积建议为 5~10 平方米。

直播间的硬装成本单价会因销售层次和场地面积大小有所浮动,一般建议将直播间的硬装成本控制在 500 元/平方米左右。

(二)确保稳定的网络环境

稳定的网络环境是直播必不可少的条件。要确保直播不卡顿,需选择上行速度4兆及以上的宽带,具体可根据网络供应商情况选择。不管选择哪家供应商,最好采用独享带宽,避免使用共享带宽。

(三)选择适宜的直播设备

设备的性能对于直播效果有直接影响,新手主播采购设备时应本着实用、够用的原则,在力所能及的范围内购买合乎预期直播水准的设备,以达到较好的直播效果。

一般而言,新手主播需采购的必备设备主要包括以下几类。

1. 摄像头

目前,网红主播常用的直播设备是手机,所以在选择高清摄像头时,尽量考虑适配手机的品牌型号,摄像头的主要参数帧率(Frames Per Second,FPS)不低于30,就可以保证视频流畅,不出现卡顿;摄像头分辨率应达到1 920×1 080,也就是1 500万像素,以保证视频的清晰度;摄像头视角一般在70度以上,这样整个镜头呈现感更好。

作为新手主播,如果资金有限,可以考虑直接使用手机摄像头,现在的主流手机摄像头清晰度基本上都在1 200万像素以上,有的甚至可以达到1 500万像素及以上,而且自动对焦、内置麦克风等直播常用功能也一应俱全,能够满足基本的直播需要。

2. 麦克风

摄像头或手机上均内置麦克风,但收音效果一般,容易收入杂音,影响直播效果,因此建议主播单独购买麦克风。麦克风的类型主要有动圈麦克风和电容麦克风两种。目前常用的是电容麦克风,这类麦克风有独立电源供给,有独立支架。

3. 独立声卡

为了提升直播的声音效果,建议选用USB外置声卡。如果外置声卡与手机不能兼容,还需要加购一个声卡转接器。

主流品牌的外置声卡基本上可以做到即插即用,主播可以根据自己的预算进行选购。挑选外置声卡时需要重点关注采样率、采样精度、失真度和信噪比等性能指标。采样率越高,采集到的声音信号就越接近原始信号,一般为44.1千赫;采样精度越高,声音就显得越细腻,一般为16位;失真度越小,越接近主播原声;信噪比越高,说明噪声越小,收听效果越好。

如果主播选择使用台式计算机进行直播,建议购买一款内置声卡,价格更低,性价比更高。

4. 麦克风支架

直播过程中,主播需要灵活地展示产品,为了确保麦克风的收音效果,最好使用支架辅助。悬臂式麦克风支架使用方便,价格较低,如图7-15所示,主播可根据自己的预算选购。

5. 防喷罩

使用麦克风说话时,经常会将气流喷到麦克风上,引起爆音,同时也会有杂音被收录,使用防喷罩(图7-16)可以有效避免以上问题。特别是选用了电容麦克风的主播,由于麦克风的灵敏度更高,爆音和杂音的问题更容易出现,使用防喷罩就能够有效解决这些问题。

图 7-15 悬臂式麦克风支架

图 7-16 麦克风防喷罩

6. LED 环形补光灯

直播过程中,除了直播间的固定光源,LED 环形补光灯(图 7-17)可以作为补充光源,以改善主播形象,提升直播效果。在选用补光灯时应考虑以下因素:

(1)功率

选用补光灯,首先看 LED 贴片的数量,数量越多,亮度和功率就会越大,光线效果也会越好。

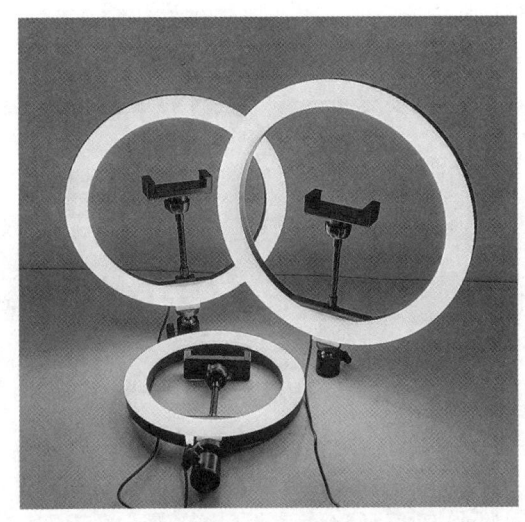
图 7-17 LED 环形补光灯

(2)色温

目前,市面上常用的补光灯以双色温为主,主播可以通过调节按钮进行调光,在不改变视频设置的情况下,不同的色温能给直播过程中的场景变化提供更多选择。

(3)显色指数

显色指数是指光源打在物体上所呈现出的颜色特性,显色指数越高,色彩还原度就会越高,画面的感官清晰度也会越高。一般显色指数超过 92 就可真实还原产品色彩。

(4)能否兼容多种配件

补光灯如果可以兼容多种配件,会进一步提升布置过程的便捷度。建议选用可固定化妆镜、手机、单反相机等多种配件的补光灯。

二、直播场景搭建技巧

直播场景包括房间软装、灯光布置、开播背景布置等,这些都需要符合直播主题,搭建时具体需要掌握以下技巧。

(一)选择直播软装

软装一般需要依据直播间场地大小来决定。需要注意的是,目前较为流行的简欧风或者白色主色调,由于会引起反光,影响直播效果,不建议选用。

1. 背景选择

背景可以使用墙纸或者窗帘。在选购过程中,不要选择白色或者有反光面的墙纸,可选灰色,材质以绒面吸光为宜。

2. 前景陈列

主播在直播时应做好前景的产品陈列,可以凸显产品特征,吸引消费者关注。前景陈列要特别注意以下几点:

(1)陈列时不要让直播软件的功能键遮挡住产品或者提示牌,调整好合适的画面位置再开始直播。

(2)讲解产品时,要将产品完全打开,注意展示细节。

(3)前景陈列要从展示产品细节角度出发,特别是针对有不同最小存货单元(Stock Keeping Unit,SKU)的同一产品,要尽可能向消费者展示全部 SKU,进而吸引消费者停留,如图 7-18 所示。

图 7-18 前景陈列

(二)场地空间规划

直播场地的空间使用需要提前规划,一般可以设置设备摆放区、货品陈列区和后台人员工作区三个区域。

1. 设备摆放区

设备摆放区需根据设备大小和种类规划,以呈现最佳的直播画面效果为布置标准。确定主要设备的摆放位置后,可做好位置标记,便于下一次直播的开展,图 7-19 为简易直播间设备摆放位置示例。需要注意的是,空间布局和摆放位置确定后,不要轻易变动,以免设备重复调试,影响直播效果。

图 7-19　电商直播设备摆放

2. 货品陈列区

整齐的货品陈列可以使直播间显得更有条理。货品陈列区应尽量靠近主播的活动区,便于主播取用、展示货品,但注意不要遮挡直播画面。如在穿搭类直播间,将家具、设备摆放在直播间之前,可提前规划好样品、装饰搭配物的摆放位置,除方便主播取用、展示货品外,也可避免直播场景内摆放杂乱。

3. 后台人员工作区

直播中可能需要其他工作人员的配合,一般的带货直播后台需要安排一名助理和一名运营人员辅助直播,建议留出三分之一的场地作为其他工作人员的活动空间。

(三)环境灯光布置

合理的灯光布置有助于实现更好的视觉效果。即便是同样的直播设备,合理的灯光布置也可以让画面更加清晰。

1. 灯的装修布局技巧

装修直播间时一般需要考虑安装主灯和辅灯,具体数量视直播间大小而定。天花板尽量使用柔光来营造环境光,整个房间的灯光色温需要保持统一。

(1)环境光源

环境光源指的是直播间顶部安装的灯源,一般以每 30 厘米布置一根灯源的密度进行排列,如图 7-20 所示。环境光主要营造直播间的整体亮度,在密度合适的情况下,可以确保视频的清晰度。如果光线偏暗,即便使用高清摄像设备,也会导致画面模糊等情况。

购买灯管时,可以选择常见的长形 LED 灯管,这种灯管易安装,寿命长,成本低,光线比较柔和。

(2)主光源

主光源一般出现在摄像头后方,是直播时重点打亮产品和主播的光源。主光源设备可根据展示产品需要的环境氛围、主播的个人气质等因素进行选择。常用的主光源设备包括环形灯、LED 可调节灯和射灯,建议配备齐全。根据环境光源及产品的不同,可以放置不同数量的主光源设备,建议根据自身需求确定。

①环形灯(图7-21)

环形灯一般适配大多数的数码相机和手机,适用于特写人像和产品。将拍摄设备放置在灯圈的正中央,可以让照片曝光均匀,减少阴影。

图7-20 环境光源

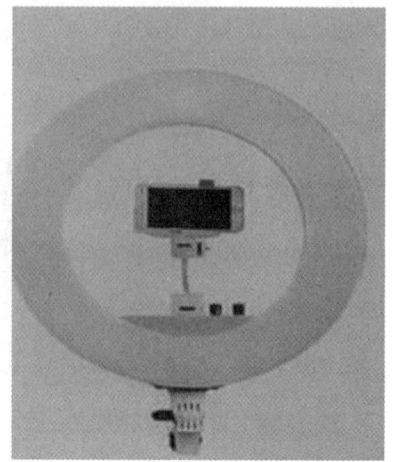

图7-21 环形灯

②LED可调节灯(图7-22)

LED可调节灯散射度更高,补光面积更大,光更柔和,而且可以调节亮度和色温。灯的亮度有很多种,直播时多使用125瓦的LED可调节灯。

③射灯(图7-23)

射灯的作用在于为主播补光,一般装修时会将射灯对准主播台、地面和背景布等投射位置。通过不同层次和重点的打光,提升直播空间的立体感和直播中需要重点关注的人脸、产品等要素。

图7-22 LED可调节灯

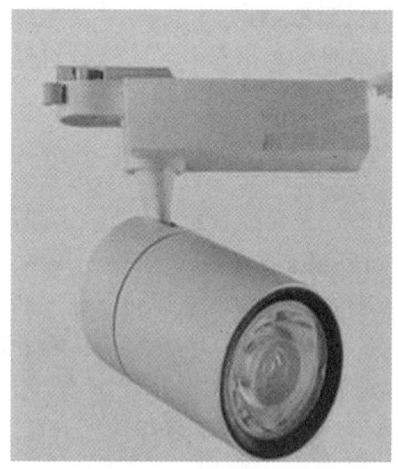

图7-23 射灯

此外,在选择上述主光源设备时,应重点关注设备的色温标准。一般认为6 000开以下的光为暖光,6 000开以上为冷光,5 700开为正白光,也就是日光。目前,市场上较常见的灯光色温标准主要有3 000开、4 000开、5 700开三种。针对不同的产品类目,为了凸显产品的特色,装修时房间整体灯光布局应考虑使用不同色温,具体见表7-2。

表 7-2　　　　　　　　　　　不同类目的色温选择

色温	适用类目	用于营造对应效果
3 000 开暖白光	美食	一般用于营造家庭、酒店、咖啡馆等温馨环境
4 000 开冷白光	服饰(民族风、田园风),美妆(生活妆),珠宝(蜜蜡等),家居	一般用于营造温馨气氛
5 700 开日光色	服饰(欧美极简、日系小清新等),美妆(显色),珠宝(翡翠、玉石等)	使用范围较广,基本都可运用

2.画面构图技巧

受限于直播间本身的布局和大小,直播的整体画面可能不如预期,这时可以运用一些简单的构图技巧来达到较好的直播间场景效果。

(1)景深设计

根据直播间的大小布局,运用合适的空间距离感营造舒适的画面感。

①小空间的景深

针对空间较小的直播间,可以运用墙角拉长景深,对角线可以让画面距离显得比实际长一些,如图7-24所示。

图 7-24　运用墙角拉长景深

②背景陈列的景深

运用层次,如前景有地毯,中景有沙发,后景有货架,层层叠加,让人有更强的空间感,如图7-25所示。

③空间较大的直播间景深

在设置拍摄位置时可以在墙角放置一些海报、展架等背景物,引导观众视线更近一点,使得视频画面可以更好地聚焦在主播身上,让消费者获得更舒适的视觉感受。

(2)构图比例设计

构图比例设计有助于在直播时把人、景、物合理地安排在画面中,可以更好地展示产品和主播,使屏幕前的消费者获得最佳的视觉效果。在搭建直播场景时,主播需要根据不同产

图 7-25 运用层次增加空间感

品的特点来安排构图比例,并调整拍摄位置。

① 常规构图法

一般美食、美妆类直播画面的构图比例较为固定。美食类直播为了凸显食物本身,调动消费者食欲,通常采用居中构图、对角线构图等常见的摄影构图法。美妆类直播为了更好地展示主播的面部特点,通常采用汇聚点构图法和三分构图法等摄影构图法。

② 主体移动的构图方法

服装类直播需要主播在走动过程中展示产品。为了保证画面效果,建议主播尽量在一个相对固定的范围内走动。这个范围不宜离镜头太远,也不宜离镜头太近,既要确保消费者能看清产品细节,有亲切感,也要避免给屏幕前的消费者以压迫感。最佳的画面效果是在主播头顶上方留有一定空间,画面中可完整展现主播身上的服装产品。

小提示

为了适应不同类目产品的直播,主播们特别是直播机构需要分隔出多个直播间,并装修为不同风格。多个直播间相隔的情况下,需要做好隔音,避免直播过程中相互干扰。

案例 7-2

搭建直播间示例

图 7-26 所示的直播间可用于化妆品、日用品等品类的产品直播,由于该直播间推送的产品类型较丰富,直播间的空间较大,所以对光源的要求相对较高,整体布置比较齐全。

由于直播间空间较大,除了装有长型 LED 灯作为环境灯外,还使用环形补光灯和射灯作为主光源。

直播间配置有一台台式计算机,主要用于直播过程中的后台运营操作,如产品上架、互动评论等;一个小型三脚架,用于放置手机;一个外置声卡,用于调节收音及辅助音效;一个电容麦克风。

图 7-26　直播间整体环境

第五节　直播脚本设计

一场好的直播离不开一个设计严谨的脚本。直播脚本可以最大限度地帮助主播把控直播节奏，规范直播流程，达到预期的目标，实现直播效益最大化。

一、直播脚本的定义

直播脚本是指使用特定的描述性语言，针对特定的某一场直播编写的规划方案，以保证直播有序且高效进行，并能达到预期目标。遵循直播脚本进行直播能有效避免不必要的意外发生，如场控意外、长时间尬场等。一份详细的直播脚本甚至在主播话术上都有技术性提示，能够保证主播语言上的吸引力以及对直播间与粉丝互动的把控能力。

二、直播脚本的作用

（一）把控直播节奏

节奏是调动群体情绪及建立情感联系的一条策划主线，主播要根据直播时长完成预热、爆发、收尾三个阶段节奏点的衔接。即时性互动是直播受欢迎的根本，直播互动节奏的紧凑性会直接影响单场直播所产生的营业额。

（二）管理主播行为和话术

有了直播脚本就可以为主播每一分钟的行为和话术提供指导，让主播清楚地知道在某个时间该做什么、说什么，还有什么没做。直播脚本对主播的直播表现发挥着重要作用。

（三）掌握直播主动权

直播脚本通常由主播团队根据品牌方的需求并结合实际情况进行编写。整个直播过程需要按照直播脚本顺序开展，这样才能掌握直播的主动权。

（四）减少直播突发状况

直播脚本实质上是一个已经制订好的工作计划，不同的时间段有不同的任务安排，条理清晰,这样能够有效减少直播过程中出现的突发状况。

(五)规范直播流程

做直播最忌讳的就是开播前才考虑直播的内容。主播如果没有事先预习当天的直播内容,那么直播最终呈现出来的就是不停地尬播、尬聊,甚至会出现主播玩手机自言自语等现象。所以,直播脚本首先能解决的就是直播流程不畅的问题,让直播内容有条不紊地推进。

(六)实现直播效益最大化

无论是淘宝直播带货还是抖音直播带货,抑或是其他平台的直播带货,品牌方和主播运营团队一般都以获得最大效益为根本诉求。根据直播脚本进行直播,有助于实现本场直播的效益目标,从而实现直播效益最大化。

(七)便于复盘总结

直播脚本不是一成不变的,而是需要不断完善和优化的。一场直播在按脚本执行的过程中,可以分时间段记录下各种数据和问题,结束后进行复盘分析,对不同时间段里的优点和缺点进行总结、优化和改进,不断调整脚本,摸索出制定直播脚本的策略和方法。

三、直播脚本的要素

(一)直播目标

直播目标即在直播开始之前所设定的本场直播希望达到的目标,包括对各项数据的具体要求,如观看量、点赞量、进店率、转粉量,以及转换卖货销售额等,明确的数据要求有助于达成目标。

(二)直播人员

要对直播过程中所涉及的人员进行工作分类和工作安排,其中直播画面显示的人员包括主播、直播助理或其他人员。要注意各自的分工以及职能上的相互配合,如主播负责引导关注、介绍产品、解释活动规则,直播助理、场控和运营要负责回复问题、发放优惠信息等互动工作,后台和客服负责修改产品价格、与粉丝沟通转换订单等。

场控,即控制场面的人,也可以叫作房管。场控的主要职责就是控制直播间的整体气氛,配合主播顺利进行直播。场控可以在直播中帮助主播回答观众的问题,屏蔽消息,踢人出直播间或拉人进直播间等。每个直播间都需要一名合格的场控,如果直播中没有场控的管控,整个直播间就会被各种垃圾信息、广告信息、不友好的观众发言等所扰乱。

(三)直播时间

直播时间应提前预设。直播时建议严格按照预计的直播时间进行,时段也要相对固定。到了下播时间建议不要恋战,及时预告下一次的直播时间,让粉丝持续关注下一场直播。这样一方面可以促进粉丝观看习惯的养成,另一方面还能让粉丝对主播保持新鲜感。

(四)直播主题

直播主题即直播活动的中心主旨。虽然直播的主旨一般都是销售,这也是生活消费类直播的主要目的,但主播还是需要对每一场直播进行多样化的主题策划,并以此进行直播内容的拓展,需要明确故事要讲给谁听、怎么讲。

(五)直播内容

直播内容是整个直播脚本的精华和重点部分,包括直播的产品介绍、产品数量、产品类型、产品价格(日常售价和促销价)、产品成分、产品卖点、产品链接、店铺优惠与折扣或者其他类型的店铺活动等。

(六)目标观众

在直播活动中,目标观众即本场活动或本场带货产品所针对的目标人群。目标观众又称目标顾客、目标群体或目标客群。

四、单场直播脚本的撰写

单场直播脚本流程需要具体到分钟,如 8:00 开播,8:00－8:10 进行直播间预热和向观众打招呼。在直播脚本中要规划好单品的单位介绍时间,根据直播时长合理安排直播流程。直播时要依据直播脚本有计划、有步骤地推进直播流程。单场直播脚本的主要内容如下:

(一)前期准备

前期准备主要包括直播宣传、明确目标、人员分工、设备检查、产品梳理等环节。

(二)直播开场

直播开场包括主播自我介绍、引导用户关注等内容,在整个直播活动中起到气氛调节升级的作用,奠定直播的基调和氛围。

(三)直播活动介绍

不论是对新观众还是原有观众,在开始一场新的直播时,主播必须对整个直播活动包括直播福利、直播环节做一个总体性的介绍。

(四)产品讲解

产品讲解是直播的核心内容,要遵循从外到内、从宏观到微观的原则,加以生动真实的语言进行描述,全方位、客观地分析产品的优缺点。

(五)产品测评

产品测评往往是观众较为关注的一个环节,在这个环节中主播需要站在顾客的角度,360 度全方位体验并介绍产品。

(六)观众活动

在直播进行到中间进程时,主播需要安排适当的观众参与活动,如进行观众个案讲解、故事分享和疑问解答等。

(七)抽取奖品

直播过程中通常会安排抽奖环节,为观众送福利,这既是维持现有粉丝的有效方法,又是吸引新粉的有效手段,也能够更好地调动直播间的气氛以及引导粉丝消费。

(八)总结活动

在直播接近尾声时,主播需要再次强调品牌以及总结本次直播活动。

(九)预告活动

在直播结束时,主播要引导粉丝关注主播账号并且预告下次直播活动的内容和时间。

小提示

直播结束后,主播需进行复盘分析,总结直播活动中出现的问题,不断调整脚本,优化直播过程。

第六节 直播妆容设计

一、直播妆容的定义

直播妆容是指通过某种装扮、修饰形成的一种在直播过程中的外在形态表现,通俗来讲就是将某一个人打造或打扮出良好的气质和面容出现在直播镜头前。在直播过程中,适当的妆容可以增加个人颜值。

二、直播妆容的分类

(一)日常休闲妆

日常休闲妆适合大多数日常直播场景,如生活分享、日常交流等。特点:妆容以自然、轻松为主,强调肌肤的自然光泽和健康气色。男性主播通常仅做基础护肤及轻微遮瑕;女性主播则在此基础上添加轻薄的底妆、淡雅的眼妆及自然的唇色。

(二)商业专业妆

商业专业妆适用于商务直播、专业讲座等正式场合。特点:妆容偏向于成熟稳重,强调专业形象。男性主播会使用遮瑕膏遮盖瑕疵,并可能使用定妆粉减少油光;女性主播则采用更为精致的底妆、清晰的眉形、自然的眼妆及低调的唇色。

(三)主题创意妆

主题创意妆适用于特定主题的直播活动,如节日庆祝、角色扮演等。特点:妆容富有创意和趣味性,与直播的主题紧密相关。男性主播可能会尝试一些特别的造型,如节日装扮;女性主播则可能使用更多色彩丰富的眼影、夸张的睫毛等元素。

主播可以根据特定的主题,如星座、节日等设计相应的妆容,吸引粉丝或者观众的眼球,增加节日的仪式感,拉近与观众的距离,促进产品销售。

(四)彩妆教学妆

彩妆教学妆专为彩妆教程类直播所设计。特点:妆容以展示化妆技巧和产品为主,通常会演示从基础到进阶的不同化妆步骤,强调化妆过程中的技巧和产品的使用方法。

(五)晚间娱乐妆

晚间娱乐妆适用于晚间娱乐直播,如音乐、脱口秀等。特点:妆容较为华丽,强调光影效果,营造舞台氛围。男性主播可能会使用带有闪光效果的产品;女性主播则会使用更加大胆的眼影色彩、闪亮的高光和鲜艳的唇色。

(六)运动健身妆

运动健身妆适合运动健身类直播。特点:妆容以轻薄透气为主,使运动时不易脱妆。男性主播通常只做基础护肤;女性主播则使用防水防汗的化妆品。

三、男、女主播的妆容

对于男性主播而言,妆容应以自然简洁为主,重点在于基础护肤和轻微遮瑕。首先,基础护肤是必不可少的一步,包括清洁面部和使用适合自己肤质的保湿霜,确保皮肤保持干净、清爽的状态。接着,在需要的地方使用与肤色相近的遮瑕膏,如黑眼圈、痘痘或痘印等瑕疵处,这样可以有效改善肌肤外观,但又不会显得妆感过重。眉毛也是男性主播不可忽视的部分,适当修整眉毛形状,并使用眉笔或眉粉进行填充,使眉毛看起来更加整齐有型。最后,为了防止出油导致的脱妆或反光现象,可以轻轻扑上一层透明定妆粉。此外,唇部护理也很重要,可以使用润唇膏保持唇部滋润,避免干裂的情况发生。

相比之下,女性主播的妆容要求更为全面。基础护肤同样至关重要,确保皮肤状态良好是打造完美妆容的第一步。之后,选择与自己肤色相近的粉底液,均匀涂抹全脸,打造出自然通透的底妆。遮瑕膏的使用也不可或缺,它可以遮盖黑眼圈、痘印等瑕疵,使肌肤看起来更加平滑。腮红是增添气色的好帮手,适量涂抹可以让人看起来更加健康有活力。眼妆方面,根据直播的主题和主播个人风格选择合适的眼影颜色,使用睫毛膏使眼睛更加明亮有神。眉毛的打理也非常重要,精心塑造的眉形可以很好地提升整体形象。至于唇妆,则要根据整体妆容来挑选合适的口红色号。值得注意的是,女性主播的整体妆容不仅要与个人风格和直播主题相匹配,还要确保妆容持久,能适应直播间的光线条件,避免出现妆容脱落或色彩失真等问题。

四、主播服装的选择

主播的服装搭配需要在款式、颜色上相互协调,整体上达到得体、大方的效果。主播直播的时候可能是上半身出镜,也可能是全身出镜,所以主播一定要特别注意服装的搭配。

(一)服装选择要素

1. 厚度

主播无论身在何处、天气如何,在直播的过程中都应穿着轻薄型的衣服,不要穿臃肿的衣服上镜。

2. 颜色

在衣服颜色的选择上是好以同类色搭配,通常是指深浅、明暗不同的两种同一类颜色搭配。同类色搭配的服装会显得人柔和文雅。衣服的颜色尽量不要超过三种。

3.面料

在面料的选择方面,质感是非常重要的。可以选择物美价廉的服装,但要保证基本的质感。建议选择棉质或雪纺面料。

4.尺度

在镜头前,穿衣尺度是备受关注的问题。主播要严格按照《网络直播主播管理规范》的要求,选择合适的服装,把握好穿衣尺度。

(二)不同类型直播的服装搭配技巧

在直播行业中,主播的服装搭配不仅是个人形象的体现,更是与观众建立情感联系的重要方式之一。根据不同类型的直播内容,服装的选择和搭配也会有所不同。以下是一些针对不同类型直播的服装搭配技巧,旨在帮助主播更好地选择和搭配服装,展现最佳形象。

1. 教育类直播

服装选择:选择专业且舒适的服装,如衬衫、商务休闲装或是简洁的针织衫。颜色上可以选择淡色系或深色系,避免过于鲜艳的色彩。

搭配技巧:男士可以选择素色或细条纹的衬衫搭配深色西裤,女士则可以选择简约款式的衬衫或针织衫搭配半身裙或长裤。确保服装合身且整洁,避免过于休闲的款式。

配饰建议:佩戴手表、项链或耳钉等简单配饰,以增加专业感。

2. 娱乐类直播

服装选择:可以选择更具个性化的服装,如时尚的T恤、卫衣或有特色的服饰,以增加趣味性和亲和力。

搭配技巧:根据直播的主题选择相应的服装风格,如街头风、复古风或潮流元素等。颜色上可以更加大胆,使用鲜艳颜色或对比色搭配。

配饰建议:使用帽子、墨镜、围巾等时尚单品作为点缀,增加时尚感。

3. 健身类直播

服装选择:穿着合身的运动装备,确保活动自如,同时也要注意服装的吸汗透气性能。

搭配技巧:选择适合运动的服装,如紧身运动裤、运动背心或短袖T恤。颜色上可以选择亮丽的颜色或荧光色,以提高可视性和活力感。

配饰建议:佩戴运动手表或健身追踪器等实用配件,确保在运动过程中也能方便地查看数据。

4. 商务类直播

服装选择:选择正式的商务服装,如西装套装或职业装,以展现专业形象。

搭配技巧:男士可以选择深色的西装搭配白色或浅色衬衫,女士则可以选择套装或职业连衣裙。颜色上以深色系为主,如黑色、深灰色或深蓝色。

配饰建议:佩戴简约的手表、项链或耳环等配饰,以增添细节和专业感。

5. 时尚类直播

服装选择:选择时尚前沿的服饰,如当季流行单品或设计师品牌服装。

搭配技巧:根据时尚趋势选择服装,如复古风格、极简主义或街头风格等。颜色上可以大胆尝试,利用对比色或流行色进行搭配。

配饰建议:使用时尚配饰如大耳环、宽边帽或个性项链等作为点缀,增加整体造型的亮点。

6. 生活类直播

服装选择:选择舒适自然的服装,如棉质T恤、休闲裤或连衣裙。

搭配技巧:选择简单大方的款式,避免过于复杂的图案或装饰。颜色上可以选择淡色系或自然色系,如米色、灰色或浅蓝色。

配饰建议:佩戴简约的项链或手链,或是使用丝巾等轻巧配饰增加层次感。

7. 民族风情直播

服装选择:选择具有民族特色的服饰,如民族风长裙、传统服饰等。

搭配技巧:根据直播的主题选择相应的民族风格服装,注意颜色和图案的协调统一。可以搭配同风格的上衣或外套。

配饰建议:使用民族风配饰如手镯、项链或头饰等,增加民族特色。

8. 晚间娱乐直播

服装选择:可以选择华丽的晚礼服或时尚派对装。

搭配技巧:根据直播的场合选择相应的服装,如正式的晚宴礼服或夜店风格的派对装。颜色上可以选用金色、银色或其他闪亮的色彩。

配饰建议:佩戴闪亮的首饰如钻石耳环、水晶项链或手链等,增加光彩夺目的效果。

(三)服装选择注意事项

1. 与直播内容相符

选择的服装应该与直播的内容相匹配。例如,在教育类直播中,选择专业且舒适的商务休闲装可以给人留下严肃认真的印象;在娱乐类直播中,可以选择更具个性化的服装,如时尚的T恤、卫衣或有特色的服饰,以增加趣味性和亲和力;在健身类直播中,则应选择透气且适合运动的服装,在活动自如的同时还能保持良好的形象。

2. 适应直播环境

考虑到直播间的灯光条件和背景布置,应选择不易产生反光或与背景冲突的服装。例如,在强光下直播时,避免穿着过于闪亮或反光的面料;在背景较暗的情况下,可以选择明亮或对比色较强的服装,以提高可见度。

3. 展现个人风格

服装应反映主播的个性和品牌调性,使观众更容易识别和记住主播。例如,一个以时尚为主题的主播可以选择当季流行单品或设计师品牌的服装;一个以生活方式为主题的主播则可以选择简约舒适且具有亲和力的服装。

4. 考虑观众群体

了解主要观众群体的偏好,选择能够引起共鸣的服装风格。例如,面向年轻观众时,可以选择更为时尚和潮流的服装;面向专业观众时,则应选择更为正式和专业的服装。

5. 合身度

服装应合身且舒适,避免过于宽松或紧绷,以确保在直播过程中能够自由活动。过紧的服装可能会限制动作,而过于宽松的服装则可能会给观众留下不整洁或邋遢的印象。

6. 颜色搭配

选择与肤色相衬的颜色,并避免纯白色或黑色等容易造成曝光或压抑感的颜色。明亮的颜色可以吸引注意力,适合活跃气氛的直播;深色调显得比较稳重,适合专业或正式的直播场合。

7. 材质与季节

根据季节选择合适的材质,夏季选择轻薄透气的面料,如棉或亚麻,以保持凉爽;冬季则选择保暖的材质,如羊毛或加绒内衬的衣物,同时也要注意不要过于臃肿。

8. 配饰选择

适量佩戴配饰,如手表、项链或耳环等,但不宜过多,以免分散观众注意力。配饰应当与整体造型协调一致,增加细节的同时也要保持整体的平衡感。

(四)服装选择的禁忌

1. 过于暴露的服装

避免穿着过于暴露的服装,如低胸、透视装等,这些服装可能违反直播平台的规定,并可能给观众带来不良观感。过于暴露的服装可能会引起不必要的争议或使观众感到不适。

2. 低俗或不雅的图案

避免穿着带有低俗文字或图案的服装,这些可能会引起争议或不适。选择没有敏感内容的服装,有助于维护主播的正面形象。

3. 过于花哨的颜色

避免穿着过于鲜艳或花哨的服装,特别是那些容易分散观众注意力的颜色。过于花哨的颜色可能会让观众难以集中精力于直播内容本身。

4. 过于厚重的衣物

直播时应避免穿着过于厚重的衣物,以免显得臃肿。厚重的衣物可能会限制主播的动作,影响直播体验。

5. 不合时宜的装扮

避免穿着与直播内容或直播时间不符的服装,如在正式场合穿着过于休闲或运动的服装。不合适的装扮可能会让观众感到困惑,会认为主播不专业。

6. 违反规定的服装

遵守直播平台的规定,避免穿着情趣制服、情趣内衣、透视装、肉色紧身衣等不被允许的服装。这些服装可能会违反直播平台的行为准则,甚至可能导致账号被封禁。

7. 不尊重文化或宗教的服装

避免穿着可能被视为不尊重特定文化或宗教的服装,以避免引发不必要的争议。在国际化的直播平台上尤其需要注意这一点,以确保尊重所有观众的文化背景。

8. 过于复杂的装饰

避免穿着装饰过于复杂的服装,如过多的流苏、蕾丝或金属饰品等,这些可能会分散观众对直播内容的注意力。过于复杂的装饰还会在镜头前显得杂乱,影响主播整体形象。

本章小结

本章深入探讨了电商直播活动的筹备内容,包括人员要求、账号搭建、直播选品、搭建直播场景、直播脚本设计及直播妆容设计等方面,旨在为电商直播从业者提供一份全面的准备指南。电商直播不仅是简单的在线展示产品,而是一项集策划、运营、技术于一体的综合活动。它不仅要求主播具备良好的个人素质和专业技能,还需要主播在直播前做好充分的准备。遵循本章提供的指南,电商直播从业者能够更好地准备每一次直播,提升直播质量和用户体验,进而促进销售业绩的增长,推动电商直播行业向着更加专业化、精细化的方向发展。

知识巩固

1. 电商直播从业人员职业素养要求包括_____、_____、_____三方面。

2. 直播选品标准包括_____、_____、_____、_____、_____、_____。

3. 直播脚本的作用包括_____、_____、_____、_____、_____、_____、_____。

4. 直播妆容的分类包括_____、_____、_____、_____、_____、_____。

第八章

提升直播效果

知识框架图

- 提升直播效果
  - 拍摄直播短视频
    - 短视频在直播中的应用
    - 短视频内容拍摄与剪辑
    - 短视频拍摄设备与剪辑软件
  - 账号引流
    - 认识引流工具
    - 设计吸粉账号
    - 带货直播黏粉与涨粉话术
    - 应规避的账号限流敏感操作
  - 直播表现技巧
    - 直播常用话术
    - 直播节奏把握
    - 直播中遇到的危机及解决办法
    - 直播产品讲解主要环节
  - 直播中的主要禁忌
    - 禁止出现直播时间不固定、随意下播的情况
    - 禁止出现直播时只与某个或某几个粉丝交流的情况
    - 禁止在直播间随意谩骂、侮辱游客或粉丝
    - 禁止有地域、种族、工种歧视或其他负面评价
    - 避免在直播顶峰期出现断播、停播、直播不稳定的情况
    - 避免因各类外界因素影响直播质量

第八章 提升直播效果

学习目标

1. 了解账号引流的方式
2. 掌握直播表现的技巧
3. 了解直播中的主要禁忌

第一节 拍摄直播短视频

一、短视频在直播中的应用

拓展阅读8

短视频即短片视频,是一种新兴的互联网内容传播方式,一般是在互联网新媒体上传播时长在5分钟以内的视频。随着移动终端的普及和网络提速,短视频以短、平、快的大流量传播方式快速获得了各大主流直播平台的青睐,各类直播软件纷纷增加短视频功能。

短视频内容题材更加丰富,用户的留存性更强,直播和短视频相辅相成,能够为用户提供更多更直观的内容,带来更好的使用体验,"短视频+直播"模式由此迅速兴起。数据显示,直播前的引流短视频能够吸引更多的流量与人气,有一定福利介绍内容的短视频引流效果更好。

二、短视频内容拍摄与剪辑

就营销定位而言,目前直播平台的短视频内容主要分为营销品牌、营销产品、推广销售渠道和网红达人四类。直播平台的短视频拍摄需要严格把握吸引力、表现力和结合度三个核心要素,即短视频要有一定的亮点和吸引力,要么有趣要么别致,能够吸引观众的眼球,达到营销和推广的目的。短视频在展现具体内容的过程中要强化形式上的表现力,通过多维度的展示来体现产品、渠道或人物的魅力。短视频内容还应与产品、渠道或人物的独特属性充分结合,不单纯依靠华而不实的画面来吸引观众。

(一)营销品牌短视频

营销品牌短视频是指通过展现包括企业产品、文化、形象等在内的综合性信息,提升品牌本身在客户心中价值认可的视频作品。在此以抖音直播平台中某科技公司营销品牌短视频为例。

1. 内容策划

某科技公司以创新、未来为公司理念拍摄了有关公司企业文化的品牌短视频,视频氛围体现出企业对未来与新科技的远大抱负,展示了独特的企业文化。需要注意的是,在拍摄品牌短视频的过程中应明确品牌核心价值与倡导文化的核心要素,选取相关关键词进行可视化内容设计。

2. 视频拍摄

拍摄开场画面时,可先用移动镜头进行俯拍,以此来展示企业整体面貌与组织规模,这里应拍摄具有代表性的企业建筑物。而后具体展示其特定生产场景,采用低视角,在斜 45 度方向拍摄,画面的延伸焦点会使其更具立体感,画面上方要留出些许空间,与主体产生透视效果。

经过两到三组的成角仰拍后,下一步应拍摄企业地标、文化墙等近景素材。在完成外景拍摄之后,就要展示企业内部精神力量的相关内容,如员工团队、办公室文化等,拍摄要遵循循序渐进、由远及近的顺序进行画面调度,例如,拍摄员工团队时应先展示团队整体精神面貌,而后展现优秀员工的具体表现或业绩等。最后回归到企业文化与精神,进一步点题,拍摄主体既可以是企业的代表人物,也可以是企业的知名产品。

3. 视频剪辑

营销品牌短视频建议遵循由大到小、由慢到快、由远及近、由概念到实景的剪辑逻辑,同时注重旁白的使用,将一些不可见的数据内容通过听觉呈现。

开篇俯拍镜头应注意放缓剪辑节奏,为后面精彩内容留有节奏上的上升空间。而后具体建筑剪辑要提升节奏,同时融入人声介绍,提升权威感与期待感,随后人与具体物体拍摄是整段视频的高潮,这时画面之间拼接的节奏要加快,若有音乐搭配,此时应达到激昂高潮部分,画面拼接要遵循动静结合的剪辑处理方式,即静止画面与运动画面交叉剪辑,以保证视频内容丰富多样。收尾部分应回归企业文化主体,通过展示企业核心文化的具体物象进行缓慢收尾,抵消高潮部分产生的影响,让观众以平和的心态回味之前的视频内容。

(二)营销产品短视频

营销产品短视频就是通过有针对性地展现产品的特点、优点,提升产品吸引力,进而促进客户购买欲望的视频作品。在此以淘宝直播平台中某补水护肤品营销短视频为例。

1. 内容策划

为了更好地凸显自身产品的特点和优点,可通过护肤品使用前后的对比来展现产品的卖点。在内容策划阶段需要首先对产品的竞争优势进行分析提炼,如某补水护肤品提取了仙人掌精华作为锁水核心技术,相对于其他补水护肤品具有技术上的优势,然后围绕这一优势设计剧情,如对比两位女性在使用了该产品与其他产品后锁水效果的不同(随着时间的推移,一位面部越来越干燥,而另一位面部依然水润),辅以具体的视觉画面呈现。

2. 视频拍摄

视频开篇可以采用某个话题来吸引人。如两位女性在讨论皮肤补水问题,其中一位说自己用了某补水护肤品,效果很好,而另一位表示自己不知道这款产品。拍摄场景可以选择女生房间、化妆间等场所。

然后,对两位女性分别进行面部特写拍摄。此时,应注意灯光和景别的运用。对使用了某补水护肤品的女性,应采用暖色调与柔光拍摄,这样可以更好地展现其面部红润,有血色。而对另一位女性,则运用冷光与直射光照的拍摄手法,说明效果普通。

接着,通过使用了某补水护肤品的女性旁白,引出产品拍摄。产品拍摄以特写描绘为佳,特写的距离为 15~30 厘米,可以拍一些产品的棱角细节,也可以拍产品的全貌。为方便观众对于产品的外部轮廓有大致了解,可以拍摄两个静止画面,然后再加上一个运动画面。

将产品放置在固定位置,用摄像设备拍摄其整体轮廓,这时注意保持前景与背景的干净、整洁,如桌子后方要保持干净、整洁,不要放置过多杂物。拍摄了两个静止画面之后,即可拍摄物体移动的镜头,如从左到右、从上到下的运动镜头,使内容更加丰富。

3. 视频剪辑

剪辑的思路遵循前期策划的剧情逻辑。在手机剪映软件 App 或者电脑剪辑软件里对画面进行逻辑排序,剪辑时要注重节奏点的把控,在对比两款产品时可运用快节奏的、视音频剪辑,使得这一段内容在整体上被推到最高潮,产品宣传效果最大化。这类视频对话和旁白较多,剪辑时要特别注意声画同步,还可以加入适当的音乐进行辅助,烘托整体气氛。

(三) 推广销售渠道短视频

推广销售渠道短视频是指通过展现商家独有或具有某方面优势的供货和销售渠道来提升客户信任感和购买意愿的视频作品。在此以抖音直播平台的 2~9 元小商品进货渠道短视频为例。

1. 内容策划

拍摄 2~9 元小商品的营销短视频目的在于宣传本产品价格低廉的进货渠道,不针对某款或某类产品,而是以价格优势作为营销的卖点。针对这类视频建议将稳定的供货渠道和低价高质的产品作为主要拍摄内容,并设计对应的拍摄画面。

2. 视频拍摄

拍摄时要注意整体逻辑统一,推广销售渠道不是针对某款产品,因此产品拍摄应点到为止,有一两个画面闪过即可。

视频开篇时,可对供货仓库进行整体环绕式拍摄,不管是全景、大全景还是中景,都要尽可能多拍。以不同角度拍摄产品仓库,使视频信息内容更丰富,可以让人直观地感受到该销售渠道的体量规模和供货渠道的稳定。而后对仓库的产品品类进行展示拍摄,距离产品3~5 米为宜,在拍摄玩具或文具类产品时,可以适当拉近镜头,让观众清楚地看到品类细节,这里拍摄两到三组镜头即可,可采用运动和静止画面,多用摇镜头。最后应着重点明该渠道的特点,回归产品渠道营销的主题,可再次返拍之前的仓库全景内容。注意拍摄时应避免环境灯光昏暗或声音嘈杂,不管用手机还是相机等设备,都要保持稳定的视角和相对明亮的拍摄环境,让观众看到和听到清晰明了的内容。

3. 视频剪辑

后期剪辑时要配上符合该销售渠道的音乐,尽量选择能与观众产生共鸣或者是营造产品价格低廉、品质优质、进货渠道稳定等特点的音乐。因为需要凸显的不是产品,而是整个供货渠道,所以建议采用一些有节奏感的、明快的流行音乐。

具体剪辑的逻辑是,要保证按照从远到近、从大到小的剪辑思路进行剪辑,从仓库整体全貌起始剪辑,中期镜头聚焦于具体品类,拉近镜头进行中景内容的拼接,后期仍然回归整体仓库的画面。剪辑时注意不要过度采用某些软件特效,这样会让人觉得不够真实,缺乏可信度。需要注意的是,这类视频后期成片时应尽可能保持视频内容的连续性,而不是用单纯的炫技打破内容的连贯性。

(四) 网红达人短视频

网红达人短视频是指通过展示网红个人魅力或者独门绝技,来提升大众好感度的视频作品。在此以淘宝直播平台的某网红达人短视频为例。

1. 内容策划

某网红将个人在生活中经历的尴尬小事通过幽默的方式表现出来，整个视频以女性感受作为切入点，描绘女性在职场上的真实心理活动与表面状态不相符的有趣画面，进一步塑造该网红亲民的形象。

2. 视频拍摄

网红达人短视频主要以近景进行拍摄，镜头一般与被拍摄主体保持 2 米左右的距离，且主要拍摄人物腰部以上部分。根据剧情需要，在两位角色对话或进行角色互动时，镜头应偏向发言的一方。在切换到描绘人物心理的镜头时，要用人物特写的拍摄手法，即将人物肩部以上部分保持在画面内，这样有助于观众留意人物面部特征。此外，网红达人短视频拍摄场景需要经过前期策划，根据网红形象塑造要求来进行场景的布置，包括灯光与道具的布置，让人一眼就能看出是某网红的场景。如某网红的短视频场景是具有标志性的白领办公室，与女性各种尴尬处境的剧情相结合，让人印象深刻。

3. 视频剪辑

剪辑的思路应根据具体的剧情逻辑，根据剧情发展的走向，依据故事内部逻辑将前期拍摄的素材进行拼接整理，删除对故事推进无用的镜头，保证故事顺利发展。同时，剪辑时可利用蒙太奇手法等常用的剪辑手法进行创作，提升可观赏性。例如，上一镜头的动作延续至下一镜头中，能充分体现时空交错的场景切换，剪辑时可将主角白天所经历的一些事情通过回想画面闪回至晚上的现实场景中，可以反映出主角的情感纠葛。再如，画外音的制作可反映出主角的心理活动，这里可以通过特写的拍摄方式跟踪主角面部变化，同时制作后期配音音频，在画面停留在主角面部的同时播放画外音，描绘其心理活动。

三、短视频拍摄设备与剪辑软件

（一）拍摄设备

对于没有视频拍摄经验的主播团队，建议选用智能手机进行拍摄，在条件允许的情况下也可选购专业的单反相机（图 8-1）和摄影机（图 8-2）。

为进一步保证视频拍摄的稳定性，可选用手机支架、八爪鱼支架等辅助设备；为进一步提升拍摄效果，可选用反光板、补光灯、补妆灯等辅助设备。主播团队可根据自身拍摄需求进行选择。建议新手主播在熟练掌握基础的短视频拍摄技巧后，再选购专业设备。

图 8-1　单反相机

图 8-2　摄影机

(二)剪辑软件

剪辑软件种类众多,功能复杂,以下主要介绍"剪映"和"Pr"两款入门级短视频剪辑软件。

1. 剪映

剪映的操作界面如图 8-3 所示,上方是视频监视器区域,中间为视频轨道操作区域,下方为工具备选区域。

图 8-3　剪映软件操作界面

使用该款剪辑软件的方法为:利用下方工具备选区域提供的工具,在中间视频轨道操作区域进行操作,在上方视频监视器区域进行预览。例如,要对视频进行剪辑处理,可点击下方"剪辑"选项,在中间视频轨道区域进行剪辑操作,便可在上方监视器区域进行预览。再如,想对视频画面添加某种特效,点击下方"特效"选项,在其中选择合适的视频特效加入中间视频轨道操作区域中,方可在上方视频监视器区域进行视频预览,同时可对特效进行叠加或删减处理。

2. Pr

Pr 是 Premiere 的简称,是 Adobe(奥多比)公司开发的一款常用的视频编辑软件。使用该款软件的剪辑方法为:将左下方"效果"区域选项中的各类特效拖动至右下方的"视频轨道"中,在右上方的视频"监视器"区域进行预览,若想对特的参数做微调,如透明度、画面位置等,点击左上方"效果控件"选项进行修改即可。

例如,要对视频添加"垂直翻转"特效,可点击左下方的"垂直翻转"特效,将其拖入右下方"视频轨道"中,即可看到图中视频画面被垂直翻转。

第二节　账号引流

一、认识引流工具

对于互联网企业而言，流量等于现金，因此如何抓住稍纵即逝的流量风口，如何实现高效、快捷的引流，如何创造商业价值，就成为电商平台入驻商户和企业最关心的事。

以下主要介绍抖音直播和淘宝直播平台的常用引流工具。

（一）个人IP

IP 是 Intellectual Property 的缩写，原义为知识产权，现在其含义在互联网界已经有所引申。IP 可以指一个符号、一种价值观、一个具有共同特征的群体、一些自带流量的内容。近几年，有些人通过在平台上进行直播吸引了大量的粉丝关注，形成了个人 IP，他们能够凭借自身的吸引力，摆脱单一平台的束缚，在多个平台上获得流量。直播账号要打造个人 IP 必须建立清晰的粉丝用户画像，然后根据画像进行内容定位。例如，美妆类主播，可以通过发布化妆技巧、美妆产品使用方法等短视频，分享对于美妆的个人心得和独到见解，逐步获得有相关需求的消费者的认可，进而形成良好的个人口碑，通过一个较长周期的优质内容输出，最终成功打造具有公信力的美妆个人 IP。

以"某辣德子"账号为例，他以制作家常菜和地方特色菜为主，尤其是擅长川菜等麻辣口味的食物，已经推出了几百个以教做菜内容为主的短视频，在抖音直播平台上吸引了上千万粉丝用户，由此可以形成该账号粉丝用户的基本画像，即热衷做家常菜的人。"某辣德子"在短时间内迅速积累了大量粉丝，成为抖音平台上极具代表性的美食 IP 之一。

这类账号通过推出垂直领域的原创视频，依靠优质内容获取高曝光度，形成具有知名度和号召力的个人 IP，进而引入庞大流量，并最终实现变现。

（二）评论

评论是指针对事物进行主观或客观的自我印象阐述。这里的评论主要是指直播过程中粉丝或消费者对主播直播效果或者产品本身的评价。

评论引流属于免费流量，想要利用评论引流，首先需要保持与粉丝用户的高互动性，引起粉丝的关注；其次，评论内容要能够引发粉丝共鸣，阅读以后能让粉丝产生开心、愉悦、认同、归属的情绪，有进一步与主播交流互动的欲望，进而为其点赞和转发。

以抖音直播平台为例，开展评论引流首先需要了解抖音短视频的推荐机制。抖音直播平台的短视频推荐机制和"今日头条"类似，即一条视频上传审核通过后，通过智能系统对视频进行兴趣化标签分类，并推送给有观看这类视频习惯的用户。随后，对这些用户观看视频的完播率、点赞量、评论量、转发量进行数据汇总和分析，根据分析结果决定是否持续向更多的人群推荐。例如，在抖音直播平台发布视频成功以后，系统会首先推送给 500 位用户，那么这 500 人当中可能有 400 人会点击观看；其中有 300 人看完全片，50 人点赞，30 人评论，20 人转发，一旦达到这一标准，系统就会判定该视频为高质量视频，并将它继续推荐给下一批用户,此时的推荐量可能会增加到 1 000 人,甚至一万人、十万人级别,继而再推荐给第三批用户、第四批用户,以此类推下去。当该视频满足抖音的推荐规则要求之后,就会获得更多的免费上热门的机会,从而扩大粉丝用户数量,实现引流。

淘宝直播平台的评论引流方式与抖音直播平台的评论引流方式基本类似。

(三)企业认证

企业蓝 V 是抖音直播平台的企业号,能够帮助企业传递业务信息,与用户建立互动。认证通过的企业号,将获得蓝色的"V"字形认证标识。

抖音的线下引流目前主要依靠垂直行业的定位信息(Point of Information,POI)认领。只要企业号拥有了企业蓝 V 认证,就可以进行 POI 地址认定,即有固定办公地址和实体店铺的商户可以在抖音直播平台申请认领一个 POI 地址,在地址栏里展示企业的蓝 V 号以及店铺的一些基本情况,并支持电话预约,进而为企业提供更高的曝光度和变现的可能。

与抖音直播平台不同,淘宝直播平台的企业认证采用实人认证,已经入驻淘宝直播平台的一些达人账号、商家主账号和子账号都可以在开播之前进行实人认证。实人认证是将卖家身份信息与经营者本人进行绑定,一方面杜绝欺诈,提高账号公信力;另一方面便于消费者通过平台准确检索到主播本人。淘宝实人认证面向所有卖家分批进行,新开店卖家先通过实名认证,之后需要接受定期和不定期实人认证身份复核。

(四)付费推广

以抖音直播账号为例,抖音的"Dou+"是抖音直播平台为用户提供的一种视频付费推广工具,能够高效提升视频播放量与互动量,提升内容的曝光效果,满足抖音用户的多样化需求,如图 8-4 所示。

"Dou+"适合不想花太多时间在视频制作上的用户,也适用于希望登上视频推荐榜单、快速增加曝光机会的商户。目前 100 元的"Dou+"助力可以换取 5 000 人次播放量,同时可以设置兴趣标签,推荐给目标人群观看。

淘宝直通车则是淘宝平台为用户提供的一种付费推广工具,针对淘宝直播现已开通直播推广功能,在直播推广时间上有"始终推广"和"直播结束则推广结束"两种选择,始终推广即在主播直播阶段及在直播结束后进行持续引流。主播在一场直播结束后,还能继续利用直播间视频讲解回放片段作为视频落地页进行投放。消费者搜索后,点击广告就能看到商品的回放视频,促使有高购买意向的消费者进行购买 。

直播结束则推广结束即在主播直播阶段进行引流,适合需要大量吸引新客的店铺,可以直接增加直播间的观看人数。

淘宝直通车的收费方式是按关键词点击量计算费用,每一个关键词由于热度不同出价也不同,具体标准可登录淘宝直通车官网查看。

(五)信息流广告

信息流广告是指位于社交媒体用户的好友动态或者资讯媒体和视听媒体内容流中的广告,有图片、图文、视频等,特点是算法推荐、原生体验,可以通过标签进行定向投放,根据自己的需求选择曝光落地页或者应用下载等,最后的效果取决于创意、定向、竞价三个关键因素。

投放信息流广告,同样属于付费流量的一种,即在视频流当中以原生态的方式植入自

图 8-4 抖音"Dou+"助力

家的广告。这类非强制性的广告方式,不打扰用户,较容易被接受。信息流广告可以针对人群、兴趣、地域等多个维度进行标签设置,从而把品牌产品呈现给特定的人群,是一种相对简单的引流方式。

抖音直播平台的信息流广告支持 CPC 和 CPM 两种计费方式,用户可以根据自身需求进行选择。CPC 即 Cost Per Click,按点击付费,每次点击约 0.2 元。CPM 即 Cost Per Mille,按展现计费,每个 CPM 的价格为 4 元,即一条广告被展现 1 000 次扣费 4 元(按展现计费,用户只要看到广告,就算一次展现,广告在 24 小时内被同一用户观看多次,也只算一次展现)。

淘宝直播平台的信息流广告为"超级推荐"。根据阿里巴巴旗下数字营销平台阿里妈妈提供的信息,"超级推荐"的广告位覆盖"猜你喜欢""微淘""直播广场""有好货"等推荐类位置,广告呈现的形式包含商品、图文、短视频、直播、跳转页面等。

二、设计吸粉账号

为提升粉丝用户的黏度,避免一划而过的窘境,主播需要有针对性地设计个人主页。一个定位清晰、信息翔实、设计精美的个人主页,无疑可以吸引更多的粉丝停留、驻足。以下将介绍如何设计一个能够吸引粉丝的个人主页。

以抖音直播平台为例,如图 8-5 所示,个人主页包括账号头像、昵称、个人简介和背景图四部分。个人认证或蓝 V 认证用户会显示优质创作者标签,开通商品橱窗的账号会显示一个商品橱窗的入口。

第八章　提升直播效果

图 8-5　抖音个人主页

（一）账号头像设计

对粉丝而言，对账号的第一印象来源于头像，其次是置顶的视频以及近期热门视频形成的封面，这些内容构成了主页的整体形象，它直接决定了粉丝用户是否会进一步关注该账号。需要注意的是，新开账号不宜在个人主页显示过多的营销性信息。

一个能够即刻引起粉丝好感并转化为关注动力的账号，首先需要对头像进行设计。头像设计可以采取两种方式。一种是根据用户从事的行业选择头像，即头像跟视频内容领域相互垂直。例如，用户想打造一个宠物领域的账号，那么头像就可以选择一些比较可爱的萌宠照片；如果用户想做美食领域相关的视频，那么头像就可以选择一些比较诱人的美食实拍图片。另一种是选择个人形象照片作为头像，这种做法适用于个人 IP 的打造，网红账号多采用此种方式。

（二）昵称设计

昵称是主播的第二个名字，是树立主播形象的重要手段。选取的昵称要能够反映个人特征，避免泛泛的概念，如情感语录、护肤讲堂等，可以加上个人名字作为前缀进行区分。昵称要好记、好找，避免使用不易辨识的文字。此外，昵称还要体现账号的服务领域，可以插入垂直领域的相关标签，以易于平台系统辨识和抓取。

（三）个人简介设计

一则生动有趣的个人简介，能够最大限度地提升粉丝的好感度。个人简介需要体现主播所从事的工作领域，应包含领域标签，便于平台系统辨识；体现出主播能给用户带来的最大价值点或关注点,即让用户觉得有用或者特别有趣,进而选择关注;体现出个人或者品牌的特点,文字不宜过多,能够明确表达即可;体现账号更新视频的时间与频率,从而增加用户黏性。

需要注意的是,个人简介中不能出现任何联系方式或引流至其他平台的话语,避免造成销售广告的违规风险。简介中不能出现行业敏感词,避免因为敏感词导致简介审核不通过,影响账号权重。

(四)背景图设计

当用户进入个人主页时,背景图成为最重要的一项视觉元素。因此,合理的背景图设置将有效提升页面的质感。背景图要与账号定位相关,起到宣传品牌IP或产品作用。背景图还可以进行适当的关注引导。

三、带货直播黏粉与涨粉话术

主播在带货直播的过程中,需要熟练运用黏粉、涨粉话术,以提升销售力度。通过大量的案例总结分析,目前主播需要掌握的黏粉、涨粉话术主要包括五部分,即提出问题、放大问题、引入产品、提升高度、降低门槛。

(一)提出问题

提出问题,即结合消费场景提出消费痛点及需求点,从而给用户一个消费理由。以夏季防晒为例,主播在直播前期可以提出夏季防晒的困扰,并让此困扰成为直播间里活跃的话题,引起粉丝共鸣,进而引入产品。

(二)放大问题

放大问题,即将大家忽略的问题、隐患尽可能地进行放大说明。结合上述案例,说明不做有效防晒的危害所在,引起观看用户的充分重视。

(三)引入产品

引入产品,即以解决问题为出发点,引入产品,解决之前提出的问题。同样以上述案例为例,提出几种防晒的方法,如可以穿防晒衣、涂防晒霜、喷防晒喷雾等,然后引入需要推介的产品,说明其优势和特色所在。

(四)提升高度

提升高度,即详细介绍、讲解产品,并通过行业品牌、原料、售后等其他事项来增加产品本身的附加值,让粉丝对这款产品产生更高的认可度。

(五)降低门槛

降低门槛,即分享主播独有的优惠和渠道优势,强调产品的独家性、稀缺性等,最终促成用户下单购买。

四、应规避的账号限流敏感操作

所谓限流就是账户流量受到系统限制,具体表现为直播流量下降和推荐度降低,严重的甚至在平台上无法搜索到账户及相关视频内容,同时上传的视频审核周期进一步延长。

对于商户和主播而言,限流和封号会给自身的营销和发展带来严重打击,因此需要重点规避敏感操作,合理合规地提升账号流量。以下介绍抖音直播平台和淘宝直播平台的主要限流操作。

(一)抖音直播平台易被限流的九大敏感操作

1. 刷取播放量

在经营账号过程中,一旦出现过多的未完整观看视频,就可能被平台认定为人为刷取播放量,进而对账号限流。

2. 大量点赞、评论和转发

在经营账号过程中,一旦出现大规模的逐条视频点赞、评论和转发的情况,就会被认定为异常操作,进而被平台限流。

3. 大量无意义评论

过于空泛、简单的好评大量出现,会被平台认定为异常操作。

4. 大量关注或取关

不少商户、主播会在前期大量关注同类账户,而后随着知名度的提升大量取关,这一行为会被平台认定为异常操作

5. 大量互粉互赞

随意与大量不同类型用户互粉互赞,会被平台认定为不规范操作。

6. 登录地址持续切换

账号经常切换登录地址会被平台认定为采用模拟地址变化的软件去获取同城流量。因此,建议位置经常变动的商户和主播在登录时关闭同城定位功能,而针对一机多号的情况,建议同一部手机不要登录两个以上抖音账号。

7. 发布营销性内容

抖音视频中不能出现任何商品价格及明显的地址。

8. 频繁修改账号信息

修改账号信息需要经过审核,一旦出现违规情况,就要及时停止修改,避免封号风险,建议不要频繁修改账号信息。

9. 删除重发视频

随意删除重发视频存在被平台认定为内容重复的风险,导致限流,建议谨慎重发视频。

(二)淘宝直播平台易被限流的五大敏感操作

1. 标签混乱

在经营淘宝直播账号的过程中,需要对售卖商品的类目、属性、价格等进行规范标签,如果操作不规范,就会导致客户人群标签混乱,造成平台无法对账号进行流量分配,从而被平台限流。

2. 刷假数据

大规模人为刷取观看量、点赞量,一旦被平台认定,账号就会被限流甚至封号。

3. 停播时间长

淘宝直播账号停播两周以上,会被系统认定为不活跃账号,进而被减少流量分配。

4. 发布违规内容

账号发布违反平台规定的相关内容,或在直播中出现敏感词、明显违规行为,会被平台限流甚至封号。

5. 转化率或转粉率低

账号的流量转化率或转粉率过低,直播商品购买率和固定粉丝人数长时间增长缓慢,会被平台认定为缺乏潜力,进而减少分配给账号的流量。

需要注意的是,无论是在抖音直播平台还是淘宝直播平台,一旦账号被限流,建议减少账号的作品发布频率和直播频率,同时进行严格的自查自纠,根据平台规则,通过一个长周期的规范操作,最终账号会被取消限流。

第三节 直播表现技巧

一、直播常用话术

主播与粉丝的交流沟通能力直接决定了直播的效果。可以说,直播在很大程度上是一种语言表达艺术的展现,直播的核心就是直播话术的体现。作为一名合格的主播,必须掌握基本的直播话术。

话术即说话的艺术。同样的想法可以有多种不同的表达方式,如何用大众最能接受的方式进行表达,是直播话术的关键。一名成功的主播,其语言表达应该如同微风轻轻拂过,吹向心灵最柔软的地方;其言谈或幽默或严肃,但总能用合适的话语引起用户的兴致,让用户在不知不觉中下单。

直播话术是什么?哪些话术适合热场?哪些话术适合拉近和观众的距离?哪些话术适合流量转化?以下将一一介绍。

(一)欢迎话术

进入直播间的人逐渐变多时,应该采用的话术是:欢迎××进入直播间。注意这类欢迎语不宜太过机械化,可根据直播当天的实际情况适当做一些优化和改良。

当观众进入直播间时,主播能够看到观众的昵称和等级,直播欢迎话术示例如下:

"欢迎××(昵称)进入直播间,点关注,不迷路,一言不合刷礼物!么么哒!"

"欢迎朋友们来到我的直播间,主播是新人,希望朋友们多多支持哦!"

"欢迎各位小伙伴来到我的直播间,主播人美、歌甜、性格好,关注就像捡到宝,小伙伴们走过路过不要错过,喜欢我的宝宝在哪里?"

这些话术有一个基本原则:让观众知道他进入了你的直播间后,你在关注着他们,让他们有被尊重的感觉,从而提升用户的参与感。

(二)关注话术

观众进入直播间后,主播可以通过话术引导其直接关注直播间,为直播间涨粉。在此过程中,主播要注重自我宣传,不断给新粉丝传递自己能够提供的服务和价值,展现个人的直播风格。这不仅能吸引新粉丝关注,还会让粉丝有先入为主的感觉,从而留下深刻的印象。可以采用的话术内容如下:

1. 预告直播时间

例如,"非常感谢所有还停留在我直播间的宝宝们,我每天的直播时间是××点—××点,风雨无阻,没点关注的朋友记得点关注,点了关注的朋友记得每天准时来玩哦。"

2. 宣传个人才艺

例如,"新进来的宝宝们还不知道主播是播什么的吧?我现在要宣传一波啦,你们听好了,主播是专门卖真丝连衣裙同时兼职唱歌的。现在给各位表演一段,希望喜欢的宝宝们关注一下主播。"

3. 鼓励粉丝关注

例如,"我做直播呢,除了想得到别人的认可之外,也希望大家能够在一天的忙碌之后,进入我的直播间得到片刻放松,真正开心地笑一次,点关注的亲们,谢谢你们的认可。"

4. 给粉丝取昵称

例如"以后就叫你们亲亲粉丝,我们就是亲密的一家人,欢迎大家随时互动。"

(三)感谢话术

观众进入直播间后,逐渐会有观众打赏、关注或者购买主播推荐的产品,对这些行为,主播一定要用真诚的感谢来反馈。

感谢话术是对观众心意的回馈,真诚的反馈会让观众更有存在感,会有更多的观众进入直播间。感谢话术如下:

例如,"感谢各位的喜爱,是我的才华或是我卖货的技巧,忍不住让你出手的吧,不接受任何反驳哦!"

例如,"感谢朋友们今天的陪伴,感谢所有进入直播间的朋友,谢谢你们的关注和点赞哦,今天很开心!"

例如,"感谢所有进入直播间的朋友,还要感谢很多人从我一开播就来了,一直陪我到下播。陪伴是最长情的告白,你们的爱意我收到了。"

(四)互动话术

在直播过程中,粉丝可能会提出各种各样的问题,例如,"主播多高?多重?""这件衣服主播能不能试穿一下?是什么效果?"等。

如果粉丝问到了产品,说明他们对产品产生了兴趣,一定要耐心细致地解答。例如,"主播身高165厘米,体重95斤,穿S码,小姐姐们可以对比一下自己的身高体重,选择适合的尺码哦!"

遇到类似"身高不高能穿吗?体重太胖能穿吗?""干性肤质能用吗?"等问题时,主播就需要有针对性地引导观众购买产品。

如果有粉丝说"怎么不理我?一直不回答我的问题"时主播一定要及时安抚其情绪,例如,"没有不理哦,弹幕太多,刷得太快,我看到一定会回的哦,请不要生气哦!

互动话术的关键在于细致耐心。一个问题可能会有很多人问,每个人问的问题可能也有很大差异,有时候需要反复回答相同的问题,所以主播务必要有耐心。

(五)追单话术

粉丝在下单过程中可能会犹豫不决,这个时候主播就需要用追单话术来刺激用户下单的欲望。可以采用以下话术内容:

例如,"这款数量有限,如果看中了一定要及时下单,不然等会儿就抢不到啦!"

例如,"这次货品折扣仅限本次活动时间进行,错过了,我们就不会再有这个价格啦!想要的朋友抓紧时间哦!"

例如,"我们这款产品只有10分钟的秒杀优惠哦,喜欢的朋友们赶紧下单哈!"

例如,"还有最后三分钟哦,没有买到的亲赶紧下单哦!"

(六)下播话术

每一场直播都要有始有终,所以每天临近下播的时候,都需要有一套完整的下播话术,这不仅是对粉丝不舍之情的延续,也是主播对直播的总结。可以采用的话术内容如下:

1. 感谢陪伴

例如,"感谢今天的榜首×××,榜二××,榜三×××,谢谢你们的礼物,特别开心。虽然×××没有陪到我下播的时候,但百忙之中抽时间过来实属难得。感谢所有送我礼物的宝宝们,×××、×××(一一点出榜单上的名字就行)。明天早餐可以多吃一个鸡蛋了!另外,很多人从我一开播就来了,一直陪到我下播,比如×××、××(各种点名)。感谢你们的陪伴,你们的爱意我收到了。"

2. 直播预告

例如,"今天的直播接近尾声了,明天晚上××点—××点同样时间开播。"

例如,"明天会提早一点播,××点就开播了,各位奔走相告吧!"

例如,"明天休息一天,大家放假啦!后天正常开播。"

3. 歌声祝福

例如,"最后一首歌《××××》,唱完下播,希望大家睡个好觉,做个好梦,明天新的一天好好工作,晚上我们再聚。当歌声响起的时候就是各位清币清仓库的时候啦!"

4. 主播总结

例如,"今天一共收到××万音浪,新增粉丝团成员××个,涨了××个关注,比预计的少了一点,我要更努力一点才行。"

从上述话术中不难发现,直播的时间不同,面对观众的需求不同,话术的侧重点也不同,这就需要主播不断锻炼话术技巧。

小提示

主播需要掌握不同话术的运用时机:

如果在卖爆品时,主播要头脑清晰,语言简洁,要点阐述顺畅,情绪高涨。

如果在卖单价高、转化难度大的商品时,主播的话术逻辑性要强,要有画面感,要显露出深厚的知识底蕴。

如果直播中出现空白时间或一时失语的情况,主播可以尝试从观众的互动中寻找话题。例如,放一首好听的歌,和大家聊一聊看法或者感想,分享穿衣小窍门、健身技巧、下厨经验,聊电影,讲故事等。尝试分享一些共通的生活化内容,拉近与粉丝的距离。

第八章 提升直播效果

案例 8-1

眉笔直播间核心环节话术

1. 开场环节

[×××眉笔直播间话术]宠粉款

单款循环时间建议10～15分钟,正常循环场次建议3～4轮。

开卖价:89元;直播价格:29.9元买一送一。

销售亮点:①三种用法一支搞定;②上妆更快、更容易;③史无前例回馈价。

[配套动作]敲敲手机屏幕。

宝宝们,我直播间里的宝宝们,你们都注意了!今天我们的重头戏来咯!首先我来做一项调查,听说过彩妆一线品牌×××的宝宝,在直播间内给我扣1!

我再换一种问法,对于这个牌子,不管你是男生还是女生,是阿姨还是大叔,是不是都听说过?家喻户晓的彩妆品牌,是不是?一句××××××××××的广告打到多少"仙女"心里去了!

[利用品牌影响力造势]我告诉你们,你们今天进入我的直播间,绝对是赚到了!看着我的眼睛,宝宝们,我和你说,进来的你们真的是赚到了!

[配套动作]"我告诉你们"一边说边拍手,"看着我的眼睛"一边说一边指着自己的眼睛。

2. 产品展示环节

[配套动作]点、线、面,三种用法画在手上给粉丝感受线条粗细的不同。

三种用法,这一支眉笔全都搞定了,上妆是不是更快、更容易?这还不是最重要的,宝宝们,你们知道最重要的是什么吗?是它防水、防汗、防脱妆的效果真的好到了极致,我给你们现场演示一下。

[道具准备]拿出准备好的喷壶。

宝宝们,我话不多说,直接往这些线条上喷水。你们来看一下×××眉笔,它的防水、防汗、防脱妆效果到底多好。你夏天热啊、汗多啊、怕脱妆啊,这些完完全全都不是问题。

[配套动作]喷壶喷在胳膊上。

我知道我的前置摄像头自带美颜功能,也带滤镜,我为了让你们能看得更清楚一点儿,我现在切为后置摄像头!你们自己来看一看,刚才经历了我这样"暴风雨的洗礼",我再揉揉、再擦擦,你们看一下我们刚才用这支眉笔画的线条是不是还在我的胳膊上。

3. 促单销售环节

[配套动作]走到展柜旁边,给大家看一下原件标签。

[注意]凸显实体店、价格、产品优势。

今天呢,一开始我也跟大家说了,你们进到我的直播间里一定是赚到了,我说我要给大家送福利,我一定说到做到。我们今天要送福利,就送个彻彻底底!原价89元的眉笔,店里一分不便宜的,今天我给大家打个5折,45块钱卖给你们,要不要?要的给我打个"要"(为29.9元销售做铺垫)!

姐姐们!宝宝们!你们都别着急,今天×××这么好的眉笔,店里卖89元的,可以眉笔、眉粉二合一的,一支笔能打造出三种妆效,防水、防汗、防脱妆的,今天直播间里不要89块钱,也不要45块钱,今天粉丝团搞活动,回馈这么多年来新老顾客的支持和帮助,直播间里29.9元抢!对,没听错,这么好的眉笔,29.9元!而且,还送您一个替换芯,相当于29.9元买了两支×××眉笔。

二、直播节奏把握

直播节奏是每位主播对一场完整直播的整体规划。主播需要明确直播的环节与流程,做到有始有终、有起有伏,给人以有条不紊之感,体现专业性和规范性,同时提高粉丝用户的观看舒适度。直播一般可以分为开端、舒缓、提神、释放四个阶段,依次对应的作用分别是吸引粉丝、缓解疲劳、刺激促销和埋下伏笔。

(一)开端:吸引粉丝

直播开始时,主播需要欢迎进入直播间的粉丝,可以利用欢迎话术来一波活动或互动活跃气氛,给粉丝一个良好的第一印象。主播在事先制定的直播脚本中要列好开头语和预告性质的话术。成功的直播预告可以带动初始流量,因此建议主播做好直播预告。

(二)舒缓:缓解疲劳

一场直播往往会持续2~3个小时甚至更久,不宜持续推介产品,建议在直播进行到一个半小时左右时与粉丝交流一些有趣的日常话题,或是分发福利、表演节目、互动游戏等,提升直播的娱乐性,放缓直播节奏,进而缓解主播和粉丝的疲劳状态。

(三)提神:刺激促销

在直播过程中,主播要抓住粉丝活跃度最高、流量最大的时间点,播出事先策划好的促销活动内容及推介当天的优质款产品,这样可以更好地带动粉丝消费,提升直播间的成交量。

(四)释放:埋下伏笔

在直播的尾声,主播需要进行一波直播间的活跃活动,并且为下场直播进行宣传预告,埋下伏笔。最终,在一个用户活跃度较高的状态下结束直播,截留数据,为下场开播积累惯性和流量。

三、直播中遇到的危机及解决办法

直播中难免会遇到意外、突发情况,除了依靠主播临场的应急处理之外,同时还需要直播团队针对各类突发情况做好预案准备工作。

以下介绍三类常见的突发状况及解决预案。

(一)直播中的硬件问题

1.卡顿

直播卡顿会造成直播画面不流畅、画面和声音不同步的现象,往往会让观众有不舒适的观看体验,进而导致退出直播间。所以,保持良好的直播流畅度是一场直播的基础。

若是设备配置太低导致的卡顿,可以通过提升计算机的配置改善这种情况,一般可以采用英特尔I5处理器,有长期直播需求的主播,建议使用英特尔I7处理器。对于网络环境不佳的情况,需要直播团队预先改善网络环境,建议采用50兆及以上的光纤宽带,同时一个Wi-Fi建议只供给一台直播设备。

2.黑屏

黑屏是指直播过程中界面突然呈现黑屏的情况。当黑屏情况出现在计算机端时,点击推流按钮即可。

当黑屏情况出现在手机端时,一般是手机的摄像头被其他App占用或启动太多App导致手机运行卡顿,这时需要手动关闭一些无关的App,重新打开直播App,从而恢复直播。

如果重启直播App后仍然黑屏,就要检查一下网络情况,确认网络环境是否正常。

3.闪退

闪退是指直播过程中,软件意外自动关闭或者打开软件就自行关闭的情况。

出现这种情况一般有两个原因,一是手机内存不足,二是App更新后不稳定。手机内存不足,需要先清理手机内存,之后重新打开直播程序,恢复直播。App不稳定的情况一般会出现在每次直播App更新后,导致直播闪退,可以重新打开程序,尝试恢复直播,若还是频繁闪退,就需要将有关问题及时反馈给直播平台方,寻求解决方案。

(二)直播中产品与粉丝常见问题

1.产品链接失效

产品链接失效,一般是商家的商品下架导致的。但也有部分商家,特别是美妆类商家,会将优惠活动的商品放在小链接中提供给主播,这类链接不会24小时有效,需要主播与商家进行对接,在失效后让商家重新提供链接。

2.产品优惠额度不一致

在直播过程中,商家给粉丝提供的优惠与主播在直播中宣传的优惠不一致,需要分情况处理:

第一种情况是商家在直播时给出的优惠大于之前与主播协商的优惠。主播可以让粉丝向商家报出主播名称,先拍下商品,但不要付款。经协商后如果商家要求补差价,则告知粉丝根据自身的接受程度决定是否付款;

第二种情况是商家在直播时给出的优惠小于之前与主播协商的优惠。处理方式与第一种情况相同,先让粉丝拍下商品,但不要付款,跟商家协商后确定最终优惠额度。

不要因为某款商品的优惠信息错误而暂停或阻碍直播进程,以免给粉丝留下不好的印象。

3.粉丝无法加群

粉丝无法加群是因为粉丝拥有商家身份,遇到这种情况,只需要让粉丝自查是否为商家身份即可。

4.粉丝互动不可见

遇到粉丝发言主播和其他用户不可见的情况,通常是粉丝的ID或者发言的内容存在违规问题,此时需要主播耐心跟粉丝解释,并说明看到粉丝的留言后会立刻回复。

5.粉丝对产品不满意

遇到粉丝收到货物不满意,在直播间发弹幕表达负面情绪(俗称带节奏)的情况,很容易影响主播情绪,此时需要判断商品是否真的存在问题,如商品确实存在问题,可向粉丝保证退换货,在直播结束后跟商家联系。

主播在直播中对于粉丝反映的问题,需要尽量及时提供解决方案,不宜过度纠结,避免被打乱直播节奏。常用的处理方式是在直播中予以解释、说明并给出解决承诺,其余问题在直播结束后联系商家让商家在1~2天内解决。

6.直播中遇到恶意评论

在直播过程中,主播还会遇到粉丝突然发弹幕声称"主播好丑""主播怎么那么黑""主播你怎么脸那么大"等恶意评论。此时,主播要摆正心态,切忌与粉丝在直播间互骂,影响直播质量。同时可以用高姿态的方式予以回答,如针对"主播怎么这么黑",可以回敬"是啊!所以我们才要在日常生活中注重保养"。

主播无法满足每一位观众的审美及趣味,所以应对"黑粉"最重要的就是要调整心态,切忌因攻击性言论影响直播状态。

四、直播产品讲解主要环节

产品讲解是直播的核心内容,直接关系着直播销售的效果,需要依照以下环节进行准备,而后依次展开。

(一)需求引导

制作用户画像,了解本次直播产品所针对的人群,分析用户群体的情感方式。针对理性用户,可自信地展示产品的优势,也可直接点出产品存在的缺点;针对感性用户,可以充分使用感情牌,用感情与观众沟通。抓住用户痛点,锁定摇摆人群,以市场需求和其他用户使用后产生的效果来引导观众下单,打消这部分人群心中的疑虑,促进产品成交。

(二)产品简介

产品简介是直播带货整个流程中相当重要的一个环节,可以从产品的规格、成分材质、色彩、触感等方面对产品进行总体介绍,促进观众对产品的了解,为提升产品成交率打好基础。

(三)产品品牌

主播在直播卖货的同时,也需要对产品的品牌进行一定的介绍,让观众进一步了解产品品牌,了解该品牌的其他产品,使观众建立起对该品牌的认知和信任。这对于提升产品成交率有重要作用。

(四)店铺详情

无论是淘宝平台直播还是抖音平台直播,主播都要在必要的时候介绍店铺,这样做一方面能提升观众对店铺的认知度,另一方面能加强用户与主播之间的信任感,维护现有粉丝。此举并不能在短时间内提升店铺的成交率,但能够为店铺持续发展提供助力。

(五)产品卖点

讲解产品卖点是一个较为专业的环节,需要主播具备一定的专业知识和总结能力,罗列出产品存在的优势,并用生动的语言进行描述,加深观众对产品的印象和认知,提升产品成交量。

(六)深挖优势

针对产品的多个优势特点,主播需要着重选取1~2个优势进行深度挖掘,加深观众对产品的了解,进而促进成交。

(七)用户评价

在直播过程中反馈用户对产品的评价有助于提高用户的忠实度和黏性,打消他们购买的疑虑,提升产品成交量。

第四节 直播中的主要禁忌

直播的实时性决定了直播效果的不可逆,因此主播对直播中的相关禁忌要高度重视,做到入心入脑。

一、禁止出现直播时间不固定、随意下播的情况

直播时间固定是主播的态度问题,展现给观众的是长期、真诚运营直播间的态度,这将决定粉丝对直播的支持率。固定直播时间要注意,直播频率以天为单位,新手主播直播时长建议6小时以上,宜长不宜短,培养粉丝的观看习惯,避免粉丝流失。各个平台的情况不同,直播时长的要求也有一定差异,如淘宝直播平台直播时长建议8~10小时。

二、禁止出现直播时只与某个或某几个粉丝交流的情况

主播眼睛不能总盯着某几个眼熟的账号,与他们沟通交流,对观众要一视同仁,一起交流和互动。一方面,每个观众都具有一定的消费能力,粉丝互动的适度性、公正性是直播间气氛稳定的保障;另一方面,在直播过程中应积极与粉丝互动,尽量照顾粉丝的情绪,回答粉丝的疑问,可以提高路人观众到粉丝的转化率。

三、禁止在直播间随意谩骂、侮辱游客或粉丝

主播需要时刻注意自身形象,不要在直播间谩骂、侮辱游客或者粉丝;避免激化矛盾,使事态升级,影响正常的直播和直播质量。不堪的言辞和难堪的模样会让直播间的粉丝失望,让路人观众退却。直播中遇到无理取闹的观众,主播要学会忍耐,以温和善良的心态积极说明,解决矛盾冲突,展现自身良好的素质。

四、禁止有地域、种族、工种歧视或其他负面评价

对主播而言，任何程度、任何领域（如地域、种族、工种等）的歧视行为都必须杜绝。作为主播，任何言论都有可能被放大传播，歧视性和负面言论不仅不符合社会公德要求，还会引来非议、谩骂，影响粉丝的支持和喜爱度；对于一些年龄比较小的粉丝，还可能会给其带来错误的引导，甚至造成严重的后果。

五、避免在直播顶峰期出现断播、停播、直播不稳定的情况

观众观看直播时往往希望处于一个顺畅的网络环境中，拥有好的观看体验。因此直播间的网络支持设备要足够强大，切不可出现断播、停播、直播不稳定的情况。哪怕只有一次断播的情况，对于直播来说都有很大的不利影响。

六、避免因各类外界因素影响直播质量

直播过程中往往会出现各种不可控的外界因素而影响直播质量，如突然断电、断网，直播设备突然发生故障等。因此，主播应秉持对粉丝负责的态度，在直播前尽可能地规避这些外界因素的发生。

本章小结

本章深入探讨了电商直播活动前的短视拍摄与剪辑的方法，如何对直播账号进行引流以及在直播过程中如何把握节奏，解决直播中遇到的危机，最后提出从6方面提出了直播中的主要禁忌。提升直播效果能够显著提高粉丝的观看体验，增强粉丝的参与度和忠诚度，进而促进粉丝活跃度、留存率和转化率的提升。通过优化直播内容、互动方式和节奏，主播不仅能吸引更多粉丝的关注和参与，还能减少负面反馈，适应市场竞争，促进口碑传播，最终实现直播业务的持续提高和销售业绩的增长。

知识巩固

1. 主播在直播中的黏粉、涨粉话术主要包括_____、_____、_____、_____、_____。
2. 可以从_____、_____、_____、_____来设计吸粉账号。
3. 直播产品讲解的主要环节包括_____、_____、_____、_____、_____、_____。
4. 直播中的主要禁忌包括_____、_____、_____、_____、_____、_____。

第九章
直播推广与引流策略

知识框架图

- 直播推广与引流策略
  - 社交媒体与线上渠道整合营销
    - 社交媒体的重要性
    - 线上渠道的多样化
    - 整合营销策略
  - KOL合作与跨平台联动
    - KOL合作策略
    - 跨平台联动营销
  - 粉丝社区运营与用户黏性增强
    - 粉丝社区构建
    - 粉丝的引流与反哺
    - 粉丝群管理
    - 用户黏性增强策略
  - 数据化推广与精准投放
    - 数据化推广的重要性
    - 数据采集与分析
    - 精准投放策略

学习目标

1. 了解主流直播推广工具；
2. 掌握引流策略。

第一节　社交媒体与线上渠道整合营销

在当今数字化高度发达的时代，直播已成为一种主流的营销和传播工具，它不仅提供了即时互动的平台，还能快速吸引大量观众，促进品牌知名度的提升和产品销售的增长。然而，要在竞争激烈的市场环境中脱颖而出，仅依赖直播本身是远远不够的。主播和品牌需要运用多元化的社交媒体与线上渠道进行整合营销，以最大化直播的影响力和覆盖范围。本节将探讨如何通过社交媒体和线上渠道的整合营销策略有效推广直播，吸引更多潜在观众。

一、社交媒体的重要性

社交媒体平台，如微博、微信、抖音、快手、B站（哔哩哔哩）、小红书等，拥有庞大的用户基数和极高的活跃度，是直播推广的天然阵地。这些平台不仅能够提供广泛的受众接触点，还能通过算法推荐机制，精准触达目标人群，从而提高直播的曝光率和参与度。

二、线上渠道的多样化

线上渠道多样化主要是指把其他平台的粉丝导入到某一平台，如微信、微信公众号、小红书、知乎等。为何要这么做呢？这样做可以快速增加人气，从而获得一个更多流量的推荐，也就是用其他平台粉丝把直播间的热度给炒起来，获得直播榜比较高的排名，从而得到更多免费的流量。

除了社交媒体之外，线上渠道还包括但不限于电子邮件营销、官方网站、App 内推广、搜索引擎优化、在线广告、内容营销、论坛和博客等。每个渠道都有其特定的优势和适用场景，通过合理布局，可以构建一个全面覆盖的线上营销网络。

三、整合营销策略

（一）内容预热与预告

1. 社交媒体预告

从直播前几日开始，在各大社交媒体上发布直播预告，包括直播主题、时间、嘉宾信息等，激发观众的好奇心和期待感。

2.内容预热

发布与直播相关的预热内容,如幕后花絮、产品试用视频、行业资讯,提前吸引关注。

(二)跨平台直播分发

1.同步直播

利用多平台直播工具,将直播信号同步到多个社交媒体和视频平台上,扩大直播的实时覆盖范围。

2.平台定制化

根据不同平台的特点,对直播内容进行适当调整和优化,以适应各平台用户的习惯。

(三)互动活动与奖励机制

1.社交媒体互动

在直播前后,发起话题讨论、有奖问答、抽奖活动等,鼓励观众参与并分享直播信息。

2.奖励机制

设置邀请码,鼓励现有观众邀请朋友观看直播,通过积分或优惠券形式给予奖励。

(四)利用 KOL 与网红效应

1.合作推广

与相关领域的 KOL 和网红合作,邀请他们参与直播或转发直播信息,借助其粉丝基础增加曝光率。

2.联名活动

与知名人物或品牌联合举办直播活动,共同推广,共享资源。

(五)数据驱动的优化

1.数据分析

利用社交媒体和直播平台提供的数据工具,分析观众来源、观看时长、互动行为等,识别高价值渠道。

2.A/B 测试

对不同的推广内容和渠道进行 A/B 测试,找出最有效的组合,不断优化推广策略。

(六)直播后跟进

1.精彩回顾

直播结束后,整理直播亮点,制作短视频或图文进行总结并发布在社交媒体上,供未能观看直播的用户回看。

2.粉丝互动

在直播后继续保持与观众的互动,回复评论,解答疑问,维持直播热度。

案例 9-1

某化妆品案例分析

1.品牌背景

成立时间:2017 年。

行业定位:中国美妆品牌,主打高性价比产品。

目标市场：年轻女性消费者，特别是追求时尚潮流的"千禧一代"和"Z世代"。

核心优势：高性价比的产品、创新营销策略、强大的线上社群建设能力。

2. 整合营销策略

(1) 社交媒体平台

微博、微信公众号、小红书等社交媒体平台用于品牌故事讲述、产品预热、用户互动。小红书上的用户评测和种草笔记为品牌带来了大量口碑传播。

(2) KOL 合作

与数百位知名网红和 KOL 合作，覆盖不同领域和不同粉丝量级。合作方式包括但不限于产品推荐、直播带货、短视频内容创作等。

(3) 用户互动

社交媒体上的互动活动，如举办话题挑战赛、产品试用体验分享等。用户可以通过参与这些活动获得奖品或优惠券。

(4) 限时促销

在直播中提供限时优惠券、买赠活动等激励措施，吸引观众购买。特别是在重要节日和促销期间，促销力度更大。

3. 直播活动亮点

(1) 直播活动策划

新品发布会、重要节日或促销期间举办直播活动。邀请当红明星或 KOL 作为嘉宾，提高活动的吸引力。

(2) 互动体验

直播过程中设置抽奖环节、问答游戏等互动形式。提供限时折扣码或优惠券，刺激即时购买行为。

(3) 技术应用

利用 AR 试妆技术提升用户体验，让消费者在直播中感受产品效果。使用数据分析工具监测直播效果，优化后续活动策略。

4. 具体数据

(1) 观看人数

单场直播活动观看人数可达 200 万以上。

(2) 销售增长

2024 年"双 11"期间，该化妆品在淘宝直播中的销售额达到了 2.6 亿元人民币。

(3) 转化率

直播活动中的转化率通常比传统电商页面高出很多，有时可达到 10% 以上。某些特定直播活动的转化率甚至达到了 15%。

(4) 用户增长

通过直播互动和社交媒体活动，该品牌在短短几个月内新增了超过 100 万新用户。

(5) 复购率

由于良好的用户体验和售后服务，该品牌能够保持较高的用户复购率，部分用户复购率达到 30% 以上。

5. 成功因素

(1) 精准的目标受众定位

该品牌深入了解年轻消费者的偏好和需求。

(2) 高质量的内容产出

无论是产品介绍还是直播互动,内容都具有吸引力和娱乐性。

(3) 强大的社群建设和维护

通过持续的用户互动建立了一个忠实的粉丝群体。

(4) 灵活的营销策略调整

根据市场反馈和数据分析不断优化营销策略。

第二节 KOL 合作与跨平台联动

在电商直播的推广与引流策略中,与 KOL 的合作以及跨平台的联动营销是两个极为重要的组成部分。通过与行业内的知名人士或具有强大粉丝基础的 KOL 合作,不仅可以增加直播的曝光率,还能借由 KOL 的个人魅力和专业性,吸引并留住更多观众。跨平台联动能够帮助直播内容触及更广泛的受众,实现流量的倍增效应。本节将深入探讨 KOL 合作的策略与跨平台联动营销。

一、KOL 合作策略

(一) 目标 KOL 的选择

1. 匹配度评估

选择与品牌定位、产品属性相匹配的 KOL,确保 KOL 的受众群体与目标市场吻合。

2. 影响力考察

分析 KOL 的社交媒体影响力,包括粉丝数量、互动率、粉丝群体的活跃度等,评估其真实影响力。

3. 专业度考量

确保 KOL 在其领域内具有一定的专业知识和经验,能够为直播提升权威性和可信度。

(二) 合作模式设计

1. 直播参与

邀请 KOL 参与直播,通过对话、演示、互动等形式,提升直播的观赏性和专业性。

2. 内容共创

与 KOL 合作制作预热视频、教程、访谈等内容,预先在社交媒体上发布,吸引观众关注直播。

3. 产品代言

让 KOL 试用并推荐产品,通过其个人品牌效应,增强产品的市场认知度和吸引力。

(三)合作效果监测

1. 数据跟踪

通过直播平台和社交媒体的数据分析工具,监测直播期间的观看人数、互动次数、转化率等关键指标。

2. 反馈收集

收集观众和KOL的反馈,了解合作的效果和存在的问题,为后续合作提供优化依据。

二、跨平台联动营销

(一)平台选择与定位

1. 市场调研

分析目标受众在各个平台上的活跃程度,选择最具潜力的平台进行重点布局。

2. 内容适应性

根据不同平台的特点和用户偏好,调整直播内容的形式和风格,确保内容具有吸引力。

(二)直播同步与延展

1. 同步直播

使用多平台直播工具,将直播信号同时推送到多个平台,实现观众的跨平台覆盖。

2. 延展内容

直播结束后,将精彩片段剪辑成短视频或整理成图文总结,发布到各个平台上,延长直播的生命周期。

(三)互动策略与社区建设

1. 跨平台互动

鼓励观众在不同平台之间互动,如通过直播平台的弹幕、社交媒体的评论区,形成多维度的交流。

2. 社区运营

在主要平台建立官方社区或小组,定期发布直播预告、幕后花絮、优惠信息,增强观众的归属感和参与感。

第三节 粉丝社区运营与用户黏性增强

在电商直播的生态体系中,构建一个活跃且忠诚的粉丝社区是至关重要的。粉丝社区不仅能够提供稳定的观众基础,还能促进口碑传播,增强用户黏性,从而形成品牌忠诚度和销售转化。本节将探讨如何通过粉丝社区构建与粉丝群管理,实现用户黏性增强和粉丝的引流与反哺,形成可持续运营闭环。

一、粉丝社区构建

主播在开始直播吸粉后,应该及时依靠淘宝、微信、QQ等主流工具创建粉丝群。粉丝群的一大作用,是在直播结束之后与粉丝保持联系,及时掌握粉丝对商品的反馈并解决售后问题。通过直播间开通一键加群功能,创建粉丝群可以将自己的直播粉丝集中起来,有利于直播活动信息的发布和线上答疑的开展。

此外,主播组建粉丝群后需及时告知粉丝群的用途,及时发布群活动信息及参与条件,调动群内粉丝积极性,避免粉丝成为沉默粉丝。在粉丝群体量达到一定程度时,可以对粉丝群进行分层,针对不同分层的粉丝群设置不同的福利。例如,初级群主要发放小额优惠券;高级群发放大额优惠券,推荐劲爆商品;VIP群可以提供线下活动奖励,给粉丝足够的优越感和存在感。

二、粉丝的引流与反哺

(一)引流

引流,简单来说就是将进入直播间的粉丝导流进粉丝群,扩大粉丝团体,大致可以分为两个方向。

1. 在平台内引流

在平台内引流主要是通过淘宝平台内相互分享链接给淘友进行拉新,或者使用平台分配的公域渠道拉新,但这种方式往往不适合新主播,因为新主播在直播初期得不到过多的公域流量。

2. 在平台外引流

在平台外引流主要是通过在微博、微信、QQ等社交平台分享二维码、复制链接等方式,引导优质的私域流量进入公域。

当然,引流的前提是主播能充分带动站内外粉丝的活跃度,只有这样才能实现口碑传播,在短期内获得更多的关注量。主播可采用的方法有关系驱动(主播人设)、事件驱动(生活节和零食节等)、兴趣驱动(爱化妆和爱美等)、地域驱动(老乡关系)、荣誉驱动(铁粉好礼和钻粉大礼等)、利益驱动(送礼物和关注有礼)等。

(二)粉丝群反哺

粉丝群反哺是指粉丝群体的稳固可以直接带动直播观看人数的增加。粉丝群可以实现主播与粉丝的24 h沟通交流,使用粉丝群进行直播预热,让粉丝提前知晓主播的开播时间、直播商品、优惠力度、活动安排等,可以充分展现主播对粉丝的重视程度,让粉丝对主播产生信赖感,可以有效地增加在线观看人数。

三、粉丝群管理

很多主播建立了粉丝群后并没有重视运营和维护工作,使粉丝群并没有发挥该起到的作用,粉丝群变成了摆设。粉丝进群后,主播团队需要进行一系列运营和管理工作,让粉丝快速融入以主播为中心的大家庭中,使其建立更高的忠诚度。

(一)建立群规则

"无规矩不成方圆",粉丝群作为一个集体,前期要制定好群规则,对每一位进入的粉丝说明群用途、群规则,明确允许发布的内容,如使用技巧、售后反馈等。发布其他直播间的链接、发布商家广告等属于不受群内成员欢迎的内容,需明令禁止并在出现这种情况时要及时进行制止。

(二)制定激励机制

设置签到打卡任务,签到即可领红包、送淘金币、领大额优惠券等,吸引、激励粉丝每天进群打卡,关注粉丝群直播或商品信息,保持粉丝群的活跃度。

(三)挖掘领袖粉丝

除了直播外,主播还需要进行选品、试用、分析等工作,不可能做到 24 h 实时在线,对于粉丝群里的消息可能会出现回复不及时的情况。在人手不足的情况下,培养忠实粉丝与管理员共同管理粉丝群就显得非常重要。主播可从粉丝群中筛选出相对活跃的前 10% 的用户进行重点维护,特别是要记住活跃粉丝的昵称,让他们对群体产生归属感,持续保持活跃,在主播不能及时回复时可以对粉丝群里的问题进行回答。当然,针对此类粉丝,主播应不时地给予感谢,提供更多的福利来鼓励其带动整个粉丝群的活跃度。

(四)话题引导

粉丝与主播之间的关系不应仅局限于"买"和"卖"的关系,还可以延伸到朋友关系。在与粉丝群互动时,可以围绕热点话题展开讨论,也可以分享生活中的趣事,拉近主播与粉丝之间的距离;或者围绕商品话题,交流商品使用小窍门,分享使用体验,收获粉丝反馈,发现问题并及时解决,提高粉丝的信赖感。

四、用户黏性增强策略

(一)个性化体验

1. 用户画像

通过数据分析了解粉丝的兴趣偏好,为他们提供个性化的内容和服务。

2. 定制推送

根据粉丝的观看历史和互动记录,推送他们可能感兴趣的内容或产品。

(二)奖励机制

1. 积分系统

设立积分奖励,粉丝可以通过观看直播、参与互动、分享内容等方式获得积分,积分可用于兑换商品或特权。

2. VIP 计划

推出 VIP 会员制度,提供独家内容、优先购、专属客服等特权,提升粉丝的尊贵感。

(三)情感连接

1. 主播互动
鼓励主播与粉丝建立个人联系,如直播中回答粉丝提问,分享个人故事,增强情感共鸣。

2. 回馈活动
定期举办粉丝感谢活动,如生日祝福、节日问候,让粉丝感受到被重视和被关怀。

案例 9-2

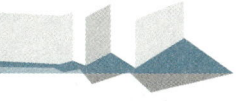

美食家文某案例分析

1. 背景介绍

美食家文某是一位专注于美食领域的直播带货主播,她通过分享烹饪技巧、美食评测和食材推荐,吸引了一大批热爱烹饪和美食的粉丝。

2. 粉丝社区运营策略

(1)内容定位

专注于美食领域,提供实用的烹饪技巧和健康饮食建议,满足特定受众的需求。

(2)互动性

在直播中积极回答粉丝提问,鼓励粉丝分享自己的烹饪经验,形成良好的互动氛围。

(3)社群建设

建立了多个粉丝微信群和QQ群,定期在社群内举办美食制作挑战赛,增强粉丝之间的交流和归属感。

(4)个性化推荐

基于粉丝的口味偏好和饮食习惯,推荐相应的食材和厨具,提高转化率。

(5)品质保证

与信誉良好的供应商合作,确保推荐的产品质量,维护品牌形象。

(6)数据表现

虽然具体的销售数据可能没有某些头部主播那么惊人,但美食家文某在她的细分市场中取得了显著成功。她的直播观看人数稳定增加,从最初的几百人增加到数千人,并且转化率较高,表明粉丝对她的推荐有较高的信任度。社群内的粉丝活跃度高,多次举办的烹饪挑战赛能够吸引数百人参与,有效提升了品牌影响力和粉丝黏性。

第四节 数据化推广与精准投放

在数字化时代,数据成为企业决策的关键驱动力。对于电商直播而言,数据化推广与精准投放是提高营销效率、降低成本、提升投资回报率的重要手段。本节将深入探讨如何运用大数据和人工智能技术进行直播推广,实现目标受众的精准触达。

一、数据化推广的重要性

数据化推广的核心在于通过收集、分析和应用数据,对目标受众进行深度洞察,从而制定更有效的营销策略。具体优势包括:

精准定位潜在客户,减少无效曝光,提高广告转化率;基于用户偏好提供个性化内容,提升用户的满意度和忠诚度;通过数据分析,避免资源浪费,实现成本效益最大化。

二、数据采集与分析

(一)数据采集

1. 用户行为数据

用户行为数据包括用户浏览、搜索、购买历史,直播观看时长、互动频率等。

2. 社交媒体数据

社交媒体数据包括粉丝评论、点赞、分享等社交互动数据。

3. 市场趋势数据

市场趋势数据包括行业报告、竞品分析、消费者调研等外部数据。

(二)数据分析

1. 用户画像构建

用户画像构建是指整合多源数据,形成详细的用户特征描述。

2. 预测模型建立

预测模型建立是指运用机器学习算法预测用户行为,如购买意愿、流失风险等。

3. 实时监测与反馈

实时监测与反馈是指监控直播数据变化,及时调整策略。

三、精准投放策略

拓展阅读9

(一)优选广告位

优选广告位是一款自动为广告优选最佳展现位置的托管式智能工具,勾选了优选广告位后,默认为头条系①广告位全选,机器自动开启智能投放。

1. 全面解读行为

机器全面学习广告选位,基于人群各自的阅读行为和广告行为。为每一个目标用户,寻找符合用户阅读行为和转化行为的最佳位置。

2. 智能分配预算

结合广告分位置转化表现,对广告预算分位置进行调控,帮助广告在固定预算下获得更

---

① "头条系"指字节跳动公司旗下的一系列互联网产品生态系统,以今日头条为核心,通过个性化推荐引擎技术实现信息精准分发,覆盖内容资讯、短视频、社交、办公协作等多个领域。

多目标用户。

3. 高效提升量级

使用优选广告位可为广告增加更多曝光机会，在控制成本的前提下高效提升广告量级和消耗。

（二）按媒体指定位置

媒体指定位置如今日头条、西瓜视频、抖音火山版、抖音等，今日头条广告位于今日头条各频道信息流和内容详情页中，支持图片、视频等多种形式。西瓜视频广告位于西瓜视频各频道信息流和视频内容中，样式原生，广告平均曝光时间长。抖音火山版广告位于火山小视频标签页和详情页内容当中，全屏浏览。抖音广告位于抖音信息流短视频内容当中，样式原生，沉浸式广告体验，转化率高，支持信息流大图、小图和组图，横版和竖版视频广告，开屏广告。

（三）按场景指定位置

按场景指定位置分为沉浸式竖版视频场景、信息流场景、视频后贴和尾帧场景。沉浸式竖版视频场景，可提供全屏沉浸式广告体验，广告展示效率高，转化率高。信息流场景，流量大，兼容素材样式较多。视频后贴和尾帧场景，与原生内容连接度高。

本章小结

本章聚焦于直播推广与引流策略，揭示了如何在竞争激烈的直播市场中脱颖而出。直播引流是一个系统工程，涉及内容创作、粉丝运营、平台规则运用及付费推广策略等多个维度。明确推广目标，选择合适的直播平台，利用社交媒体、合作推广、数据分析等手段，可以有效扩大直播影响力，吸引目标观众。互动策略的制定和执行，以及直播间的优化，同样对提升观众参与度至关重要。成功的直播推广不仅在于吸引新观众，更在于维持现有观众的忠诚度，通过高质量的直播内容和精准的市场定位，实现持续的流量增长和品牌曝光。

知识巩固

1. 整合营销策略有_____、_____、_____、_____、_____、_____。
2. KOL合作模式有_____、_____、_____。
3. 粉丝群管理的方法有_____、_____、_____、_____。
4. 用户黏性增强策略有_____、_____、_____。
5. 直播推广精准投放策略有_____、_____、_____。

第十章 直播活动组织与执行

知识框架图

直播活动组织与执行
- 大型直播活动策划流程
  - 选品思路
  - 选品的后续工作
  - 内容规划与创意设计
  - 策划与实施直播
- 直播事件营销与热点追踪
  - 事件营销的概念与原则
  - 热点追踪策略
  - 事件营销的策划与执行
- 直播带货运作机制与电商转化路径
  - 直播带货运作机制
  - 电商转化路径
  - 提升电商转化率的策略
- 线上线下融合直播的组织与实施
  - 线上线下融合直播的概念与优势
  - 线上线下融合直播组织与实施策略

第十章 直播活动组织与执行

> 学习目标

1. 了解直播活动策划的全流程；
2. 熟悉主流直播平台；
3. 掌握活动策划技巧。

第一节 大型直播活动策划流程

在数字化转型的大潮下，直播活动已成为品牌与消费者沟通的重要桥梁。无论是新品发布、节日促销还是企业文化传播，一场精心策划的直播活动都能有效提升品牌影响力，促进销售增长。本节将深入解析大型直播活动的策划流程，从前期筹备到后期评估，提供全面的操作指南。

一、选品思路

(一)确定主题

每一场直播的目的都是销售，尤其是生活消费类商品，与生活息息相关，随处可见。因此，更需要对每一场直播进行主题策划，通过总结商品的优势，明确直播受众，以鲜明的主题、风趣的讲解方式开展选品工作。

(二)选择及配置商品

销量高的商品的共同特征主要是性价比高、主播匹配度高、及时满足粉丝需求以及特点鲜明。

一场直播短则两三个小时，长则七八个小时，如果主播介绍的商品平淡无奇，粉丝很容易产生审美疲劳，购物欲望不能被激发。所以，在选品上要做到内容丰富、风格统一、套系匹配、功能齐全。

以女装品类店铺直播为例，如果主题是"冬天拍照必学穿搭"，那么商品应当具备显瘦效果、色彩感、设计感，同时应以兼具保暖功能的外套、毛衣、保暖裤为主。另外，还可以选择鞋子、帽子、围巾、包等商品作为辅助。

(三)商品配比

在做商品配比规划时，应考虑三个要素：商品组合、价格区间和库存配置。合理的商品配比，可以大大提高商品的利用程度，最大化地消耗单品库存。商品组合比例配置可参考图10-1。

可以根据实际情况，按商品属性进行选品。

1. 印象款

印象款是促成直播间第一次交易的商品，等同于第一印象，是消费者和主播建立长期关

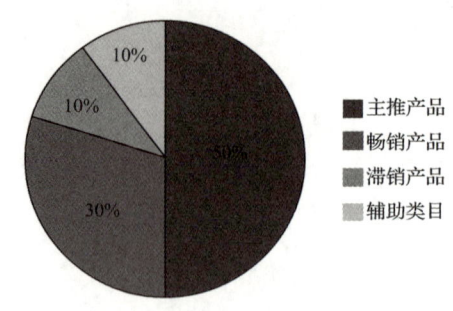

图 10-1　商品组合比例配置

系的基础。因此,选品时建议选择人群覆盖面广、性价比高、客单价低、易成交的常规商品作为印象款,如穿搭直播间可选择最常见的打底裤、百搭 T 恤等。

2. 引流款

引流款是商品中最吸睛、最具关注度的款。它可能胜在外观独特,也可能胜在价格优惠,又或者胜在频繁种草积累了口碑。粉丝对这类商品的点击率会高于一般商品,但因为采用的是低价跑量策略,所以无法带来可观的利润。

3. 利润款

利润款是支撑直播间利润的商品。在设置引流款的时候,为了增加竞争力,通常会设一个很低的销售价格,有时会不赚钱甚至亏本,因此直播间需要有利润款作为赢利的保障。

(四) 价格区间

直播间商品的价格区间通常不会出现太大跨度。这里要特别强调的是,主播需要懂得价格区间跨度的反向利用,如今天的直播中有一款价格为 400 元的破壁机,这时可寻找一款价格为 1 000 元左右的同类商品,通过价格和功能的对比,凸显 400 元破壁机的性价比,这样的价格区间反向使用,可以降低粉丝的决策成本。

(五) 库存配置

直播时需要特别关注库存配置,因为它是提高直播数据及转化非常重要的因素。考虑库存配置时通常有一个原则——保持饥饿,即根据在线人数配置库存数量,让库存数量永远低于在线人数,让整个直播间一直处于"手快有手慢无"的氛围中。

(六) 实时调整

在直播的过程中,有经验的主播或者有经验的运营团队,会按照直播过程中的实时数据变化来调整货品规划。例如,在直播的过程中,发现某商品的各项数据都不理想,应当减少既定直播时长及复播安排,空出来的时间安排给各项数据更加理想的商品。又或者,发现某商品的数据一直在飙升,可以延长直播时长,甚至可以考虑后续做返场直播。

二、选品的后续工作

在确认完成精准化货品配置的几大核心工作后,为了更加有效地利用已有货品资源,还需要做好"已播商品的预留返场"这项后续工作。通过商品点击排行、商品成交排行、店铺销量排行等维度选择优质的预留商品,并在直播一周后,或者某些商品出现更大的优惠力度时,或者节庆促销时进行返场。

另外,需要关注商品更新率,以此来保证每场直播内容的新鲜感和对老粉丝的维护。商品的更新比例最低要达到多少才能达到一场直播最基础的要求呢?建议一场直播的商品总更新量不低于整场直播总商品数的 60%,其中包含 40% 的流行主推款和 20% 的畅销单品。

三、内容规划与创意设计

(一)直播标题策划

3 秒吸引法则和流量传递效率决定了必须重视标题和封面这两个要素。标题和封面最重要的就是解决一个问题——为什么进入这个直播间?具体可以从以下几个方面入手。

1. 利益法

利益法常用的角度包括抽奖、优惠、免单、红包,如"优惠不断,今日薅羊毛""宠粉狂魔,狂撒福利""夏日炎炎,红包真甜""清仓 9.9 元,包邮到家"。

2. 有用法

有用法通常是指在看到直播标题和封面的时候,觉得能够学到或者了解到有用的知识,如"一款好发型胜过微整形","ins 博主教你懒人妆"。

3. 解密法

解密法是指通过制造信息差悬念,或承诺揭露高价值知识,激发用户"好奇—求知—点击"的心理链条的方法。例如,"从 150 kg 瘦到 70 kg""探秘美食生产线""听说今晚有惊喜"。

4. 名人法

名人法指在直播间邀请到明星、名人等作为直播嘉宾时,特意在标题中加入明星、名人的名字,借助他们的影响力吸引用户进入,如"'校草'来了哦""听说,今晚娘娘来啦"。综合来看,直播的封面和标题要结合直播主题和主播人设,找到吸引消费者的点,以一个细节为切入口,用一个话题带出本场直播最吸睛的内容点,切忌"虚"和"空"。

(二)商品脚本策划

电商直播中,最重要的环节之一就是商品讲解环节,能不能让消费者产生信任感,能不能让消费者产生购买欲望,直接关系着最后成交数量的多少,所以商品脚本值得重视和付出。

在进行商品脚本策划之前,首先要明确一个最基本的思路,商品脚本的要点不在于写得文采斐然,而在于内在的叙述逻辑,要能帮助主播厘清逻辑思路,主播再结合自身特点和经验进行讲解。

主播要具有推销话术逻辑,要了解"激发购买欲""消除顾虑""引导消费"的背后分别对应了脚本中的"场景描述""细节背书"以及"权益展示",在脚本中要重点体现这三方面的内容。

1. 场景描述,激发购买欲

"激发购买欲"非常重要,是排在第一位的。所以,直播的最开始,一定要让消费者产生"想买"的冲动。让消费者产生购买欲的最好方法就是营造一个场景,与其产生共鸣,让消费者觉得自己也遇到过这样的情景,需要使用这个商品来解决这个问题。

2. 细节背书,消除顾虑

细节背书主要分为两部分内容:①把商品的细节卖点列出来,方便主播整理信息。②列举出消费者可能会产生顾虑的地方,并设计合理的话术,配合现场演示、品牌背书等方式打消消费者的顾虑。

3. 权益展示,引导消费

权益展示是促成交易的最后一步,通过展示当前商品的优惠信息,指明消费者能获得的福利,从而促成交易。脚本中要尽可能列举清楚价格差异、优惠券和福利等权益信息。

(三)优化内容、增强吸引力

以下总结了六种可用于设计标题以及优化具体话术的方法,以便最大限度地吸引消费者注意力。

1. 利益吸引

利益始终是大部分人关注的重点,这里的利益可以分为两种:①直接的金钱利益,直播间有没有给消费者让利?让利多少?可以直接在标题和脚本中表达出来。②需求利益,是指商品能给消费者带来哪些实质性的改变,能满足消费者的哪些需求。

2. 事件吸引

一些节日、纪念日或者一些特殊的事件,可以吸引人们的关注,如在标题中点明今天是"年货节"主题的直播。

3. 地域吸引

有些地域属性比较明显的商品或者主要受众为某一地域的消费者时,可以考虑采取地域吸引的方式,如"今天的商品是来自海南的野生菠萝,海南是中国最适合菠萝生长的地方"。

4. 关系吸引

用"群体归属感"替代"买卖对立感",使用话术将观众纳入主播的"关系圈层",通过建立情感纽带增加用户停留时间与信任。如"直播间有没有宝妈?我家娃昨天又把奶粉洒一地,当妈太不容易了!",强调共同属性,让消费者实现"路人—朋友—自己人"的心理转变。

5. 兴趣吸引

寻找或建立和粉丝间的共同兴趣,如主播可以发问:"有没有和我一样,特别喜欢买锅的宝宝?就是那种看见好看的锅就走不动路的?"从而建立共同的兴趣。

6. 荣誉吸引

平台已经有一些关于粉丝荣誉方面的设定,如"新粉""铁粉"及"钻粉",或者淘宝群里的粉丝维护设置,要利用好这些已有的设定,如给新粉发放专属优惠券。另外,主播也要注意随机给粉丝荣誉,如口播粉丝的名字、表扬积极发言的粉丝等。这些虚拟的荣誉都会让粉丝觉得自己与众不同,从而更加喜欢主播。

四、策划与实施直播

拓展阅读 10

(一)明确直播主题

主题是一场直播的基础,整场直播的内容都需要围绕主题进行拓展,如夏季上新、折扣秒杀专场等。如果内容与主题不符,会造成用户流失,如直播间以折扣秒杀专场为主题,结果用户进来后发现主播用了大量的时间讲新品,迟迟不提秒杀,将会流失用户。用户点进来是因为这场直播是他感兴趣的主题,偏离主题会导致内容不够集中,让用户不知道你的核心是什么,用户流失率必然会上升。

(二)重视前期预热

直播前的预热有助于将流量汇聚到主播直播间。因此,宣传物料要提前准备好,如直播宣传海报、推广软文等,并且在设计素材和推广话术时都要有重点,如强调本次直播的福利或者有名气的主播。渠道方面,尽可能多渠道、大范围地进行宣传,预算充足的前提下也可以考虑布局付费渠道,配合福利抽奖等形式,从而吸引全网感兴趣的潜在消费者。

对前期预热的重视程度和宣传渠道的资源把握是专业直播机构流量多于商家流量的原因之一,普通的商家往往过于重视节省推广费,或者太过于依赖某一个渠道,而不是结合各个渠道的综合曝光增加店铺直播间的曝光量和流量。

(三)把控直播节奏

1. 直播脚本

把控直播节奏简单来说就是规划好时间。梳理好整个直播的流程,确定好每个时间段的事项及安排,帮助主播更好地把控直播进度,同时也优化了直播进程的流畅性,提高了粉丝的观看体验。直播脚本示例见表10-1。

表 10-1　　　　　　　　　　　直播脚本示例

时间	2024年4月6日星期六 19:30—23:15
主题	厨房小家电折扣专场(共15款商品)
分工	主播:安迪;运营/场控:阿毛;脚本:小七;中控:王平
目标	在线人数:2万人 转化率:10% 1号、9号成交各>800件
开场预热 19:30—19:35	签到打卡、打招呼、强调每天的直播时间等
品牌介绍/活动介绍 19:35—19:40	介绍此次直播的品牌或活动主题,结合本场主推的1号商品和9号商品
商品快速介绍 19:40—19:55	将今天所有的商品快速全部讲一遍,不做过多停留,不看粉丝评论,不跟粉丝走,潜在爆款重点推荐
50元专属优惠券 19:55—20:00	发券前预热1~2 min,适当互动,引导关注,然后倒计时发放50元直播间专属优惠券
商品讲解+互动 20:00—22:00	1号(10 min)主推测评+优惠券+互动 2号(5 min)特点+折扣 3号(5 min)特点+折扣 4号(5 min)特点+折扣 ……
返场推荐 22:00—23:00	对呼声较高的几款商品进行返场推荐,再发放一波优惠券,并和粉丝互动
总结及结束 23:00—23:15	活动总结+强调主推商品卖点+发货时间+下场直播预告+引导关注
复盘时间	2024年4月6日星期六 23:30—次日00:30

2.直播促销模式

直播中的促销活动、福利玩法能不断带动人气,推动直播节奏,主要模式有优惠券、红包、秒杀、抽奖、投票、直播专享价和商家连麦,其中商家连麦是目前比较流行的一种玩法,如主播连麦商家进行现场砍价、商家相互连麦互相推荐对方商品等。

总之,制定一份清晰、详细、可执行的直播脚本和一套应对各种突发状况的预案,是一场直播顺畅进行并取得最佳效果的有力保障。需要注意的是,所有脚本不是一成不变的,是需要不断优化的。一场直播在按脚本进行的时候,可以分时间段记录各种数据和问题,在结束后进行复盘分析,不断优化和改进,不断调整脚本。

第二节 直播事件营销与热点追踪

在电商直播领域,事件营销与热点追踪是提升品牌知名度、增加用户参与度和销售转化率的强大工具。通过巧妙地结合社会热点、节日庆典或突发新闻,品牌可以迅速吸引大众关注,将直播活动推向高潮。本节将深入探讨如何利用直播进行事件营销,以及如何有效追踪和利用热点,以达到最佳的营销效果。

一、事件营销的概念与原则

(一)概念

事件营销是一种利用特定事件来吸引公众注意力,提升品牌知名度和销售业绩的营销策略。在直播中,事件营销可以是品牌自创的活动,也可以借势于社会热点、文化节日或体育盛事等。

(二)原则

1.相关性

相关性指确保事件与品牌定位和产品相关,避免蹭热度的嫌疑。

2.时机性

时机性指把握事件发生的时机,提前规划,适时介入。

3.创新性

创新性指提供独特的视角或体验,区别于其他品牌。

4.真实性

真实性指保持诚信,不夸大事实,维护品牌信誉。

二、热点追踪策略

(一)实时监控

使用社交媒体监控工具,如微博热搜、抖音热门话题等,及时捕捉热点趋势。建立专门团队负责热点追踪,确保快速反应。

(二)内容创作

制作与热点相关的直播内容,如热点话题讨论、产品与热点的关联性展示。创造有趣、有价值的内容,吸引观众参与互动。

(三)快速响应

在热点出现后的短时间内,迅速调整直播策略,融入热点元素。准备应急预案,以便快速调整直播计划。

三、事件营销的策划与执行

(一)策划阶段

1. 目标设定

明确直播事件营销的目标,如提升品牌曝光度、促进销售转化。

2. 创意构思

设计独特的直播主题和互动环节,与目标群体产生共鸣。

3. 资源调配

确定直播时间、主播人选、技术设备和预算分配。

(二)执行阶段

1. 前期预热

通过社交媒体、邮件营销等渠道进行宣传,吸引观众关注。

2. 直播执行

确保直播过程流畅,内容具有吸引力,互动环节设计得当。

3. 现场管理

监控直播数据,如观众人数、互动率,及时调整直播策略。

(三)后期跟进

1. 数据分析

收集直播数据,评估营销效果,如观看量、转化率等。

2. 观众反馈

收集观众意见,了解活动的优缺点,为未来优化改进提供依据。

3. 媒体报道

如果活动具有新闻价值,可主动联系媒体,获取额外曝光。

案例 10-1

某明星健身直播爆火

刘某是一位演员及健身教练,因通过直播平台分享家庭健身课程而意外走红。他的直播健身课程在短时间内吸引了大量观众。

1.事件营销策略

把握热点:刘某准确捕捉到人们对于居家健身的迫切需求,利用这一热点事件,将直播健身课程变成了一个现象级的活动。

互动性:他的直播课程强调互动,邀请观众在评论区留言,甚至让观众的家庭成员一起参与,增加了直播的趣味性和参与感。

内容质量:刘某的专业健身知识和充满正能量的个人魅力,加上简单易学的动作设计,使得他的课程对各个年龄段的人都有吸引力。

2.效果数据

刘某的直播健身课程在短短几个月内,使其社交媒体账号的粉丝数量激增,从几十万增长到了数千万。据统计,其直播课程的观看次数达到了数亿次,成为最热门的直播内容之一。商业合作也随之而来,包括运动装备、营养补给等品牌纷纷与其合作推广。

这个案例展示了如何利用热点事件进行直播营销,刘某抓住了人们的居家健身需求,通过高质量的内容和高互动性,不仅为自己赢得了大量粉丝,也为品牌带来了巨大的商业价值。

第三节 直播带货运作机制与电商转化路径

直播带货作为一种新兴的电商模式,正以前所未有的速度改变着消费者的购物习惯和商家的销售策略。它不仅为消费者提供了直观的产品展示和即时互动体验,也为商家创造了全新的销售机会和转化路径。本节将深入探讨直播带货运作机制、电商转化路径以及提升电商转化率的策略。

一、直播带货运作机制

(一)创造内容

主播通过展示产品、分享使用体验、解答观众疑问等方式,创造吸引人的直播内容,激发观众的兴趣和购买欲望。

(二)增强互动性

直播的实时互动特性,如弹幕评论、问答环节、投票等,增强了观众的参与感,促进了情感连接,有助于电商转化率的提升。

(三)建立信任

通过主播的专业知识、个人魅力和真诚交流,建立与观众的信任关系,这种信任往往能转化为购买行为。

(四)限时优惠

利用限时折扣、限量抢购等促销手段,营造紧迫感,刺激观众即时购买。

二、电商转化路径

(一)意识阶段

观众首次接触到直播,可能是通过社交媒体广告、推荐算法或好友分享。此时,观众对产品或品牌尚无深入了解,主要是出于好奇或娱乐目的观看。

(二)兴趣阶段

随着直播内容的吸引,观众开始对某些产品或品牌产生兴趣,可能会主动搜索更多信息,关注主播或品牌账号,参与互动。

(三)考虑阶段

观众对产品有了初步了解,开始比较价格、功能、评价等,考虑是否购买。此阶段,直播中的详细产品展示和互动答疑尤其重要,能帮助观众做出决策。

(四)行动阶段

在主播的引导和优惠的刺激下,观众决定购买,完成下单支付。这一阶段,直播中的便捷购买链接、一键购买功能可以简化购买流程,提高转化率。

(五)忠诚阶段

满意的购物体验会促使顾客成为回头客,甚至成为品牌或主播的忠实粉丝,主动分享或推荐给他人,形成口碑传播。

三、提升电商转化率的策略

(一)个性化推荐

利用数据分析,向观众推荐与其兴趣和购买历史相符的产品,提高转化的可能性。

(二)优化直播内容

确保直播内容既有教育意义又有娱乐性,既能提供产品信息,又能吸引观众长时间观看。

(三)强化互动环节

设置问答、抽奖、游戏等互动环节,增强观众参与感,同时收集观众反馈,优化产品和服务。

(四)多渠道推广

除了直播平台,还应利用社交媒体、邮件营销、App推送等多种渠道,全方位覆盖潜在客户。

(五)售后跟进

提供优质的售后服务,如快速响应、无忧退换货,增强顾客满意度,促进其二次购买。

(六)数据分析与优化

持续监控直播数据,如观看人数、互动率、转化率等,分析哪些策略有效,哪些策略需要改进,不断优化直播策略。

第四节　线上线下融合直播的组织与实施

随着数字技术的发展,线上线下融合直播已成为零售业、会展业、教育培训业等多个领域的新常态。这种模式不仅拓宽了传统直播的边界,还为品牌提供了与消费者深度互动的机会,增强了用户体验,促进了销售转化。本节将探讨线上线下融合直播的组织与实施,帮助企业和组织更好地利用这一模式,提升活动效果。

一、线上线下融合直播的概念与优势

(一)概念

线上线下融合直播是指将实体活动与在线直播相结合的一种新型活动形式。实体活动可以是产品发布会、展览、讲座、音乐会等,而在线直播则通过互联网将活动内容实时传输给无法到场的观众。

(二)优势

1.扩大覆盖范围

突破地理限制,让全球观众都能参与其中。

2.增强互动性

线上观众可通过弹幕、投票、问答等形式与活动现场进行互动。

3.提升参与度

线下观众的现场体验与线上观众的沉浸式观看相结合,提升观众参与度,增强活动吸引力。

4.数据分析

收集线上线下观众数据,并深入分析,以便后续优化营销策略。

二、线上线下融合直播组织与实施策略

(一)活动策划

1.目标设定

明确线上线下融合直播的目标,如品牌曝光、产品推广、观众互动等。

2.内容设计

结合线上线下销售的特点,设计互动性强、内容丰富的活动流程。

(二)技术准备

1.直播设备

使用高质量的音频、视频设备,保持稳定的网络连接。

2.互动工具

使用集成弹幕、投票、抽奖等互动工具,增强观众参与感。

3.平台选择

选择适合线上线下融合直播的平台,如自有 App、社交媒体、直播平台等。

(三)现场与线上协调

1.现场布置

设计舞台、座位、摄像机位,确保现场观众和线上观众都能获得良好体验。

2.导播调度

设置导播室,协调现场摄像、切换画面、处理线上互动。

3.技术支持

技术人员应现场待命,随时解决可能出现的技术问题。

(四)营销与预热

1.多渠道宣传

利用社交媒体、邮件、短信等渠道,提前告知活动信息。

2. KOL/KOC 合作

邀请 KOL 或 KOC(关键意见消费者)参与直播,扩大影响力。

3.预告片与海报

制作吸引人的预告片和海报,激发观众的兴趣。

(五)执行与管理

1.现场管理

维持活动现场的秩序,做好处理突发事件的预案。

2.线上互动

设有专人负责线上互动,及时回应观众提问。

3.数据分析

收集线上和线下数据,如观看人数、互动次数、转化率等。

案例 10-2

某公司的直播带货活动

1. 直播带货背景与目的

某手机厂商的新品发布会结合直播带货已经成为其营销策略中的一个亮点,这种线上线下融合的直播模式不仅提升了品牌曝光度,也直接促进了销售转化。该手机厂商自 2020 年起就开始探索直播带货这一新兴的电商渠道,创始人亲自下场,利用个人影响力和品牌效应,将新品发布会转化为大型直播带货现场。该企业直播带货的目的在于:

增强品牌互动:通过直播与消费者直接对话,提升用户参与感。

即时销售转化：直播中的产品展示可以直接引导购买，缩短决策路径。

收集与分析数据：直播过程中可以实时收集用户反馈，后续可据此进行产品优化和市场策略调整。

拓宽销售渠道：除了官方网站和实体店，直播带货成为新的销售渠道，触达更广泛的人群。

2. 实施策略

选择合适的直播平台：选择某个平台作为主要直播平台，同时可能也会在其他平台进行直播，以覆盖更多目标受众。

内容策划：发布会不仅展示产品，还融入了娱乐元素，如邀请网红嘉宾、设置互动环节等，增加观看趣味性。

利用 KOL 效应：公司老板作为 CEO 兼 KOL，他的个人魅力和行业影响力会吸引大量观众，同时也会邀请其他 KOL 参与直播。

多渠道同步直播：线下门店与线上同步直播，实现线上线下的无缝连接，提升品牌的可见性和可达性。

限时优惠与促销：直播期间提供独家优惠，刺激观众即时购买欲望。

3. 效果评估

观看量与销售额：例如，该公司老板的直播带货首秀吸引了超过 5 050 万人围观，销售额达到 2.1 亿元，显示出强大的销售潜力。

品牌曝光度与影响力：直播带货增加了品牌曝光度，通过社交媒体的分享和讨论，进一步扩散了品牌影响力。

用户数据分析：该手机厂商能够收集到实时的用户行为数据，对产品偏好和市场趋势有更深入的理解。

4. 未来展望

随着 5G、AI 等技术的发展，直播带货的体验将更加丰富，互动性更强，该手机厂商可能会继续深化直播带货模式，探索更多创新玩法，如虚拟现实（VR）或增强现实（AR）直播，以及更智能化的购物推荐系统。

该手机厂商的直播带货案例展示了企业如何利用数字化转型，结合线上与线下资源，创新营销方式，以适应快速变化的市场环境。这种模式的成功也为其他品牌提供了可借鉴的经验。

本章小结

本章阐述了直播活动从策划到执行的全过程，包括前期筹备、现场控制、后期反馈等关键环节。成功的直播活动需要周密的计划和灵活的应变能力，从活动主题的选择、嘉宾邀请到技术支持，每一步都需精心安排。直播过程中，技术稳定性和互动设计是保证观众体验的重要因素。活动后的数据分析和观众反馈收集，为未来的直播提供了宝贵的改进依据。通过跨部门的紧密合作及对细节的关注,直播活动能够成为连接品牌与消费者的桥梁,实现品牌宣传、产品推广和社区建设的多重目标。

知识巩固

1. 组织直播活动的选品思路为_____、_____、_____、_____、_____、_____。
2. 吸引消费者注意力的方式有_____、_____、_____、_____、_____、_____。
3. 事件营销的原则有_____、_____、_____、_____。
4. 直播带货的运作机制为_____、_____、_____、_____。
5. 电商转化的路径分为_____、_____、_____、_____、_____五个阶段。
6. 融合直播的过程有_____、_____、_____、_____、_____。

第三部分　效果分析篇

第十一章
直播订单处理及效果优化

知识框架图

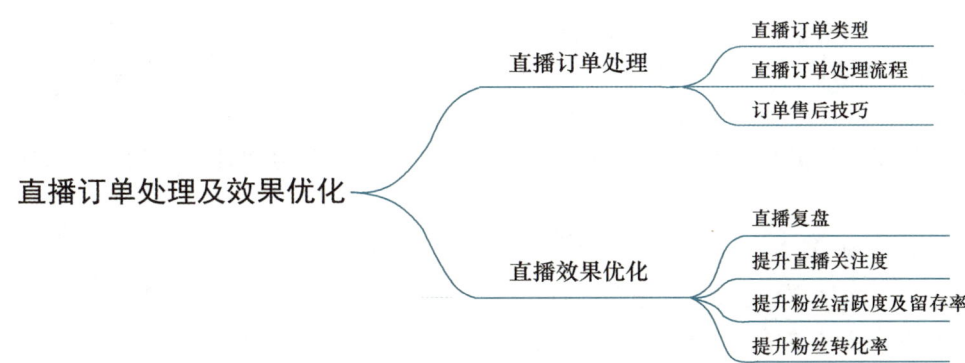

学习目标

1. 了解订单处理流程；
2. 掌握直播效果优化的方法。

第一节　直播订单处理

直播订单处理是直播售后的重要组成部分。为了有效提高订单的成功率,需要采取标准的订单处理机制。

一、直播订单类型

从付款和分销的角度,可以将直播订单分为第三方平台支付订单、货到付款订单和款到发货订单三种类型。

(一)第三方平台支付订单

第三方平台支付是指客户将货款存入第三方平台账户,第三方平台通知主播,主播确认订单信息并发货,客户确认收货后,第三方平台再将货款存入主播账户。

(二)货到付款订单

货到付款是指客户在确认收到主播的货品后,通过网上银行、支付宝或其他在线支付方式向主播付款。

(三)款到发货订单

款到发货是指客户先付款,主播再发货。客户的付款方式一般为网上银行或第三方在线支付。

二、直播订单处理流程

直播订单处理流程主要包括订单确认、订单分配、订单发运和订单收款四个环节,具体如图 11-1 所示。

(一)订单确认

主播在直播结束后,需将直播间的订单导出汇总处理,主播通过线上联系或电话联系的方式向客户确认订单信息。确认内容主要包括客户填写的收货地址是否真实有效,以及商品的相关信息是否准确。针对第三方平台支付订单和款到发货订单,主播还需要通过支付系统后台或银行账户系统确认客户的支付信息,以确定是否成功到款。信息有错误或无法核实的订单将被视为无效订单,主播可以通过后台系统对其进行取消。

(二)订单分配

订单确认无误后,主播可以进行货物准备,并进行下一步操作,即把订单分配给物流部门或不同的物流公司发货。第三方平台支付的订单需要主播自行打印电子面单,货到付款和款到发货的订单则由物流部门或物流公司根据订单信息出具电子面单。

这里需要注意的是,对于拥有多家网络店铺的主播而言,需要对应多家店铺订单,如果每家店铺都出具电子面单,不仅管理比较麻烦,成本上也不划算。此时可以使用打单工具来

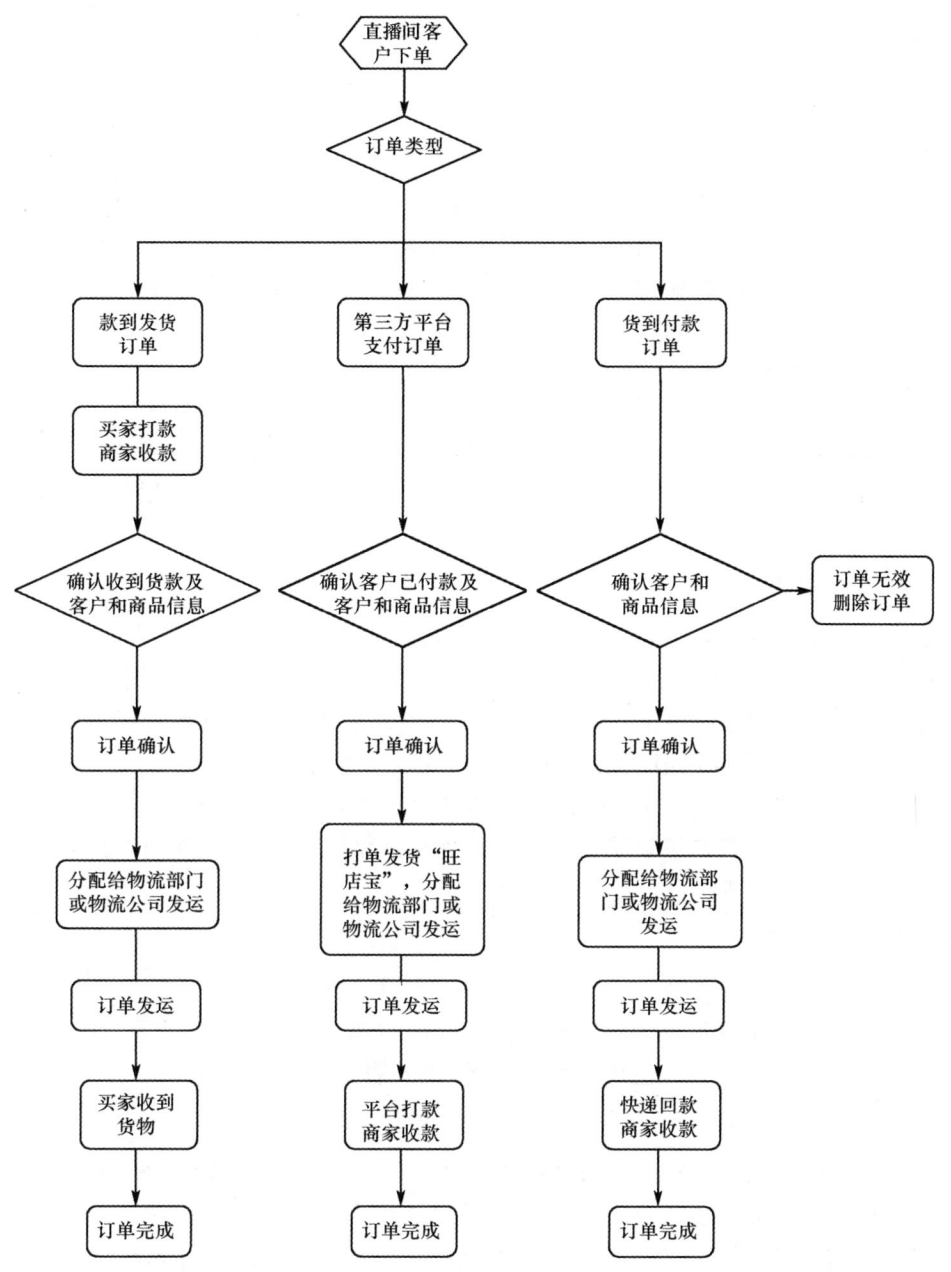

图 11-1 订单处理流程

进行统一管理。例如,有淘宝店铺的主播可以通过"旺店宝"—"打单发货"—"打单设置"的进入路径,选择"关联店铺"功能即可实现多店铺相互关联。主播只需要登录一个卖家账号,就可以管理多家店铺订单。一家店铺开通电子面单,多家店铺共享,可提升统计结算的效率,同时也便于快递对账、查询异常件,可大大提高订单处理效率。

(三)订单发运

确认电子面单信息后,物流部门或物流公司将发运货物。这里需要注意的是,日常订单发运应严格按照发货时间执行,尽量做到当天订单当天发货,因为不发货或者晚发货容易引起客户不满,对接下来的售后工作和客户维护工作都十分不利。

(四)订单收款

订单收款主要有货到付款(包含第三方平台支付到款)和款到发货两种处理方式。在收到货款的情况下,如果主播所在店铺有单独的财务部门,付款确认通常由财务人员完成,否则需要主播关注这一环节。订单收款环节是整个订单处理过程中一个相对独立的环节,它不依赖于其他任何环节,只要确认为有效订单,就可以跟踪和处理其收款情况,因此需要确保该项工作执行人的专业度和责任感。款到发货订单的订单收款环节在订单确认环节之前完成。

三、订单售后技巧

良好的售后服务是巩固客户群体、实现可持续经营的必要条件。对直播带来的订单而言,主播及其团队在提供订单售后服务的过程中应注意以下几点。

拓展阅读 11

(一)与客户保持联系

除了直播间里的互动,主播及其团队可以将售后环节作为与客户保持长期联系的主要方式。在与客户联系前,主播可以根据自己店铺的实际规模及销量情况,按照客户在店消费金额和订单数量将其分成 a、b、c 三类:a 类客户消费金额和订单数量均较高,对此类客户可保持每周联系一次;b 类客户消费金额和订单数量较 a 类客户略低,但有复购,对此类客户可每月联系一次;c 类客户在店铺有消费,但几乎没有复购,对此类客户可每半年至少联系一次。售后服务人员和客户可以采用多种方式保持联络,除了线上交流外,还可以采用给客户打电话、写信、寄贺卡等方式。

(二)倾听客户抱怨

倾听客户抱怨是售后服务的一项重要内容。主播及其团队要做到真诚关心客户,急客户所急、想客户所想,在倾听中了解客户的不满并尽力解决。这不仅可以使客户心里感到平衡,而且可以知道问题所在,以便优化直播效果,提升服务水平。

(三)及时回复客户消息并进行补偿

当有客户反馈商品与直播中的宣传不符或者未在规定时间内送达时,主播应该及时向客户表明会认真负责的态度并及时处理。针对过错在主播或平台的问题,主播及其团队应在 24 小时内予以回复并提出解决方案,在 48 小时内对客户做出补偿,最大限度挽回客户对产品的信任。

(四)跟进二次服务

二次服务是针对曾经在店铺购买过商品的客户进行的后续跟踪服务。对于退货退款订单,主播需要及时跟进,提供后续服务。

如果客户退货原因不涉及商品质量问题或使用问题,主播应先解决客户问题,安抚客户情绪,尽量挽留客户,说服客户不退货。

如果客户确定不要商品,主播应及时处理退货申请,帮助客户尽快完成退货退款流程,降低客户的购物成本(时间、精力、感情等)。在此过程中,客户可能因为被再次服务而感受到主播的诚意,从而提升客户的"回头率"。

(五)提供与商品无关的服务

必要时主播及其团队还可以为客户提供售卖商品以外的服务,如商品相关信息的查询、提供其他配套商品的购买地址,以及商品的延伸使用方法等。通过这些服务,主播可以与客户建立起朋友般的信任感,从而提升客户的"回头率"。

(六)定时查看客服聊天记录和商品评分

主播及其团队应每2~3天抽查客服聊天记录,查看客户的评价反馈,以便及时改进相关服务。例如,主播及其团队可以每周(具体周期视工作量来确定)组织召开聊天记录的分享会,以典型案例来补充、规范售后话术技巧;可以定时排查店铺架上评分低于4.8分的商品,关注客户收货情况及对产品的评价情况等。

案例 11-1

某直播订单的售后服务

2020年3月7日,李女士在某直播平台海购了一支某品牌立体口红,3月14日收到商品。李女士检查商品时发现口红没有外包装膜,也没有标注产品规格,而且口红膏体侧壁划伤两处。于是,李女士将该问题反馈给主播,要求退货,可主播回复此问题属于运输碰撞或海关检查造成的正常现象,不影响使用,因此不予退货。

李女士立即联系该直播平台的客服人员,但客服人员前后三次与主播谈判均没有达成退货,主播只愿意补偿李女士20元的平台优惠券。3月23日,平台客服人员告诉李女士,如果需要退货,税金和运费需自行承担。李女士认为,产品质量问题等不应由消费者来负责,而且主播在直播过程中应该提前告知消费者任何可能出现的产品质量问题,以及发生问题后的处理办法。

最后,经直播平台与主播再次沟通,确定该订单支持退货且不扣除相关费用。由于售后订单处理不及时、方法不正确,购物体验不佳,李女士表示,她不会再进入该主播直播间,也不会再到该主播的店铺购买商品。

第二节 直播效果优化

完成订单处理后,一场直播活动可以宣告结束,但主播及其团队并不能就此停歇,还需要通过直播的复盘来了解粉丝对直播的需求,为下一场直播做好准备。

一、直播复盘

所谓复盘,是指在直播活动结束后,主播及其团队对此次直播活动的各项数据进行回顾、分析、总结,查找差距、弥补不足、积累经验,确定后续整体直播的节奏,优化直播效果的过程。没有一场直播是完美的,每场直播都有值得反思的地方,尤其是对于刚刚涉猎直播的主播来说,复盘更不容忽视。

直播复盘通常需要对以下数据进行分析。

(一)单次直播活动即时数据

单次直播活动即时数据包括直播间基础数据及复看、流量来源、粉丝资产等数据,这些数据一般都可以在直播详情内找到,或可根据详情页中给定的数据分析获得。

1. 直播间基础数据

(1)直播间浏览量

直播间浏览量(Page View,PV),常称为流量,直播间每被浏览一次,就产生一次 PV。但是,PV 并不直接决定直播间访客数量,PV 高也不一定代表访问直播间的客户数量就多。一个客户(一个独立的 IP)通过不断刷新页面可以制造出非常高的 PV,因为他每刷新一次页面,就会产生 1 次 PV,刷新 100 次页面,PV 记录就是 100 次。

(2)独立访客数

独立访客数(Unique Visitor,UV),也就是单次直播活动中通过各种途径访问直播间的客户数量。与 PV 不同的是,一个客户(一个独立的 IP)访问直播间只产生一次 UV,无论他刷新多少次页面,反反复复多少次进入该直播间,UV 记录都是 1。

> **小提示**
>
> 整场直播的总 PV 和总 UV 非常重要,是计算其他许多重要数据的基础。

(3)取关粉丝数

取关粉丝数是直接影响直播间数据权重的一项数据,可用累计粉丝数量减去现有粉丝数量求得。

(4)驻留时长

驻留时长可以从侧面反映直播间热度、粉丝活跃度及内容专业度。驻留时长的计算方法为

$$驻留时长 = \frac{直播总时长}{总 UV} \times 平时在线人数$$

直播间驻留时长越长,说明主播的内容越能吸引粉丝,直播间售卖的时间也越长,相应的直播间下单转化率也就越高。

(5)粉丝回访次数

粉丝回访次数即直播活动中粉丝进出直播间观看直播的次数,这在一定程度上可以反映出直播活动及内容的吸引力,也影响着直播间的复购率、转化率等。

(6)粉丝互动频率

粉丝互动频率即直播活动中与主播进行交流的人数与已关注主播的人数的比值,计算方法为

$$粉丝互动频率 = \frac{互动人数}{粉丝总数}$$

粉丝互动频率越高,说明直播间粉丝活跃度越高,直播间氛围越好;反之,则说明直播间场面冷清。

(7)粉丝画像

粉丝画像即根据粉丝年龄特征、性别特征、职业属性、粉丝习惯、粉丝偏好、粉丝行为等信息而抽象描述出来的标签化粉丝模型。粉丝画像是主播设计有效营销活动、开展针对性营销的重要依据。

(8)粉丝回访时段

粉丝回访时段就是粉丝的消费时段,在这些时段开播,观看直播的粉丝数量可能会比较多,粉丝的回访率和直播间的转化率也相对较高。

(9)粉丝转化率

粉丝转化率即直播间客户转为粉丝的人数和直播间客户人数的比例。

(10)粉丝地域分布

不同地域的人群消费习惯不同,消费类目也呈现多样化,分析粉丝地域分布可为主播设计直播间活动、直播选品等提供参考。

(11)下单转化率

直播间下单转化率能清楚地反映直播效果与产品吸引程度。下单转化率的计算方法为

$$下单转化率 = \frac{下单成交客户数}{总\,UV}$$

了解这些基础数据之后,主播可以更清楚地了解直播间客户的消费习惯,能够更有的放矢地策划好直播内容。

2. 复看数据

复看数据是指访客的点击率,也就是单个客户进出直播间的次数。复看数据反映了主播在直播间的运营情况,以及粉丝与直播间、产品、店铺的黏性情况。

3. 流量来源数据

流量来源数据反映的是进入直播间的客户通过何种方式进入直播间,主播应予以关注。不同的直播平台流量来源会稍有不同,如抖音直播平台的流量来源主要有同城推荐、直播推荐、视频推荐、关注等;淘宝直播平台流量来源主要有直播推荐、店铺、关注、微淘、共享回流、开播推送等。

流量来源数据是影响直播间实时流量的重要指标,主播必须充分利用现有的资源,使每个来源渠道的流量最大化。如果主播发现某一渠道的流量不高,可以集中精力对该渠道进行优化,提升该渠道的活跃度,实现为直播导流的目的。

主播也可以使用一些功能插件,针对老客户举办一些活动,如直播间签到活动、"抢楼"活动以及摇奖活动等,刺激老客户进入直播间,但是切记这些活动越简单越好。

4. 粉丝资产数据

粉丝资产数据主要通过粉丝观看直播时长、新增粉丝数等数据体现。

粉丝观看直播时间越长,说明直播内容对其吸引力越大,粉丝的黏性也就越高。新增粉丝数是粉丝资产数据中最重要的一项指标,也是直播平台权重最大的一项指标。主播需要把进入直播间的客户的注意力都集中到自己身上,让其关注直播间,成为自己的粉丝,从而增加直播间的粉丝基数,以便获得更多的转化机会。

此外,主播还需要关注直播间即时观看人数、销量、点赞数据,以及主播正在推荐商品的点击次数等。其中,商品点击次数越多,说明该商品在直播中的吸引力就越大。如果商品的

点击次数较少,主播应注意提高商品在直播话术中的渗透率,抓住粉丝的"痛点",制定适当的营销策略在直播中推荐商品,如"新粉丝可获得独家价格×元",以提高商品的下单转化率。

除各类直播数据外,主播还应关注直播间的评论数据。评论数据通常包括每分钟评论数量、每分钟评论人数、非粉丝评论情况等。直播间评论数据的提炼能够让主播更快、更精准地判断出直播内容对客户的吸引程度、客户或粉丝关注的内容、直播间的热度等。例如,主播卖的是A商品,但是大量客户在直播间询问关于B商品的信息,这就说明当前客户对于B商品更感兴趣,主播可有针对性地调整营销策略。

(二)直播大盘数据

直播大盘数据是指整个直播行业的排行及各种指数,能够科学地反映整个直播市场的行情。直播大盘数据主要包括主播排名、大盘数据转化、主播活跃度、地域分布和产品信息等,部分直播平台(如抖音直播平台等)官方会汇总给出该数据,主播可直接查阅,也可从某些第三方数据平台(如知瓜数据、灰豚数据等平台)中获得该类数据。

通过了解直播大盘数据,主播能更清楚地了解各主播的排名动态,排名靠前的直播行业情况、直播间活跃度、粉丝数等,观看直播的人群特征,如年龄段分布及性别比例等,以及直播行业的实时动态,如直播排名靠前的相关商品类目等。

(三)直播竞品数据

直播竞品数据指的是与自己经营同类商品的主播的有关情况。主播需要选择适当的竞争对手进行分析,如同时段开播、同标签、同产品定价、同等级流量的主播。通常,主播需要分析的直播竞品数据包括主播个人流量情况、同时段主播数据、主播个人销售转化、同标签主播数据、同期主播数据、同产品主播数据、同等流量主播数据和指定主播数据等,基于这些数据分析确定与自己相匹配的竞争对手,进而取长补短,促使自己不断提升直播能力。

二、提升直播关注度

直播关注度直接影响主播的带货效果和商家的营业额,那么如何才能提升观众和粉丝对直播间的好感,进而提升直播间的关注度呢?以下介绍几种常用技巧。

(一)强化表情动作

直播关注度在很大程度上取决于主播的表现。很多新手主播往往因为在直播间表情动作僵硬、不够丰富而人气不佳。

直播间是主播和观众沟通互动最重要的场所,主播除了要善于调动直播间气氛、处变不惊外,还要尽可能多地增加与粉丝间的交流,提高粉丝的参与感。

主播应该尽量施展自身的优点来吸引直播间的观众,适当增加表情和动作。除了微笑,也可以使用更丰富的表情和动作,如剪刀手卖萌、手比爱心等。通过细节传达善意,让粉丝不仅感受到主播的积极与热情,还能对主播产生认同感和亲切感,从而提升直播关注度,促使观众成为固定粉丝。

(二)积极表达谢意

当有粉丝送礼物给主播或者下单时,无论数量与价值是多少,主播都要一视同仁,向送礼物或者下单的粉丝表达谢意,如"谢谢××的礼物"或"谢谢××对直播间产品的支持"等,最好能配上适当的赞美,如"谢谢××的第二次送礼,你真大方"等。这样做的目的是让粉丝感受到主播的诚意与热情,并有意愿继续互动。主播可以用一些幽默的暗示,如"好久没有看到过××礼物了""求上榜"等来激发粉丝送礼物的积极性,切忌直接向粉丝索要礼物。

(三)积累幽默素材

幽默感可以帮助粉丝放松心情、释放压力,为主播凝聚更多人气。因此,主播及其团队可以在日常生活中积累幽默故事或相关素材,在直播过程中适当进行穿插;但切忌照本宣科地讲笑话,造成刻意幽默的生硬感,引人反感。

(四)分享生活经历

分享个人独有的生活经历,可以帮助主播拉近与粉丝之间的心理距离。不一样的人有不一样的人生经历,会产生不一样的生活感受。每个人都期望能有一个对象可以倾听自己的诉说,也很乐意去倾听别人的诉说。这种交流机制可以帮助主播提升直播关注度。

三、提升粉丝活跃度及留存率

主播在开展直播前要完成私域(即非公共领域)引流,通过几种私域模式关联到直播间,用直播间进行预热转化,达到直播收益最大化的目的。

要解决直播的私域流量问题,主播可以在抖音平台发布短视频,起到引流作用。主播首先发布符合自身定位的引流短视频,再根据短视频内用户的评论内容来了解短视频引流的效果。在引流短视频起到一定作用时,主播可以进行二次引流,也就是在短视频中关联产品的链接。在有一定流量的基础上,主播可以开展直播。鉴于当前主流消费群体偏向年轻化,而这类群体更倾向于内容直播,建议主播通过形式多样、内容丰富的产品介绍来集聚人气,增加粉丝。

(一)提升粉丝活跃度

粉丝活跃度是指直播间内粉丝活跃、互动的频率。随着引流带来的粉丝存量的增加,主播应考虑如何提升粉丝的活跃度。粉丝活跃度直接关乎直播效果,是衡量直播间氛围和热度的重要指标之一。提升粉丝活跃度的常用方法包括以下五种。

1. 粉丝激励

粉丝激励是指主播在不断与粉丝互动的前提下,利用一些奖励手段鼓励粉丝参与一系列活动,从而活跃直播间气氛,如点赞达到一定数量后进行才艺表演、抢红包、发放优惠券等。

另外,主播还可以鼓励粉丝多分享直播间,当直播间观众人数达到一定数量后,可以发送红包、优惠券,做产品秒杀活动等。

2. 连麦 PK

连麦 PK 是指两个主播在不同的直播间进行连麦互动,直播画面一分为二,同时显示两个主播,两方的粉丝也会进入同一直播间中。

当两个主播成功进入 PK 模式后,两方粉丝通过点赞、刷礼物等方式为自己的主播加油。根据直播画面上的蓝色条和红色条的贡献度来决出胜负。

对于粉丝来说,自己关注的主播赢得 PK 的胜利,往往可以增加自身的成就感,因此主播之间的连麦 PK 不仅能够提升直播关注度,还能活跃直播间气氛,提高粉丝参与度。

3. 互动话题

主播在直播间与粉丝互动时,要注意观众在弹幕中的话题内容,不可只顾及自己单方面的交流和互动。当直播间观众引出话题时,主播要及时抓住话题信息,在适当的时候引入该话题进行直播间中新一轮的交流,这样能够更好地提升直播间粉丝活跃度,活跃直播间氛围。

4. 粉丝互动

无论在什么样的平台观看直播,无论进入直播间的目的是什么,所有进入直播间的观众都希望主播能够注意到自己。只要主播和粉丝主动搭话,就能率先赢得好感。这在人气高涨的直播间尤为见效。当主播在众多粉丝中点到自己的名字时,粉丝会感觉受到了重视。所以,主播在观众进入直播间时要主动打招呼,尽可能多地回复粉丝发的弹幕。

5. 粉丝福利

对于提高粉丝活跃度而言,除加强与粉丝的互动外,主播还可以通过发放粉丝福利等手段促使粉丝对自己和直播间产生兴趣,激发直播间粉丝的购买欲,让更多的粉丝参与到互动中来。

(二)提升粉丝留存率

在直播开始时就进入直播间,并经过一段时间仍然停留在直播间的用户称为留存用户。粉丝留存率是指在特定周期内,原本关注直播间的粉丝中仍保持关注的比例。粉丝留存率反映的实际上是直播间的一种转化率,即由初期的不稳定的用户转化为活跃用户、稳定用户、忠诚用户的过程。随着粉丝留存率统计过程的不断延展,能看到不同时期用户的变化情况。粉丝留存率是衡量主播水平和能力的一项重要指标,不定时抽奖、分享直播间、发放红包等都是提高粉丝留存率的常用手段。

四、提升粉丝转化率

粉丝是直播间的固定受众,直接影响直播带货的效果,因此,提升粉丝转化率对于主播和商家而言至关重要。以下介绍几种常见的提升粉丝转化率的技巧。

(一)利益提醒

1. 直播间活动提醒

在直播间中,主播可以利用一些关键词来吸引消费者关注,最常用的有提醒上新活动、提醒优惠活动、粉丝专享价和粉丝抽奖等。

提醒上新活动包括上新×折、上新满减、上新立减等。

提醒优惠活动是指直播商家为了吸粉,给粉丝提供一系列让利活动,如秒杀、满额包邮、满几送几等。

粉丝专享价,即直播商家针对直播间粉丝人群定向发放粉丝专享优惠价格,是一种只有在直播间关注主播才能享有的福利,目的就是促进粉丝关注和转化。

粉丝抽奖是为已经关注主播的粉丝定制的活动,只有关注主播的粉丝才能参与抽奖,是提升粉丝转化率的主要方式之一。具体操作时,主播要告知粉丝关注并点赞后可参与抽奖,与此同时,后台应配合弹出提醒,引导粉丝关注。

2. 内容预告

主播在直播开播前将直播内容通过各种途径告知客户和粉丝。这里需要注意的是,主播设置的直播内容应有一定吸引力,如专业主播可以利用自己的专业知识去吸引消费者。很多服装类主播通过介绍色彩搭配或者服装搭配技巧来吸引粉丝的注意力,通过分享个人专业经验达到提升粉丝转化率的目的。

3. 粉丝等级福利

粉丝等级体现了粉丝的活跃度,等级越高,则活跃度越高。粉丝等级福利是指不同等级的粉丝能够享受不同级别的福利。通过粉丝等级福利,刺激粉丝的关注度,促进粉丝在直播间积极互动,提升粉丝等级,以便享受更多的福利。这是目前经实践证明效果较好的互动转粉技巧之一。

(二)工具提醒

1. 场景工具提醒

主播在直播前可以准备一些小黑板、电子牌和自制海报等提醒工具,放大产品的利益点、关注点等内容,由此起到视觉提醒和强调的作用,吸引直播间粉丝的注意力。

2. 后台工具提醒

(1)关注抢红包

直播间红包可分为现金红包和支付宝口令红包。抢现金红包可有效刺激粉丝活跃度,从而提升粉丝转化率;抢支付宝口令红包,即利用支付宝设置一个口令红包,并且在直播间发布支付宝口令,进行抢红包活动。

(2)提醒粉丝关注公告

在直播间上方可设置红色公告,说明粉丝关注后的相关活动,起到利益提醒作用。

(3)使用后台关注引导工具

主播可利用后台关注引导工具,适时弹出相应的提示框,提醒观众关注,提升直播间粉丝转化率。

主播也可以利用自动关注插件,设置直播过程中每5~10分钟自动弹出关注提醒,提升关注效率。据相关研究数据显示,这一方式能够帮助直播间提高约20%的粉丝转化率。

(三)制作吸粉脚本

所谓吸粉脚本就是在单场直播脚本的基础上通过对开播前场景布置、播出内容设置、播出中提醒设置、结束前活动设置等环节的优化,进一步提升直播吸粉效果的脚本。

1. 开播前场景设置

首先,在脚本中增设优惠道具,如摆放主产品的周边产品或试用产品小样等;其次,在脚本中增设关注引导,如可以在直播中书写关注信息的小黑板等;最后,在脚本中增设直播专享价道具,如自制的优惠价格表等。

2. 播出内容设置

首先,在脚本中适当的位置注明"提醒粉丝截屏打卡";其次,在脚本中适当的位置注明"设置粉丝定向推送";其次,在脚本中适当的位置注明"设置自动关注提醒"。

3. 播出中提醒设置

首先,在脚本中适当的位置注明"要在直播中不间断发放淘金币或红包",引导粉丝关注;其次,在脚本中适当的位置注明"要在直播中对下一个环节的内容进行提前预告",留住想离开直播间的粉丝;再次,在脚本中适当的位置注明"要在直播中定时宣布点赞数,达到点赞数后将进行抽奖",鼓励粉丝点赞;最后,在脚本中适当的位置注明"要在直播中分享只有在直播间才能领取的限定奖品或者额外优惠等",维持粉丝忠诚度。

4. 结束前活动设置

首先,在脚本中标注"直播结束前需预告明日活动"或"上新剧透",吸引粉丝持续关注;其次,在脚本中标注"直播结束前要进行最后一轮的粉丝抽奖",鼓励粉丝看完整场直播;最后,在脚本中标注"直播结束前要再次与粉丝互动,如问好、祝福等",给粉丝留下好印象。

本章小结

本章首先介绍了直播订单的常见类型,概述了直播订单的处理流程,介绍了订单售后的技巧。从提升直播关注度、提升粉丝活跃度及留存率等方面介绍了直播效果优化的方法。优化直播效果不仅能提升粉丝的观看体验,还能提高粉丝活跃度、留存率和转化率,进而增强品牌影响力,促进销售业绩的增长。通过持续优化直播内容、互动方式和节奏,主播可以吸引更多粉丝的关注和参与,减少负面反馈,适应市场竞争,促进口碑传播,最终实现直播业务的持续增长。

知识巩固

1. 直播订单的类型包括_____、_____、_____。
2. 直播订单的处理流程为_____、_____、_____、_____。
3. 订单售后技巧包括_____、_____、_____、_____、_____、_____。
4. 提升直播关注度的方法有_____、_____、_____、_____。

第十二章

直播数据分析

知识框架图

- 直播数据分析
  - 直播核心数据指标
    - 观众行为指标
    - 互动指标
    - 内容质量指标
    - 商业转化指标
    - 用户满意度指标
    - 综合分析与策略调整
  - 用户行为数据分析与解读
    - 用户行为数据分析
    - 用户行为数据解读
  - 数据驱动的内容优化与主播管理
    - 数据驱动的内容优化
    - 数据驱动的主播管理
    - 数据伦理与隐私保护

> **学习目标**
>
> 1. 熟悉直播核心数据指标；
> 2. 掌握数据采集的常用工具和方法；
> 3. 掌握常用的数据分析方法。

第一节 直播核心数据指标

直播作为一种新兴的内容传播方式，已经成为电商、娱乐、教育等多个行业的重要组成部分。为了更有效地评估直播的效果，优化直播策略，建立一个全面且精准的数据指标体系至关重要。本节将探讨直播核心数据指标的构建方法，包括观众行为、内容质量、商业转化及用户满意度等方面，以帮助直播团队和企业更好地理解直播数据，做出科学决策。

一、观众行为指标

观众行为是直播数据分析的基础，它直接反映了直播内容对观众的吸引力。以下是几个关键指标：

（一）观看时长

观看时长是指观众观看直播的总时间，长时间的观看意味着直播内容具有较强的吸引力。观看时长可以进一步细分为平均观看时长和最长观看时长，以评估内容的整体吸引力和观众的黏性。

（二）观众留存率

观众留存率显示了直播过程中观众流失的情况。通常以图表形式展示直播的各个时间段观众的留存情况，有助于直播团队识别直播内容的高峰和低谷，优化直播结构。

（三）峰值观众数

峰值观众数指直播期间同时在线观众的最大数量，反映了本场直播的热度和影响力。

（四）新增观众数

新增观众数反映了首次观看直播的观众数量，能够有效评估直播的拉新效果。

二、互动指标

互动指标衡量了观众与直播间的互动程度，是评估直播活跃度的关键。

（一）评论数

评论数记录了直播期间观众发送的弹幕、留言的数量，较高评论数通常意味着观众对直播内容有较强的参与感。

(二) 点赞与分享

点赞与分享反映了观众对直播内容的认可度和传播意愿,是评估直播口碑和社交影响力的指标。

(三) 礼物收入

礼物收入统计了观众通过购买虚拟礼物赠送给主播的金额,是直播平台重要的盈利模式之一。

三、内容质量指标

内容质量直接影响观众的观看体验和直播的长期发展。

(一) 直播清晰度

直播清晰度涉及视频和音频的质量,是影响观众观看体验的重要因素。高清晰度的直播能提高观众的满意度和留存率。

(二) 直播稳定性

直播稳定性指直播过程中是否有延迟、卡顿等情况。频繁出现延迟、卡顿等问题会降低观众的观看意愿。

(三) 内容多样性

内容多样性反映了直播内容的丰富性和创新性。内容丰富多样且具有创新性的直播有助于吸引不同特质的观众群体。

四、商业转化指标

商业转化指标是评估直播经济效益的重要标准,在电商直播中尤为重要。

(一) 点击率

点击率指观众点击直播间内链接或商品的比例,是衡量观众行动意愿的指标。

(二) 转化率

转化率计算了从观看直播到完成购买行为的观众的比例,是评估直播销售效果的核心指标。

(三) 平均订单价值

平均订单价值反映了观众每次购买的平均金额,可用于评估直播对高价值商品销售的促进作用。

(四) 复购率

复购率统计了观众重复购买的比例,体现了观众对直播品牌的忠诚度和顾客满意度。

五、用户满意度指标

用户满意度指标是从观众的角度出发,评估观众观看直播的整体体验。

(一)满意度调查

满意度调查是通过发放问卷或在线调查收集观众对直播的反馈,了解观众的喜好和对直播内容不满意的地方。

(二)负面反馈比率

负面反馈比率是指观众对直播的负面评价比例,统计并分析这一指标有助于发现直播存在的潜在问题点。

六、综合分析与策略调整

建立直播数据指标体系后,重要的是对数据进行定期分析,识别趋势和异常,从而制定相应的策略调整。例如,如果发现观众留存率低,可能需要优化直播内容或提高主播与观众的互动频率;若转化率不高,可能需要改进商品介绍或促销策略。

第二节 用户行为数据分析与解读

在直播行业中,用户行为数据是衡量直播效果、优化内容策略和提升用户体验的关键。深入分析用户行为数据,可以揭示观众偏好、互动模式以及转化路径,从而帮助企业或主播做出更精准的决策。本节将探讨如何分析与解读直播中的用户行为数据,以实现数据驱动的优化和增长。

一、用户行为数据分析

(一)趋势分析

1. 时间序列分析

时间序列分析是指观察用户行为随时间的变化趋势,如观看时长的季节性波动。

2. 周期性分析

周期性分析是指识别用户行为的周期性规律,如周末的直播观看量高于工作日的直播观看量。

(二)用户细分

1. 人口统计学分析

人口统计学分析是指按年龄、性别、地理位置等属性细分用户,以了解不同用户群体的行为差异。

2.行为聚类分析

行为聚类分析是指根据观看偏好、互动频率等行为指标对用户进行聚类,识别潜在的用户群体。

(三)路径分析

1.转化路径分析

转化路径分析是指追踪用户从进入直播间到完成转化的完整路径,识别转化漏斗中的瓶颈。

2.用户旅程分析

用户旅程分析是指绘制用户从初次接触到成为忠实粉丝的全过程,优化每个触点的体验。

二、用户行为数据解读

(一)洞察用户需求

1.内容偏好

直播团队应分析用户观看的直播类型和主题等偏好,了解用户兴趣所在,及时调整、优化直播内容。

2.互动偏好

直播团队应观察用户参与直播互动的方式,判断哪种互动形式更受欢迎,在直播中应依据这一偏好调整互动形式。

(二)优化直播内容

1.调整直播时间

直播团队应根据用户观看时段偏好,调整直播时间以吸引更多观众。

2.增加互动环节

基于用户互动数据,直播团队应设计更多互动环节与内容,提升用户参与度。

(三)提升转化效率

1.优化转化路径

直播团队应设计、简化购买流程,减少转化漏斗中的障碍,促进观众的购买行为。

2.个性化推荐

根据用户观看历史和互动行为,推送个性化内容或产品,提高转化率。

用户行为数据是直播行业宝贵的财产,通过对这些数据的深入分析与解读,揭示观众的真正需求,优化直播内容和互动策略,提高转化效率,最终实现业务增长。企业或直播团队应当建立完善的数据采集和分析机制,定期分析用户行为数据,持续优化直播策略,以适应不断变化的市场环境和用户需求。

在实践中,还可以利用先进的数据分析工具和 AI 技术,如机器学习模型来预测用户行为趋势,实现更为精细化的用户管理和个性化营销。同时,注重数据隐私和用户权益保护,确保数据收集和使用的合法性与透明度,是企业持续发展和赢得用户信任的关键。

案例 12-1

穿搭主播数据驱动破粉丝增长瓶颈

某专注时髦穿搭的主播发现，自己直播间场均观看人数稳定在1.7万左右，但每场直播新增关注130余人，粉丝增长陷入瓶颈。团队通过基础数据分析发现三个关键问题：

首先，粉丝结构严重失衡，新观众占比高达98%，而忠实粉丝不足2%（行业健康值为15%~30%），说明直播间缺乏用户留存能力。

其次，涨粉转化率仅1%，远低于3%~5%的基准线，进一步分析发现引流策略过度依赖9.9元低价商品，观众只为抢购而来，没有关注直播间的动力。

最后，商品策略存在矛盾——销量最高的是一款没有任何营销话术的基础款针织衫（单场售出2 697件），证明产品本身具有吸引力，但其他商品却依赖低价促销，导致利润薄弱难以支撑粉丝运营。

针对这些问题，主播团队实施了三个低成本优化方案：

在粉丝运营上，设置新观众关注即可领取5元无门槛优惠券，同时为老粉丝开设专属商品通道（如限量搭配套装），解决老粉权益被稀释的问题。

在流量获取上，统一使用"源头优品"直播标签取代混乱的活动标签，使平台推荐更精准。

在货盘组合上，保留1—2款低价引流款，同时增加客单价149元左右的穿搭套装，通过"衬衫＋半裙"等专业搭配体现选品力。

执行两周后数据显著改善：涨粉转化率提升至3.2%，场均涨粉量达550人，粉丝活跃率稳定在8%~10%，场均商品交易总额增长17%。这些改变的核心在于用数据识别出"低价引流却忽视留存"这个根本矛盾。

这个案例揭示了直播数据分析的实用价值。即使没有专业背景，只需关注三个基础指标：粉丝新老比例（反映黏性）、涨粉转化率（衡量内容吸引力）、商品点击率（检测选品匹配度），就能定位核心问题。优化过程证明，小成本动作如统一直播标签或设置关注券，往往比追求复杂话术更有效；当发现某款商品无需推广就热卖时（如案例中的针织衫），意味着应该强化此类选品而非盲目降价。数据本质上是指引优化方向的罗盘，而非考核成绩单。

第三节　数据驱动的内容优化与主播管理

在竞争日益激烈的直播市场中，内容质量和主播表现是吸引并留住观众的核心要素。通过数据驱动的方法优化内容和管理主播，能够帮助直播平台或个人主播更有效地提升用户参与度和满意度，进而促进业务增长。本节将探讨如何利用数据分析来指导内容创作和主播管理，以实现更佳的直播效果。

第十二章　直播数据分析

一、数据驱动的内容优化

拓展内容 12

(一)识别热门话题和趋势

1. 内容分析

利用大数据分析工具监测社交媒体、新闻热点、行业动态等,找出受众之前关注的话题。

2. 关键词分析

分析观众在直播间中的搜索历史和评论关键词,了解观众的兴趣点。

(二)个性化内容创作

1. 用户画像构建

基于用户行为数据(如观看记录、互动行为等)创建用户画像,了解不同用户群体的偏好。

2. 个性化推荐系统

使用算法推荐符合用户偏好的内容,提高用户黏性和观看时长。

(三)A/B 测试

对不同的直播主题、直播风格或直播时段进行 A/B 测试,比较观众的反应和参与度的不同,确定最佳直播方案。

(四)实时反馈与调整

1. 实时数据分析

实时关注直播过程中的观众反馈,如弹幕、点赞、礼物赠送等数据,即时调整直播内容方向。

2. 播后分析

直播结束后,分析整体观众留存率、互动数据等,总结经验教训,为下一场直播做准备。

二、数据驱动的主播管理

(一)主播绩效评估

1. 量化指标

设定主播关键绩效指标,如直播时长、观众增长、互动率、转化率等,定期评估主播绩效。

2. 观众满意度调查

收集观众对主播的评价和反馈,将观众满意度作为主播绩效考核的一部分。

(二)主播培训与发展

1. 数据分析培训

对主播进行数据分析培训,教会主播理解、分析和应用观众行为数据,在此基础上提高内容创作能力。

2. 职业路径规划

根据主播的潜力和表现,直播平台应为主播规划职业路径,提供个性化的职业发展建议和资源。

(三)激励机制设计

1. 奖励体系

设计基于直播数据表现的奖励体系,如观众增长奖、互动冠军奖等,激发主播的积极性。

2. 惩罚措施

对于不遵守规则或表现不佳的主播,实施相应的警告或限制等惩罚措施。

(四)主播关系管理

1. 沟通渠道

建立高效的主播与平台之间的沟通渠道,及时解决主播的问题,满足其工作需求。

2. 社区建设

鼓励主播之间的交流与合作,形成良好的直播生态,共享成功经验。

三、数据伦理与隐私保护

在利用数据驱动方法优化内容和管理主播的过程中,平台必须严格遵守数据伦理和隐私保护原则。这意味着要确保数据收集和处理的透明度,要获得用户的明确同意,并采取适当的安全措施防止数据泄露。平台应定期进行合规审查,与用户保持开放、顺畅的沟通渠道,持续获得用户的信任。

数据驱动的内容优化与主播管理是直播行业发展的关键。通过深入分析用户行为数据,平台和主播能够更准确地把握观众需求,创作出高质量的内容,同时通过科学的管理策略提升主播的能力,助力其职业成长。然而,数据的收集和使用必须遵循严格的道德规范和法律要求,以保障用户隐私和权益。未来,随着技术的进步,数据分析在直播领域的应用将更加广泛和深入,会为直播行业带来更多的创新和机遇。

本章小结

本章强调了数据分析在直播行业中的核心作用,展示了如何利用数据驱动决策,优化内容和提升主播表现。通过对观众行为、内容效果和市场趋势的深度挖掘,直播平台和个人主播能够精准地识别用户需求,调整直播策略,实现内容个性化和互动最大化。主播管理也受益于数据分析,绩效评估、培训和发展计划得以精细化,激励机制更加合理。同时,数据伦理和隐私保护是数据分析不可忽视的方面,确保合法合规的数据处理流程,维护用户信任。数据驱动的直播运营,不仅提高了效率和效果,也为直播行业带来了更多创新的可能,推动其向更加成熟和专业的方向发展。

知识巩固

1. 直播核心数据指标分为_____、_____、_____、_____、_____。
2. 用户行为数据采集主要包括_____、_____、_____。
3. 解读用户行为数据的作用有_____、_____、_____。
4. 数据驱动的内容优化包括_____、_____、_____、_____。
5. 数据驱动的主播管理包括_____、_____、_____、_____。

第十三章 直播数据运营

知识框架图

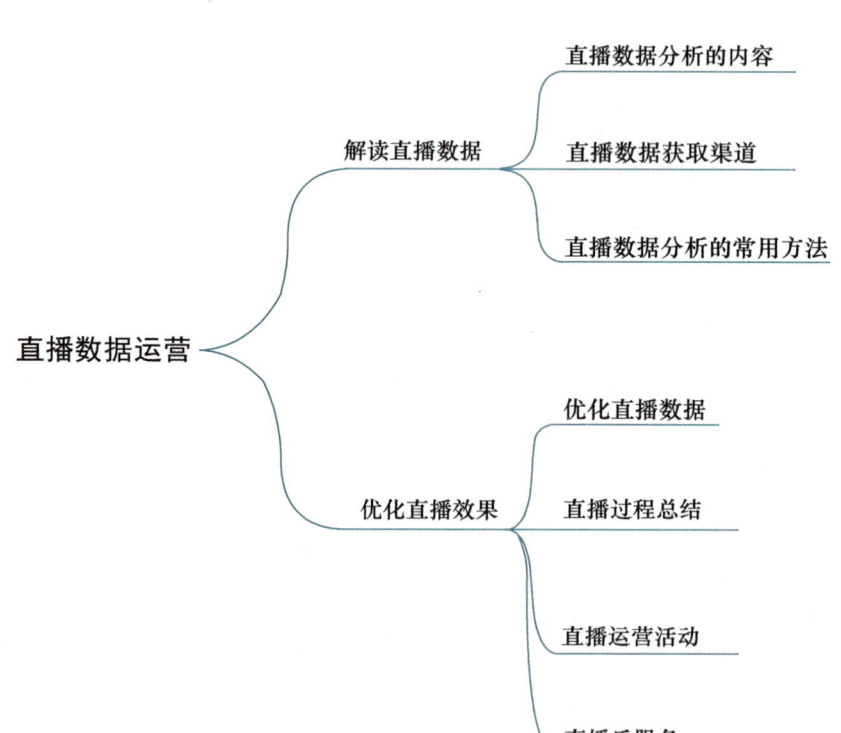

> 学习目标
>
> 1. 了解直播数据获取的渠道；
> 2. 了解直播数据分析的常用方法；
> 3. 掌握直播运营活动策划的流程。

第一节　解读直播数据

直播运营的四大核心驱动是主播、内容、流量、后端运营。一场成功的直播除了要有优秀的主播和专业的直播脚本，做好全媒体的引流工作外，还需要做好后端运营。后端运营主要是指直播间的数据分析，也就是复盘。虽然很多头部主播一天直播三四个小时，但是他们一天工作的时间至少10个小时，他们需要为直播做很多准备工作，包括熟悉脚本、产品、营销计划等，熟悉直播间里所有的商品，直播结束后还要做复盘和数据分析。

拓展阅读13

一、直播数据分析的内容

（一）单场直播数据

主流的直播平台都会记录和保存每一场直播的关键数据，这些数据通常可以在直播后台账号的对应页面中查询或者分析获得，如图13-1所示。

1. 开播数据

（1）开播场次

开播场次指在特定的时间内直播的次数。

（2）开播时长

开播时长指一场直播持续的时间。有些主流直播平台对于主播的开播场次和每场直播的时长都会有要求，满足要求的主播可以获得更多的流量支持，所以开播数据是需要持续记录和统计的。

2. 流量数据

（1）直播间浏览次数

直播间浏览次数是指一场直播中直播间的页面被消费者浏览的次数，就是我们通常所说的流量。消费者进入直播间一次，就给该直播间贡献了一个浏览次数。同一个消费者反复进入同一个直播间，或者从详情页等返回直播间，或者不断刷新直播页面，都会为这场直播贡献多个浏览次数。因此，直播间浏览次数反映的是一个直播间被看到的次数，并不能反映来到直播间的人数。

直播电商运营

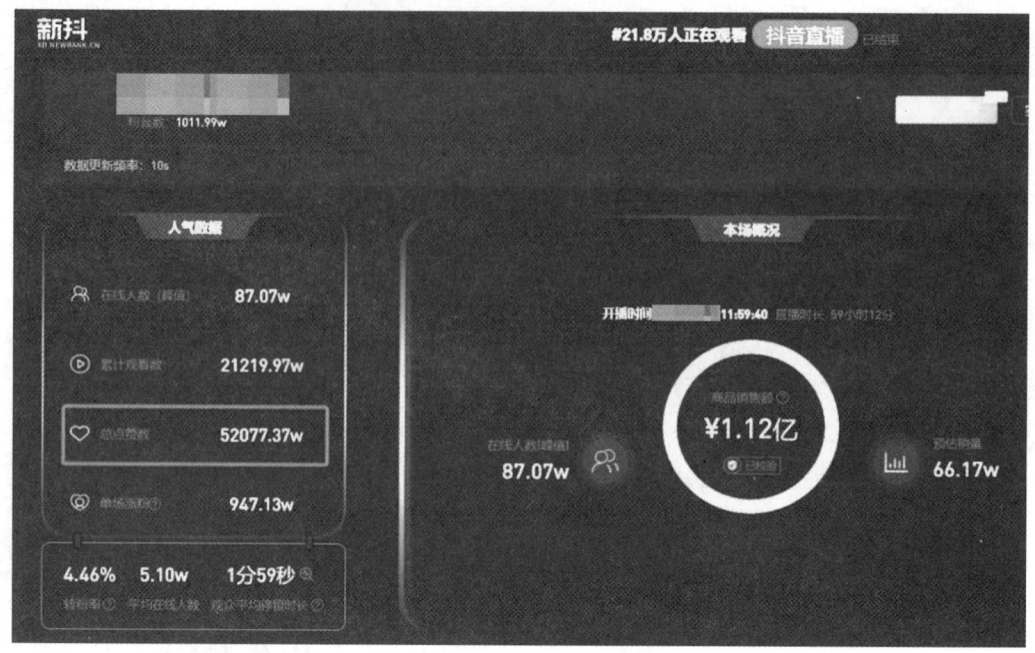

图 13-1 直播后台数据

（2）消费者数

消费者数是指一场直播过程中进入直播间观看直播的总人数。

（3）观看次数

观看次数是指一场直播过程中消费者进入直播间的累计观看次数。

（4）在线人数

在线人数是指一场直播过程中实时在线消费者数量。

（5）封面图点击率

封面图点击率可以被用于分析直播封面的设计效果。

（6）流量来源数据

流量来源数据主要被用于分析进入直播间的流量渠道来源。渠道来源的分析结果，可以为之后制订直播引流方案提供有价值的数据支持。

总而言之，每场直播结束后，都会有单场的直播数据，从中可以看到直播在线的观众人数、送礼人数、评论人数、点赞次数等，如图 13-2 所示。

3. 观看数据

（1）平均观看时长

平均观看时长是指一场直播消费者观看的人均时长，通常以秒为单位。消费者在直播间的观看时长可以从侧面反映直播间内容对消费者具有一定的吸引力。消费者观看直播的时间越长，说明直播内容对消费者的吸引力越大，消费者的黏性越高，下单的可能性就越大。

（2）商品点击次数

商品点击次数是指一场直播中消费者点击一款商品链接进入商品详情页的累计次数。商品链接点击次数越多，说明该商品在直播中的吸引力越大。如果商品链接的点击次数较

图 13-2 单场直播数据图

少,那么需要优化商品的介绍话术或者给予更多的营销策略来促进点击量的增长,并提高下单转化率。

(3)评论数据

评论数据是评价一场直播非常重要的指标。评论数据可以反映消费者参与直播内容的活跃程度。评论数据可以包括总的评论数量、非粉丝的评论数量、评论人数等,甚至可以细化到每分钟的评论数量、每分钟的评论人数等。对这些评论数据细节的分析能够让直播团队更快、更精准地判断出直播内容对消费者的吸引程度、消费者或粉丝关注的内容、直播间的热度等。

(4)点赞数据

点赞数据能反映直播间消费者参与直播互动的状况,是直播平台给予直播间流量权重的一个重要参考指标。所以,主播在直播过程中经常会通过抽奖活动、提醒消费者点赞等方式刺激点赞数的增长。

(5)消费者回访次数

消费者回访次数是指直播活动中粉丝进出直播间观看直播的次数。这个数据可以反映直播间活动和内容对消费者的吸引力,也会影响直播间粉丝的复购率、转化率等。

(6)复看数据

复看数据是指单个消费者平均在直播间打开的页面数量,反映了消费者对直播间、直播内容、直播产品等的黏性。

4.粉丝数据

粉丝数据主要通过新增粉丝数、粉丝画像、粉丝回访时间段、粉丝转化率、粉丝互动率等数据体现。

(1)新增粉丝数

新增粉丝数是指一场直播带来的新增关注的消费者数。新增粉丝数是直播平台权重最大的指标,所以我们有必要围绕如何促进消费者关注进行直播内容和活动的策划。

(2)粉丝画像

粉丝画像是指从粉丝群体的年龄、地域、性别、职业、偏好、行为等信息归纳提炼出的标签化粉丝模型。通过粉丝画像,可以更清晰地分析粉丝的需求,设计出符合粉丝需求的营销活动。

(3)粉丝回访时间段

粉丝回访时间段是指粉丝进入直播间的时间段,能够产生下单行为的时间段。开播时间与粉丝回访时间段吻合度越高,观看直播的粉丝越多,直播间的粉丝转化率就越高。

(4)粉丝转化率

粉丝转化率是指直播间消费者转为粉丝的人数与直播间总人数的比。

(5)粉丝互动率

粉丝互动率是指在一场直播活动中与主播进行沟通交流的人数与已经关注主播总人数的比值。粉丝互动率越高,说明在直播活动中粉丝的参与活跃度越高,直播过程的氛围越好。粉丝互动率越高的直播间的销售转化率越好。

5.销售数据

(1)成交人数(下单人数)

成交人数(下单人数)是指单场直播中通过直播间完成下单付款行为的消费者数量。

(2)成交订单数

成交订单数是指通过直播间的链接完成交易的订单数。

(3)成交件数

成交件数是指直播间完成交易的订单中的产品总数。

(4)成交金额

成交金额是指消费者完成下单并付款的采购总额。

(5)商品交易总额

商品交易总额是衡量直播平台竞争力的核心指标,一般为已付款订单和未付款订单之和。一般电商平台商品交易总额的计算公式为

$$商品交易总额 = 销售额 + 取消订单金额 + 拒收订单金额 + 退货订单金额$$

(6)加购率

加购率是指直播间添加购物车消费者数量与直播间消费者总数量之比。

(7)下单转化率

下单转化率是指直播间下单成交的消费者数与直播间总消费者数之比。下单转化率可以清晰地反映直播的效果与产品对消费者的吸引程度。

(二)直播行业数据

直播行业数据是指整个直播行业根据不同角度的排行及各种指数,能够科学地反映出整个直播行业的发展状况和热点。直播行业数据主要包括行业排行、涨粉排行、地区排行等。

根据中国演出协会发布的《中国网络表演(直播与短视频)行业发展报告(2023—2024)》,2023年我国网络表演(直播)行业市场营业收入规模达2 095亿元,较2022年增长

5.15%。截至2023年底,经营性互联网文化单位持证市场主体突破15 000家,2023年新增近5 000家。直播与短视频行业已成为用户稳定的内容与消费渠道,并将长期处于稳定发展态势中。在2024中国网络表演(直播与短视频)行业年会上,直播平台和MCN机构代表共同发起优质内容扶持倡议,持续扩大对优质内容的推广与扶持,不断加强对优质主播的挖掘与培养,促进表演艺术、传统文化、旅游推广、乡村振兴、体育竞技、知识分享、技术创新等方面高价值内容的创作,助力各领域数字经济和实体经济的深度融合。

(三)直播竞品数据

直播竞品数据是指与自己的直播账号定位相近的,或者推荐同类商品的主播直播相关数据,要选择合适的竞品账号进行分析,可以从开播时段、账号定位、产品类型、同等流量等角度来筛选。值得关注的数据包括粉丝数、点赞数、评论数、直播时段和时长、账号标签、直播流量、商品销量等。

二、直播数据获取渠道

直播数据可从账号后台和一些数据分析工具中获得。

(一)账号后台

主播的账号后台通常会有直播数据统计,主播可以在直播过程中或直播结束后通过账号后台获得直播数据。

1. 淘宝直播

在淘宝直播平台上,主播可以通过淘宝直播中控台、淘宝主播 App 两个渠道获得直播数据,如图 13-3 所示。

(a)淘宝直播 App　　　　(b)淘宝直播中控台

图 13-3　淘宝直播数据获取

2.快手直播

在快手上进行直播,主播可以通过登录快手创作者服务平台获取直播数据。登录快手创作者服务平台,点击首页中头像图像"创作者中心"选项,即可登录快手直播后台。

3.抖音直播

在抖音上进行直播,主播可以通过登录抖音创作服务平台获取直播数据。抖音中的直播数据由两个功能模块组成,分别是数据总览和单场数据。

(二)数据分析工具

1.平台提供的数据分析工具

个别直播平台会为主播提供一些数据分析工具,这些工具能进行相应的数据采集。例如,淘宝平台为卖家提供了专业的数据分析工具——生意参谋。该工具能为卖家提供直播相关数据,卖家可以使用该工具了解自己店铺的直播情况。

生意参谋诞生于2011年,最早是应用在阿里巴巴B2B市场的数据工具。2013年10月,生意参谋正式走进淘宝。2014年至2015年,在原有规划的基础上,生意参谋分别整合量子恒道、数据魔方,最终升级成为阿里巴巴商家端统一数据产品平台。生意参谋集数据作战室、市场行情、装修分析、来源分析、竞争情报等数据产品于一体,是大数据时代下赋能商家的重要平台。

2.第三方数据分析工具

市场上有很多专门为消费者提供直播数据分析的第三方数据分析工具,主播可以利用这些工具收集数据。第三方数据分析工具有很多,下面主要介绍三款。

(1)飞瓜数据

飞瓜数据是一款短视频及直播数据查询、运营及广告投放效果监控的专业工具,提供短视频达人查询等数据服务,并提供多维度的抖音、快手达人榜单排名、电商数据、直播推广等实用功能。包括行业排行榜、涨粉排行榜、成长排行榜、地区排行榜、蓝V排行榜等,可以快速寻找抖音优质活跃账号,了解不同领域KOL的详情信息,明确账号定位、受众喜好、内容方向。飞瓜数据能进一步分析账号运营数据,定位用户画像以及粉丝活跃时间,更好地了解用户的观看习惯,并同步列出近期电商带货数据和热门推广视频,应用大数据分析账号带货实力。此外,飞瓜数据还可以实时进行数据监控,记录抖音播主24小时内粉丝、点赞、转发和评论的增量情况,纵向对比近2天的运营数据趋势,快速发现流量变化情况,更好地把控视频运营的时机。

(2)蝉妈妈

蝉妈妈作为一个电商数据分析平台,主要功能有数据监测、电商分析、播主查找、热门素材。在这个平台上,我们可以看到很多详细的数据。

(3)新抖

新抖是一款专注于抖音数据分析的工具,它提供了账号搜索、直播带货、热门素材、爆款商品、品牌营销等多维度的数据服务,帮助用户实现账号运营变现、品牌策略投放等需求,全方位洞察抖音生态。新抖的主要功能包括：

①找号投放筛选

提供关键词搜索、账号类别等筛选条件,使用高级筛选设置达人粉丝数、地域等,缩小找号范围,同时提供达人对比功能,可同时分析五个账号,锁定最优选项。

②达人价值评估

从粉丝、作品、商品、直播四个方向综合评估达人近期表现,展示粉丝趋势图,了解达人热度变化,揭示账号视频及直播内容的受众特征。

③账号管理

主账号自己可见,专享私有收藏夹,可分享给团队其他成员,收藏夹支持一键更新,接收收藏达人最新账号数据,榜单数据维度支持自选查看,数十项数据维度自由选择,收藏夹及榜单数据支持导出,可下载进行二次分析。

④热门视频挖掘

通过"视频搜索"寻找热门视频,设置搜索范围、作品数据表现等维度搜索条件,提供视频 AI 解析工具,指定视频获取脚本信息,解构爆款。

新抖的更新内容包括新增"热门短剧""短剧搜索"及"短剧详情",优化"品牌带货飙升榜""商城热搜词""话题详情页"和"品牌详情页"等,旨在提供更全面和细致的数据服务,满足用户在抖音生态中的多样化需求。

三、直播数据分析的常用方法

(一)对比分析法

对比分析法又称比较分析法,是指将两个或两个以上的数据进行对比,分析数据之间的差异,从而揭示其隐藏的规律。

(二)特殊事件分析法

直播数据出现异常可能与某个特殊事件有关,如淘宝直播首页或频道改版导致主播变更直播标签、主播变更开播时间段、直播间的一次翻车事件、一款热门产品的介绍,也可能是一个引流短视频的火爆等。在进行数据分析时,一定要把这些突变的数据找出来单独进行分析,并对这些特殊事件进行详细的分析记录,作为以后特殊事件营销的参考。

(三)趋势分析法

一段时间内的连续数据可以非常直观地表现出数据的走向。如果把收集的数据按照时间顺序汇总,绘制出直线图、曲线图、柱状图等合适的图表,就可以清楚地看出每个数据随着时间变化的走向。

第二节 优化直播效果

主播需要通过数据的变化情况来调整直播的整体节奏。没有一场直播是完美的，每场直播都有值得反思的地方。在对直播数据进行分析后，应从以下几方面着手优化直播效果。

一、优化直播数据

(一)注意直播内容

商品是直播的核心，直播间元素重要性的排序逻辑为商品、主播、活动、装修。店铺要结合自身的特点去做直播。例如，淘宝直播主要是为店铺服务的，淘宝直播的内容就是商品，卖什么商品，就围绕这个商品去做直播。

(二)选择合适的主播

主播的人设并不复杂，消费者对人设的理解是很简单的。主播在镜头前要知道粉丝想听什么样的讲解、对什么活动感兴趣、怎么讲他们才会下单。例如，淘宝主播最好是自己做铺店，这样对商品更了解，而主播的能力可以慢慢去培养。

(三)学会维护老粉丝

主播只有拥有更多的忠实粉丝并维护好这些粉丝，多给他们存在感，才能更好地将商品卖出去，给自己带来更多的新粉丝和曝光度。

(四)巧妙利用直播封面

直播封面就好比实体门店的门头招牌，可以为直播吸引人气，这对于提升直播流量是个有效的方法。

二、直播过程总结

(一)直播流程把控

直播脚本中有具体的时间安排，但是直播过程又是动态变化的。每场直播结束后，直播团队都要比较分析实际的直播过程是否按照直播脚本的流程计划进行、有哪些比较大的差异，并进一步分析出现差异的原因：是脚本的时间不合理、主播介绍某一款产品时间过长或者过短，还是出现了消费者投诉问题，处理问题占据了直播的时间。通过这样的分析，有助于以后制作出更合理的直播脚本，提醒主播更好地把控整个直播节奏。

(二)产品介绍效果及转化分析

直播间上架的产品通常会多次出现，主播每次介绍同一款产品时，使用的直播技巧和话术策略都不可能完全相同。通过产品介绍效果和转化分析比较,可以判断出不同的直播技巧和话术策略带来的直播效果;通过对比分析消费者的互动活跃程度、下单数量、涨粉量,找出效果最佳的技巧和策略方案,并在以后的直播过程中沿用,做进一步的优化。

(三)直播互动分析

一场直播的脚本设计包括台词设计、直播环节设置、直播互动玩法、直播开场和收尾等方面。这些设计好的内容在执行过程中是否达到设计的效果,是否顺利进行,是否出现意想不到的问题,是否暴露出设计中的缺陷或者执行中的问题,是直播团队进行过程总结的重点关注内容。

(四)团队的配合

一名成功的主播背后一定有一个配合默契的团队。随着直播行业的规模化和规范化发展,在未来的直播行业中,以团队的形式经营一个直播账号将成为主流。在直播团队中,成员分工越来越细,每个人都将承担不同的工作任务,包括选品、策划、主播、客服、场控等。在这种分工明确的团队模式下,成员间的配合默契度将直接影响直播的效果。

(五)直播过程总结的方法

1.团队成员自我回顾

参与此次直播活动的团队成员要进行自我回顾和阐述,阐述的内容包括自己在此次直播活动中的工作内容、工作目标、最终的完成情况,没有完成的任务及原因,出现的问题,以及如何对此次直播中自己的工作内容、工作流程、工作目标、工作方法中不合理的地方进行改进。

2.问题挖掘

在一名成员完成自我阐述后,其他团队成员要一起对这名成员在直播过程中出现的状况进行深入剖析,找出任务没有完成或者出现问题的主要原因。这是团队复盘比较艰难的一个环节,也是最重要的一个环节,只有完成这个环节,团队才算真正找到了产生问题的根本原因。

3.解决方案

在找到主要原因后,团队还要一起讨论如何改进,这是提高后续直播效果的重要步骤,也是团队帮助每一名成员成长的重要环节。团队可以根据团队成员的特点,采用合适的方式确保每名成员能熟练地掌握解决问题的方法。

案例 13-1

直播过程分析

当一场直播结束后,主播及其他工作人员需要立即对直播过程进行复盘。直播过程分析实施分为五步。以某零食直播间抖音直播过程分析为例。

步骤 1:回顾目标

对主播而言,直播带货前一般会设立销售额目标和涨粉数目标,前者是销售目标,后者是粉丝目标。该零食直播间抖音直播账号的粉丝数为 3 万人以上。最近一场直播前,主播及其团队制定了具体目标,见表 13-1。

表 13-1　　　　　　　　　　直播目标

目标类型	预计完成情况
销售数据	预计完成销售额 30 000 元
粉丝数据	新增粉丝数量达到 1 000 人

步骤 2:效果评估

在回顾预期目标后,主播需要通过查看直播完成数据进行效果评估。该直播间主播登录抖音创作者服务平台看到此次直播的销售额为 25 688.80 元,单场涨粉量达到 968 人,据此做出表 13-2 的直播效果评估。

表 13-2　　　　　　　　　　直播效果评估

目标类型	预计完成情况	实际完成情况	效果评估
销售数据	销售额 30 000 元	销售额 25 688.80 元	未达到预定销售额
粉丝数据	新增粉丝 1 000 人	新增粉丝 986 人	未达到预定涨粉量

步骤 3:发现问题

效果评估结束后,主播及其他工作人员需要分析没有达成预期目标的类目,从而发现问题,具体可通过查看直播数据、梳理直播流程进行。该直播间直播团队发现此次直播没有达成销售额目标,开始寻找是哪些环节出现了问题。该直播间直播团队通过回顾直播间粉丝的意见反馈,发现直播前期团队在进行选品时选择的品类比较单一,粉丝反馈的很多产品未能上架。此外,主播及其他工作人员还发现了直播前预热软文互动性不强、直播中网络不稳定等问题,进而明确了此次直播未达成销售额目标的原因,见表 13-3。

表 13-3　　　　　　　　　　未达成目标的原因

直播流程	序号	存在的问题
直播前	1	选品较为单一,难以满足粉丝的需求
	2	预热软文互动性差
直播中	3	直播间秒杀活动力度不够吸引人
	4	直播中直播链接分享延迟

步骤 4:分析原因

发现问题后需要分析问题产生的具体原因,有针对性地解决问题,具体可以采用情境重现法、关键点法和团队研讨法。该直播间主播通过和团队其他成员碰面沟通,发现出现选品问题的原因是准备时间不够充分,负责选品的工作人员没有全面收集粉丝的需求和意见。该直播间直播团队最终商讨出的解决方案是在今后直播时要将准备时间提前,并将微博、抖音等平台消费者关注度较高的产品作为选品参考。直播问题原因分析及解决方案见表 13-4。

表 13-4　　　　　　　　　　原因分析及解决方案

直播流程	序号	存在的问题	原因分析	解决方案
直播前	1	选品较为单一,难以满足粉丝的需求	前期准备时间不够充分,没有多渠道了解粉丝的需求	将准备时间提前,并将消费者关注度较高的产品作为选品参考
	2	预热软文互动性差	预热形式单一	增加短视频等预热宣传形式
……	……	……	……	……

步骤 5：总结规律

在经过上述分析后,该直播间主播通过后续直播不断进行直播规律总结,最终形成了适合自己的直播规律并将其日常化,见表 13-5。

表 13-5　　　　　　　　　　总结直播规律

序号	规律总结
1	选品时获取更多信息
2	丰富预热宣传形式,多渠道进行宣传
……	……

三、直播运营活动

(一)直播运营活动的作用

直播运营活动的作用主要有吸引粉丝积极参与、提高直播间的展现量和粉丝转化率、有利于新品销售及处理库存积压商品等。

(二)直播间活动类型和运营活动策划过程

1. 直播间常见活动的类型

直播间常见活动的类型主要有抽奖类活动和秒杀类活动。

2. 直播间运营活动策划的过程

直播间运营活动策划的过程主要包括明确活动主题、了解粉丝需求、选择活动类型、估算活动成本、选择活动奖品、策划活动口号、设置活动规则等。

(三)运营优化直播效果的方法

1. 精准定位"人"：锚定受众与主播匹配

(1)明确目标用户画像

要明确目标用户画像(年龄、需求、消费能力等),针对性设计直播内容,如宝妈群体侧重育儿干货和母婴用品,学生群体侧重平价好物和趣味互动等。

(2)选择风格与受众契合的主播

要选择风格与受众契合的主播,如专业型主播适配知识/科技类直播带货,亲和力强的主播适配日用品带货等,提前培训主播熟悉产品卖点和互动话术。

2. 优化选"货":提升吸引力与转化力

(1)打造"引流款＋利润款＋福利款"组合

打造"引流款＋利润款＋福利款"组合是指用超低价福利款拉互动、促停留,利润款作为核心转化品,引流款(如爆款单品)吸引新用户进入直播间。

(2)结合时效节点选品

要结合时效节点选品,如换季选应季服饰、节日选礼盒等,并提前做好产品信息卡、优惠规则等可视化素材,降低用户决策成本。

3. 搭建场景"场":强化观感与沉浸感

(1)优化直播场景

从背景布置、灯光、镜头角度等方面优化直播场景,匹配内容调性,如美妆直播用明亮梳妆台,户外直播突出场景真实感,确保画面清晰、声音无杂音。

(2)设计节奏紧凑的流程

开场3分钟用福利或痛点问题抓住观众眼球,每10～15分钟切换环节(产品讲解→演示→互动抽奖→引导下单),避免观众疲劳。

4. 撬动流量"流":多渠道引流与留存

(1)直播前

通过短视频预告(剧透福利、产品亮点)、社群/朋友圈推送、平台流量投放(如抖音DOU＋)吸引用户预约,设置"预约有礼"提升到店率。

(2)直播中

引导用户分享直播间(如"分享3人得优惠券"),利用平台推流机制(如互动率高可获得更多自然流量)扩大覆盖率。

5. 聚焦效果"效":数据复盘与迭代

(1)实时监控关键数据

实时监控在线人数、停留时长、互动率、转化率等关键数据,动态调整直播策略(如某时段人流下降,立即用抽奖拉升互动)。

(2)直播后复盘

分析用户反馈(弹幕吐槽、评论建议)和数据短板(如转化低可能是讲解不清晰),形成优化清单(如调整产品排序、简化下单路径),以便应用到下一场直播。

四、直播后服务

(一)订单售后服务

市场营销的竞争实际上是对消费者的竞争,消费者的满意度是检验营销工作的核心标准。所以,直播订单的售后服务是提高消费者满意度、消费者黏性的重要工作,是直播团队不可或缺的工作组成部分。

提供好的订单售后服务,可以发展更多忠诚的消费者,提高直播间的信誉度和美誉度,有利于直播间整体评价的提升,还可以增加直播间在同业者中的竞争优势。直播团队在提供订单售后服务的过程中应注意:保持与消费者的长期交流,及时回复消费者反馈的信息,二次服务跟进。

(二)社群服务

1. 建立社群

主播在通过一段时间的直播运营和直播维护,拥有了一定数量的粉丝后,很有必要建立社群。建立社群是能够长期维护粉丝、实现流量反复变现的有效方式。有了众多联系密切、复购率高、活跃度高的粉丝,主播的直播带货才能够获得长久的发展。

2. 做好社群的内容输出

要想维护社群的活跃度,最关键的是要持续输出对社群粉丝有吸引力的内容。在内容策划方面,直播团队需要根据直播账号的定位来确定社群的主要内容方向。社群的内容输出是社群的价值所在,要想经营好社群,直播团队就要规划好社群的内容。社群输出的内容一定要能给粉丝提供价值,以提高粉丝对社群的黏性。

(1)知识分享

除了定期发布直播预告、产品信息和优惠活动外,还可以在社群中分享一些与直播产品和直播内容相关的知识和经验,丰富社群的活动内容。例如,销售美妆产品的直播社群,可以采用分享美容美妆知识的方式吸引粉丝阅读和参与直播活动。推荐户外产品的直播社群,可以分享一些户外运动知识、户外打卡地推荐等,这些有价值的内容可以促使粉丝群体积极参与互动。

(2)保持内容的积极正向

一定要确保社群内容是积极正向的。过多负面和夸大的内容会引起粉丝的不适和反感,影响粉丝对社群的信任和依赖,而且有可能导致粉丝退群现象的发生。积极正面的内容能够获得更多粉丝的关注和讨论,也能唤起更多粉丝的热情,带来更多粉丝的互动,活跃社群的气氛。

(3)内容以产品为核心

社群内容的输出既要避免与直播内容或者直播产品无关,也要避免谈论粉丝不感兴趣的话题。进入社群的粉丝都有共同的兴趣和爱好,希望能够在社群中持续获得他们感兴趣的内容。如果社群输出的内容与他们感兴趣的产品和内容无关,那么粉丝就会怀疑社群是否能够给他们带来价值,甚至会退出社群。

(4)福利活动

除了输出消费者感兴趣的干货内容外,还可以在社群中发放各种福利来活跃社群的气氛。福利包括产品优惠券、品牌礼品等,这些不定期的福利可以有效吸引更多粉丝参与社群的交流,增强粉丝对社群的黏性,让社群有更好的发展。

本章小结

本章介绍了什么是直播数据以及如何优化直播效果等内容。在直播数据板块主要从内容、获取渠道、常用方法入手;在优化直播效果板块,主要从优化直播数据、对直播过程进行总结、直播运营活动以及直播后服务入手。直播数据运营能帮助主播深入了解观众行为,优化直播内容和策略,提高粉丝活跃度、留存率和转化率,从而增强品牌

直播电商运营

影响力,促进销售业绩的增长。通过分析直播数据,主播可以发现直播中的亮点与不足,调整直播策略,提高粉丝参与度,减少负面反馈,适应市场竞争,促进口碑传播,最终实现直播业务的持续增长。

知识巩固

1. 直播平台都会记录和保存每一场直播的关键数据,单场直播数据分析包括开播数据、_____、_____、_____和销售数据等。

2. 第三方数据分析工具有_____、_____、_____等。

3. 直播数据分析常用的方法有_____、_____、_____三种。

4. 对于需要整个团队共同完成的直播过程总结建议,按照以下步骤进行:_____、_____、_____。

5. 直播运营活动可以起到_____、_____、_____的作用。

第十四章

电商直播监管

知识框架图

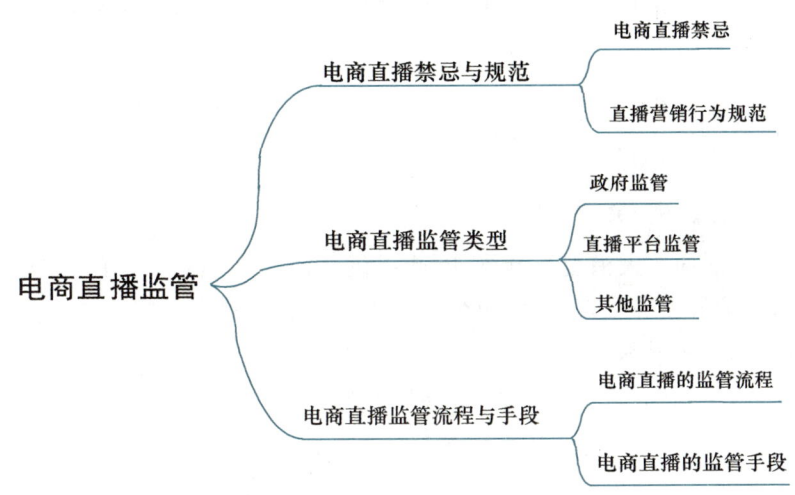

学习目标

1. 了解电商直播禁忌与规范；
2. 理解电商直播监管部门；
3. 掌握电商直播监管方式。

第一节 电商直播禁忌与规范

拓展阅读 14

平时喜欢看短视频的张芯对某短视频平台直播间中宣传的"零基础制作短视频"课程动了心，主播不仅展示了自己运营的百万粉丝账号，还有学员两天涨粉过万的教学成果，更承诺"一对一教学，随时教学"。张芯花费 299 元购买了该课程，并按照商家要求添加指定微信进行学习。然而，该微信在一次性发了多个包含剪辑、文案素材及教程等链接后，对她的提问一个多月都不予回复，根本没做到当初宣传中承诺的"一对一教学，随时教学"，甚至连发过来的资料都是搬运别人的。张芯的遭遇只是一个缩影。近年来，虚假宣传、诱导消费者、虚假流量等问题伴随网络直播发展而备受诟病。

无论是在网络中还是在现实生活中，人们都要遵守相关的法律法规。电商直播不可触碰的红线包括以下几方面。

一、电商直播禁忌

（一）内容涉赌、涉枪、涉毒、涉暴、涉黄等

网络直播平台面向广大消费者群体，因此提供的内容必须是健康的、积极的。涉赌、涉枪、涉毒、涉暴、涉黄等内容贻害无穷，网络直播平台应坚决抵制。平台的运营者应该明白，这是不可触碰的红色警告线。

（二）法律性文件规定的违规行为

2021 年 5 月 25 日，由国家互联网信息办公室联合七部门发布的《网络直播营销管理办法（试行）》正式施行。这个规定强制要求所有的直播平台都应该配备专业的管理人员，建立主播档案，检查主播信息是否真实等。这与信息网络传播视听节目许可证共同为直播平台划定了入行门槛。

（三）违背伦理道德的行为

很多人看到主播能迅速走红，就纷纷加入直播的行列。在金钱和名利的诱惑下，有的主播为了吸引更多的消费者进直播间观看，绞尽脑汁制作各种各样的直播内容，这也导致有的主播为了吸引人气，经常说一些内容低俗的段子；有的主播喜欢各种恶搞；有的主播通过穿暴露的服装吸引消费者，为了人气利用淫秽内容博取消费者的眼球，使整个直播氛围低俗，

拉低了整个网络空间的文化氛围。

(四)平台硬性规定的违规行为

如今,全民直播的时代已经到来,越来越多的人开始加入直播带货的行列。在有了庞大的市场支持后,淘宝、抖音、快手、微信、微博、拼多多、小红书等平台相继进军直播行业,抢占直播电商的流量红利。其中,抖音直播占据着不可忽视的地位。为加强抖音直播内容的管理,抖音平台制定了《抖音直播行为规范》,对主播在直播中的带货行为予以规范。抖音平台依据主播违规行为的严重程度,将其违规行为划分为三个等级,并对应三个级别的处罚措施。

1. 三级(一般违规)

对于发生三级违规的主播,平台将根据违规情节给予警告、断流或封禁开播权限(1 天到 1 周不等)等处罚。三级违规行为主要包含:着装暴露低俗、妆容不雅、语言低俗;在直播中进行抽烟、喝酒等危害生命健康的行为;恶意发布广告,展示联系方式或以任何形式导流消费者私下交易等。

2. 二级(中等违规)

对于发生二级违规的主播,平台将根据违规情节给予警告、断流或封禁开播权限(1 天到永久不等)等处罚。二级违规行为主要包含:直播内容带有性暗示、性挑逗、低俗趣味的行为;直播内容荒诞惊悚,影响社会和谐;展示千术、赌术;展示行医行为、销售药品等任何关于医疗的直播等。

3. 一级(严重违规)

对于发生一级违规的主播,平台将永久封禁主播账号或永久封禁开播,并保存相关违法违规资料。一级违规行为主要包含:反对宪法所规定的基本原则的;损害国家荣誉和利益的,或调侃革命英烈、革命历史的;未成年人直播、冒充官方、非本人实名认证开播的等。

二、直播营销行为规范

为对直播电商中的各类角色、行为进行全面的定义和规范,中国广告协会发布了《网络直播营销行为规范》(以下简称《规范》),于 2020 年 7 月 1 日起施行。《网络直播营销行为规范》规定了商家、主播、平台及其参与者等各方在直播电商活动中的权利、义务与责任。其中,明确禁止刷单、炒信等流量造假及篡改交易数据、消费者评价等行为,商家不得发布产品、服务信息的虚假宣传,欺骗、误导消费者。

(一)不得刷单、炒信

《规范》中,多次提到了直播带货刷单情况。刷单在直播带货行业比较常见,有的动辄销售过亿元,但过后就出现大量退单;还有的直播平台和主播通过刷单,虚构在线观看人数,营造虚假繁荣。

《规范》指出,网络直播营销主体不得利用刷单、炒信等流量造假方式虚构或篡改交易数据和用户评价。

"主播向商家、网络直播营销平台等提供的营销数据应当真实,不得采取任何形式进行流量等数据造假,不得采取虚假购买和事后退货等方式骗取商家的佣金。"之前,商家被坑的例子并不少。据媒体报道,某商家花费 25 万元寻得一个直播坑位,直播时,在线人数不少,但最终以卖出50单惨淡收场,第二天还出现了部分退款。

(二)不得虚假宣传,违规使用极限词

部分主播特别是"明星主播"在直播带货过程中存在宣传产品功效或使用极限词等违规宣传问题。对此,《规范》对直播带货宣传方面做了规范,不得进行虚假或者引人误解的商业宣传,欺骗、误导消费者;不得在直播活动中吸烟或者变相宣传烟草制品(含电子烟)。

《规范》还指出,在网络直播营销中发布商业广告的,应当严格遵守《中华人民共和国广告法》的各项规定。

很多直播带货宣传页面或者短视频并不标注"广告"字眼。乍一看是内容,但实际为宣传,头像处还显示"直播",点击进去就是在直播带货,而且短视频内容和直播带货内容基本一致。

(三)保护消费者权益,三方都有责

原来很多消费者曾在直播中买完商品就陷入"三不管"地带,主播、直播平台、商家互踢皮球,消费者合法权益无法得到保障。

《规范》指出,商家应当依法保障消费者合法权益,积极履行自身做出的承诺,依法提供退换货保障等售后服务。主播在直播活动中做出的承诺,应符合其与商家的约定,保障消费者合法权益。

第二节 电商直播监管类型

2020年以来,国家多个监管部门在相关法律的基础上出台了超过20部针对直播电商的规范性文件。除此以外,各行业团体及企业也纷纷出台自律规范,细化电商直播管理规则,形成了监管部门和行业协会的共治模式,推动直播电商监管与合规体系的逐渐成形。

2001年,经中华人民共和国民政部批准,中国互联网协会成立,这是由国内多家互联网从业者共同发起成立的一个非营利国家级互联网自律组织。该协会自成立以来采取了一系列有效的措施和行动来监管互联网上传播的内容。百度、抖音、优酷、爱奇艺等众多网络平台已自愿加入协会进行自律监管,这预示着我国互联网监管不单纯依靠政府的强制性管理,各平台和机构之间的自律监管成为整个互联网内容监管中的重要一环。

2004年,在中华人民共和国国务院办公厅(以下简称"国务院办公厅")的支持下,我国设立了"互联网违法和不良信息举报中心",在现有的监管基础上充分调动群众力量参与到互联网安全的监管工作中,这也是我国为进一步优化监管主体而做出的重要举措,有利于加大对互联网内容整治的力度,多渠道净化网络环境。

2011年,国务院办公厅设立了国家互联网信息办公室。该办公室在国务院原新闻办公室的机构基础上加挂中华人民共和国国家互联网信息办公室的牌子,以较高的行政级别对我国互联网信息内容开展监督管理、政策落实、文化建设、运营监管等多项工作。从此,我国的互联网络信息内容管理有了专职的领导协调机构。

2013年,为了把握网络视听节目的舆论导向以及创作导向,由国家广播电视总局负责

监督我国广播电视节目以及所有依靠互联网向公众传播视频内容的节目。此后,在以上机构的协调合作下,我国互联网内容监管经过数十年的积极探索及时调整监管方向,采用责任分配制的管理方法,共同打造积极健康的互联网环境。

针对直播乱象,自2020年以来,相关部门和团体密集出台了一系列政策进行规范。2020年11月5日,国家市场监督管理总局发布《加强网络直播营销活动监管的指导意见》;2020年11月12日,国家广播电视总局公布《国家广播电视总局关于加强网络秀场直播和电商直播管理的通知》;2021年2月9日,国家互联网信息办公室、中华人民共和国工业和信息化部(以下简称"工业和信息化部")等七部门联合印发《关于加强网络直播规范管理工作的指导意见》;2021年4月23日,国家互联网信息办公室、中华人民共和国公安部等七部门印发《网络直播营销管理办法(试行)》;2023年国家市场监督管理总局修订发布《互联网广告管理办法》,其中规定,商品销售者或者服务提供者通过互联网直播方式推销商品或者服务,构成商业广告的,应当依法承担广告主的责任和义务;2025年国家市场监督管理总局会同国家互联网信息办公室组织起草了《直播电商监督管理办法》,旨在进一步规范直播电商市场秩序,维护各方主体合法权益,促进直播电商健康发展。

一、政府监管

(一)电商直播活动对政府监管带来的挑战

1. 参与主体与模式多元化,增加监管难度

网络直播营销行为涉及的参与主体较多,包括电子商务平台内的经营者、电子商务平台、MCN机构、视频直播平台、主播、消费者、嘉宾主播等。各种经营主体之间基于合同约定所建立的商业模式和合作框架错综复杂,各主体之间的法律关系亟待厘清和理顺。

此外,按照不同的分类标准,网络直播营销呈现多样化的表现形式,既有在原有电商平台上开通直播功能的营销模式,又有在内容直播平台开通电商功能实施网络直播营销活动的模式,还有在电商平台和内容平台之间的跨界合作,通过购物链接等方式为第三方电商平台引流的模式。不同的模式对应的法律效果不一,难以采用单一的方式进行有效规范,这给政府监管增加了诸多困难。

2. 违法违规现象经常发生,监管依据适用不明

网络直播营销虽然火热,但是业内发生的"翻车事件"也反映了网络直播营销中存在诸多不规范现象,如主播为促进产品销售进行虚假宣传,网络直播营销的商品质量难以保证,主播或MCN机构刷量、刷单造成观看和销售假象等。这些不规范现象导致消费者权益或者其他经营者的利益受到损害。

3. 不可控性和即时性冲击现有监管能力

网络直播营销给传统的监管机制和监管方式带来了新的挑战。相比较而言,录播视频可以进行事前审查,在确保安全的情况下通过媒体播出,能够有效地降低违法行为发生的概率,避免危害后果的发生。而网络直播采用的是实时直播技术,直播活动具有即时性,一旦播出后,未固定和存储的内容会随即消失,与此同时,播出内容难以事先确定,具有较强的不确定性。

(二)政府监管直播平台的必要性

1. 维护网络社会秩序和保障网络公共安全的必然趋势

从多次报道的未成年人在直播间大额打赏主播的新闻,再到时有发生的直播平台网络支付记录和消费者信息大规模泄露等事件,网络公共安全问题日益凸显,其重要性不言而喻。小到每个消费者的个人利益,大到国家信息安全,政府有效监管互联网直播平台对保障网络公共安全及维护网络社会秩序是非常必要的。

2. 促进行业发展和激发直播平台活力的必然要求

当前,互联网及信息技术的传播和应用发展迅速为许多产品和行业提供了新的市场和发展机会。电子商务、远程学习、云计算等各类新兴事物不断涌现,未来发展前景广阔。我国政府部门是经济社会监督管理过程中的重要组织和主体,必须从各个方面明确自己的责任与监督职能,确保各方面责任能够得到贯彻落实,打破直播产品监管的传统模式,加强对直播平台的监督和品控审查,促进直播平台良好、健康发展。

3. 增强政府公信力和树立政府权威的必要选择

在多元化的网络传播方式中,传统的网络舆论模式受到前所未有的挑战,政府的权威和影响力也受到影响。人们开始从自身最为关心和广泛讨论的社会矛盾问题入手,更加清晰地表达自己的利益诉求。

(三)政府监管直播平台的策略

1. 明确政府监管部门的职责与权限

国家市场监督管理总局、国家互联网信息办公室、工业和信息化部等多个部门都对互联网直播平台具有一定的监管职责,在这种情况下,政府要明确各部门的具体职责,避免出现多部门之间责任界限模糊、重复监管等问题。

2. 整合碎片化规定,规范完善法律法规体系

目前,我国关于互联网规制的有关规定涉及多个方面,既有交叉,又有分散,而有效预防网络直播犯罪、打击网络直播犯罪的根本手段是在立法层面上设立针对性的法律条款。完善对网络直播的监督和管理立法可以从根本上提高执法机关的工作效率。

3. 创新政府监管方式与技术

时代在进步,政府管理也应顺应时代潮流,利用互联网技术优势,提升自身的监管能力和效率。当前,政府部门对网络直播平台内容的监管,主要采用"系统+人工"的模式。当大数据筛查发现疑似违规行为时,监管系统将被赋予暂时冻结与封号的权利,之后通过主播或平台申诉,由审查人员对直播内容是否违法违规进行审核。这种模式对人力监管提出了更高的要求。

二、直播平台监管

(一)直播平台监管的原因

国家互联网信息办公室、国家税务总局、国家市场监督管理总局联合发布《关于进一步规范网络直播营利行为促进行业健康发展的意见》,明确直播平台更好落实管理主体责任,给直播营利活动画出底线,规范直播营利行为,促进网络直播行业规范健康发展。直播平台需要监管的原因主要包括内容监管难度大、消费者权益保护、平台责任落实不到位以及行业乱象频发。

1. 内容监管难度大

网络直播具有即时性,一旦直播开始,难以对内容进行事前审查,即使事后处罚,消极影响已经发生。此外,直播内容涵盖广泛,包括但不限于直播唱歌、睡觉、游戏、扔单车、算命,甚至色情、赌博、吸毒和猎杀受保护野生动物等,这些内容违反社会公序良俗,严重污染精神和社会环境,危害观看者尤其是青少年的身心健康。

2. 消费者权益保护

直播带货中存在的问题要求消费者对产品进行深入了解和分析,避免轻信主播的宣传和推荐。消费者应查看直播平台公示的商家信息、对主播推广的商品进行仔细了解和核实,并保存好相关证据,以便在遇到维权问题时能够依法维护自己的合法权益。

3. 平台责任落实不到位

网络直播行业监管主体责任落实不到位,监管措施不得力,尤其是工作之外的时段成为监管的"空白时段",若任由泥沙俱下、污浊泛滥,会成为社会污染环境、危害身心健康的一大公害。

4. 行业乱象频发

包括但不限于深夜直播间低俗擦边等乱象频出,反映出平台监管的漏洞。目前的人工智能巡查体系无法完全代替人工审核,在深夜时段,人工辅助审核可能会出现缺位,同时举报功能可能不如平时反应迅速。

综上所述,直播平台的监管对于保护未成年人隐私权、维护消费者权益、规范行业秩序以及促进健康文化传播具有重要意义。

(二)直播平台监管的措施

为加强对直播平台的监管,确保直播行业的健康有序发展,政府和相关部门采取了一系列措施,包括但不限于:

1. 加强法制宣传和提升执法水平

通过加强法制宣传教育,提升执法人员的专业水平和能力,确保监管工作的有效执行。

2. 资质审查和强化对平台的监管指导

对直播平台进行资质审查,确保其合法合规运营,并加强对平台的监管指导,规范其经营活动。

3. 完善监管机制

建立和完善监管机制,包括直播账号分类分级规范管理、直播打赏服务管理规则、直播带货管理制度等,以规范主播行为和直播活动。

4. 强化惩戒措施

针对违法违规行为,依法查处产品质量违法行为、侵犯知识产权违法行为、食品安全违法行为、广告违法行为和价格违法行为等,并依法予以惩处。

5. 构建行业制度体系

网络直播平台应建立健全和严格落实相关管理制度,包括直播账号分类分级规范管理、直播打赏服务管理规则、直播带货管理制度等,以规范行业行为。

6. 增强综合治理能力

各部门应切实履行职能职责，加强与网信、公安、广电等部门的沟通协作，强化信息共享与协调配合，提升监管合力。

7. 鼓励社会监督

鼓励社会各界广泛参与网络直播行业治理，构建网络直播规范管理的良好舆论环境，同时网络直播平台应自觉接受社会监督。

8. 发挥行业组织作用

网络社会组织应积极发挥桥梁纽带作用，倡导行业自律，参与净化网络直播环境、维护良好网络生态。

这些措施旨在通过法律、技术、教育和监督等多方面的手段，加强对直播平台的监管，保障消费者权益，促进直播行业的健康发展。

三、其他监管

(一) 网民的自发性监管

新媒体时代的到来，使受众从被动接受信息转为"受传一体"。在直播中，粉丝可以成为主播，主播也可以成为别人的粉丝。亨利·詹金斯指出，在互联网新媒体时代，粉丝不再是单纯的被动接受者，而是新型的生产—消费者。直播平台为人们提供了一个表演的平台，对表演的形式没有过多限制。粉丝作为网络直播平台的主要支撑点，打破了被动的格局，实现了双重身份，在直播平台拥有独特的话语权。从这个意义上说，粉丝作为内容的第一受众，自发性监管显得尤为重要。

(二) 媒体的舆论监管

长久以来，媒体一直承担着舆论监督和引导的责任。换句话说，传统媒体的舆论监管代表的是党和政府的形象与作为，具有一定的权威性和公信力。媒体可以利用自身的影响力，通过对社会焦点问题的关注，形成具有一定社会影响力的共同意见和观点的总和，使消费者对事物有所了解。

第三节 电商直播监管流程与手段

当前，直播平台发展迅速。不可否认，网红经济在刺激消费方面具有独特的优势，但有的主播夸大宣传、知假售假，网络监管平台审核不严、监管不力，普通消费者哑巴吃黄连、自认倒霉等现象引发了社会广泛思考。

直播行业该如何实现可持续发展？

首先，主播要在学习法律知识和树立法律意识上下功夫。直播带货作为一种经营行为，必须在法律允许的范围内进行，一旦逾越法律的红线，必将受到严惩。

其次，网络直播平台的监管者须违法必究、执法必严。当前，为规范网络直播带货行为，

《中华人民共和国电子商务法》《网络直播营销行为规范》《加强网络直播营销活动监管的指导意见》等法律法规和政策文件先后出台,监管者应当切实承担起自身的监管责任,对网络直播中的违法犯罪行为"零容忍",对不法分子形成震慑。

最后,线上消费者应理性消费、依法维权。法律是打击不良卖家的有力武器,更是广大消费者的"硬核"保护伞。在网络直播平台上,庞大的粉丝群体是主播赖以生存的根基,但部分粉丝对主播盲目崇拜,在购买商品时失去了应有的辨别能力,有的主播利用这一点以次充好、以假乱真,对消费者实施不法侵害。因此,消费者在直播购物时要保留好购物记录、直播视频等客观证据,发现受骗后要敢于追责、勇于维权,发现制假售假等违法犯罪线索要及时向有关部门举报,共同为打击违法直播行为、净化网络营商环境贡献力量。

一、电商直播的监管流程

(一)初检

对于视频内容的检测,主要源于 AI 技术所识别出的违规信息以及消费者线上的举报反馈。对于消费者的举报,每一个直播平台都会对此进行复核,根据数据分析实时进行截图和录音,之后将其送入待检库。人工和系统两条线同时进行初步检测,之后进入人工审核取证环节。在确定视频违规后,监控系统会立即进行处罚并清理现场,如果不能确认,则纳入高危行列,进行重点监控。

(二)高危检测

监控系统会根据人气变化异常、公屏文字敏感字、人脸识别等技术,自动找到高危的频道和主播。日常监控发现,经营者组织违法活动基本是通过聊天群和聊天频道发送文字通知聚集人气的。对聊天群和聊天频道的文字、频道在线人数异常进行监控,可以及时定位涉嫌违规的频道,针对这些频道进行人工巡查及人工语音监听。低级别的违规送回截图系统,调整截图策略,高级别的违规直接送往重点监控台进行监管。

(三)重点监测

重点监控台采用实时流媒体视音频监控,由专人直接针对视频、音频内容进行分析,判断是否存在违规现象,保证了高危频道监控的及时性。

以上三个流程高效保证了直播监管的准确性、社会的安全稳定,促进了直播监管实现类型化、规范化,进一步构建和实现了"331"信息安全体系:三条路径,即文字监管、视频/图像监管、音频监管;三项功能,即事先预警、事中监控、事后管控;一项原则,即可管可控。

二、电商直播的监管手段

(一)人工审核

1. 人工审核团队存在的必要性

从经济价值来看,引进 AI 技术后,人们习惯性地认为科学技术的出现会降低人工的成本。实际上,AI 技术的开发和应用成本比人工成本更高,如果减少人工数量,投入更大的力量进一步开发 AI 技术,将会产生更高的费用支出。因此,从经济价值角度看,人工审核不但准确率更高,而且成本开销更低。

2. 直播审核专员的岗位职责

直播审核专员的岗位职责包括负责电商直播内容的监控;通过日常工作发现潜在风险,根据当地直播情况做出总结,提出改进建议;协助梳理审核相关的策略及流程;协助完成其他工作任务。

3. 直播审核专员需要具备的技巧

直播审核专员需要具备的技巧包括对相应的法律法规必须有全面的了解,能够在法律范围内掌控好视频直播的尺度;新闻触觉较为良好,能够及时地辨别视频直播的内容范围,不违反法律规定;有敏锐的洞察力,能辨别直播"伪装"的面目,精准掌控直播的内容。

(二)人工智能监管

大多数直播平台不会在内容审核上轻易触碰政策的红线,但每天上千万的直播行为以及数亿条消费者评论,很难依靠纯粹的人工审核完成。如今,电商直播监管已实现了从人工审核向人工智能监管的过渡。

不难发现,单从技术角度来讲,人工智能和深度学习技术应用于内容审核,在很大程度上可以满足当前内容审核的需求。但为何很多直播平台还在利用"场控"等形式进行直播监督,甚至一些典型的用户原创内容产品仍处于人工审核+算法过滤中呢?这不得不让人思考人工智能在商业化上的思路。

案例 14-1

虎牙上线 AI 实时消音系统 持续提高直播内容审核能力

虎牙上线了行业首创的直播实时消音系统,该系统为直播场景中先审后发的"事前防控"提供了全面监管支持。

目前主流的内容安全审核方法是 AI+人工审查,这是一种"事后审查"的处理方式。而虎牙开发的这套系统是一种先审后发的技术,基于虎牙自研的音频算法以及多媒体加工平台 LEAF,可以在不增加直播延时的条件下,对直播过程中的违规音频进行实时消音,有效降低甚至完全阻断风险内容的传播,实现实时屏蔽、先审后发。"针对 AI 能力在内容风控上的场景应用,我们优先选择了人工审核难度高、效率低的直播音频场景进行应用。下一步,我们将在直播视频场景中做出尝试。"虎牙风控团队负责人表示。

为了在直播场景内做到无延时,虎牙多巴胺 AI 技术团队对语音识别模型以及解码模块进行了大量优化,使每个语音片段的解码能够稳定一致地识别时间。虎牙 AI 消音技术负责人说:"这很重要,音频片段解码时间的大幅波动会导致违规音频漏出。在普通的 2.1 G 主频 CPU 上,我们的实时率可达 0.08,相当于 1 秒音频只需要 80 毫秒就能识别出来。"

直播场景的复杂性较一般的语音识别场景要大,而复杂场景的识别准确率一直是业界的难点。"准确率低会造成直播的大面积误消音,使消费者的体验感降低;召回率低会导致漏出违规语音。为了达到高召回率、高准确率的目标,虎牙多巴胺团队开发了基于直播场景的 VAD 算法、语音识别算法、后处理算法,同时收集了大量复杂场景的样本进行算法迭代优化,使得我们在直播这种复杂场景下也有较高的识别准确率以及召回率。另外,AI 模型的优化仍然依赖样本校准工作,这个工作是大量的、系统性、长期且细致的。"虎牙风控负责人表示。

虎牙于2015年开始研发的"天眼"AI引擎,将人工智能、计算机视觉等前沿技术成果与互联网内容安全相结合。该系统可针对不同场景赋能AI能力,实现智能识别(包含音视频、图像、文本)和业务风控的落地创新,让传统的内容安全工作更高效、更节省成本,并实现自动化风险预判。此外,"虎牙天眼内容安全SaaS解决方案"已于亚马逊云上线,实现了对网络视听行业的赋能。

虎牙直播内容风控负责人表示,平台一直深入推进内容安全保障工作,采用"AI智能识别、人工审核和网络志愿者"三位一体的模式。天眼实时消音系统是平台AI安全应用的一次扩容,平台将打造全方位安全攻防和更精准的内容审核体系,为健康的网络直播内容生态建设提供参考样本和前沿解决方案。

本章小结

本章介绍了电商直播禁忌与规范、电商直播监管类型以及电商直播监管方式。电商直播监管主要以政府和平台为主体进行监管;监管方式多种多样,有人工审核和人工智能监管。直播电商监管对于保障消费者权益,维护市场秩序至关重要。通过实施有效的监管措施,可以确保直播内容的真实性与合法性,防止虚假宣传和欺诈行为的发生,从而保护消费者的合法权益。此外,监管还有助于规范直播电商行业的发展,促进行业的健康、有序成长,提高行业的整体信誉度,为消费者提供更加安全、可靠的购物环境。

知识巩固

1. 电商直播禁忌包括_____、_____、_____等。

2. 为加强抖音直播内容的管理,抖音平台制定了_____对主播在直播中的行为进行规范。抖音平台依据主播违规行为严重程度,将其违规行为划分为三个等级,并对应三个级别的处罚措施。

3. 为了对直播电商中的各类角色、行为进行全面的定义和规范,中国广告协会发布了_____,于2020年7月1日正式实施。

4. 针对直播乱象,自2020年以来,相关部门和团体密集出台了一系列政策进行规范。2020年11月5日,国家市场监督管理总局发布_____;2020年11月12日,国家广播电视总局公布_____;2021年2月9日,国家互联网信息办公室、工业和信息化部等七部门联合印发_____;2021年4月23日,国家互联网信息办公室、公安部等七部门印发_____。

5. 政府监管直播平台的必要性包括_____、_____、_____。

6. 其他监管主要是指社会群体的共同监管,包括_____、_____。

7. 目前,对于网络直播中的违规行为,监管流程主要为_____。

8. 直播审核专员需要具备的技巧有_____、_____。

参考文献

[1] 韦亚洲,施颖钰,胡咏雪.直播电商平台运营(微课版)[M].2版.北京:人民邮电出版社,2025.

[2] 张勇,彭文艳,王成志.直播电商运营[M].北京:机械工业出版社,2025.

[3] 余以胜,林喜德,林少华.直播电商:理论、案例与实训(微课版)[M].2版.北京:人民邮电出版社,2025.

[4] 伍建军,赵勍著.直播运营[M].北京:高等教育出版社,2024.

[5] 王慧,王皓.直播电商运营[M].武汉:华中科技大学出版社,2024.

[6] 康丽丽.直播电商策划与运营(慕课版)[M].北京:人民邮电出版社,2024.

[7] 蔡勤,李圆圆.直播营销(慕课版))[M].3版.北京:人民邮电出版社,2024.

[8] 陈亮,周爱荣.直播运营[M].北京:高等教育出版社,2024.

[9] 吉文帅.电商直播营销[M].上海:东华大学出版社,2023.

[10] 郑延,刘祎.直播运营管理[M].北京:人民邮电出版社,2023.